Auxiliando a humanidade a encontrar a Verdade

A NOVA ERA

Roger Bottini Paranhos
A NOVA ERA
Orientações Espirituais para o Terceiro Milênio

Obra mediúnica
orientada pelo espírito
Hermes

© 2004
Roger Bottini Paranhos

A Nova Era
Roger Bottini Paranhos

Todos os direitos desta edição
reservados à
CONHECIMENTO EDITORIAL LTDA.
Caixa Postal 404
CEP 13480-970 - Limeira - SP
Fone/Fax: 19 34510143
www.edconhecimento.com.br
conhecimento@edconhecimento.com.br

Nos termos da lei que resguarda os direitos autorais, é proibida a reprodução total ou parcial, de qualquer forma ou por qualquer meio — eletrônico ou mecânico, inclusive por processos xerográficos, de fotocópia e de gravação — sem permissão, por escrito, do Editor.

Revisão: Margareth Rose Fonseca Carvalho
Ilustração da Capa: Cláudio Gianfardoni
Projeto Gráfico: Sérgio Carvalho
Colaborou nesta edição:
Paulo Gontijo de Almeida

ISBN 978-85-7618-118-7
2ª EDIÇÃO — 2007

• Impresso no Brasil • Presita en Brazilo

Produzido no Departamento Gráfico de
CONHECIMENTO EDITORIAL LTDA
Rua Prof. Paulo Chaves, 276 - Jd. Anavec - CEP
13485-150
Fone/Fax: 19 34515440 - Limeira - SP
e-mail: grafica@edconhecimento.com.br

Dados Internacionais de Catalogação na Publicação (CIP)
(Câmara Brasileira do Livro, SP, Brasil)

Paranhos, Roger Bottini
  A Nova Era / Roger Bottini Paranhos. — Limeira, SP
: Editora do Conhecimento, 2007.

ISBN 978-85-7618-118-7

1. Espiritismo 2. Médiuns 3. Movimento da Nova Era 4. Psicografia I. Paranhos, Roger Bottini II. Título.

03-0561   CDD - 133.93

Índice para catálogo sistemático:
1. Mensagens mediúnicas psicografadas :
        Espiritismo 133.93

Roger Bottini Paranhos
A NOVA ERA
Orientações Espirituais para o Terceiro Milênio

Obra mediúnica
orientada pelo espírito
Hermes

2ª edição - 2007

EDITORA DO
CONHECIMENTO

Obras do autor editadas pela Editora do Conhecimento:

- A HISTÓRIA DE UM ANJO
A vida nos mundos invisíveis
2000

- SOB O SIGNO DE AQUÁRIO
Narrações sobre viagens astrais
2001

- AKHENATON
A revolução espiritual do antigo Egito
2002

- A NOVA ERA
Orientações espirituais para o Terceiro Milênio
2004

- MOISÉS
O libertador de Israel
2004

- MOISÉS II
Em busca da terra prometida
2005

Sumário

Prefácio de Ramatís 9
Prefácio de Hermes 11
Palavras do Médium 13
Prelúdio 15

CAPÍTULO 1
A descrença atual sobre as verdades espirituais 17

CAPÍTULO 2
A influência dos espíritos no cotidiano dos homens 33

CAPÍTULO 3
O exílio planetário e seu objetivo 48

CAPÍTULO 4
A finalidade das doenças no programa de evolução espiritual 66

CAPÍTULO 5
A clonagem e a engenharia genética 79

CAPÍTULO 6
As transformações religiosas para a Nova Era: A União Crística 98

CAPÍTULO 7
A Fraternidade da Cruz e do Triângulo e sua atuação em nosso mundo 118

CAPÍTULO 8
As transformações sociais para a Nova Era 139

CAPÍTULO 9
Os vícios do corpo 167

CAPÍTULO 10
Os vícios da alma 189

CAPÍTULO 11
A mediunidade na Nova Era 203

CAPÍTULO 12
Deus e a evolução... 218

CAPÍTULO 13
A educação para o Terceiro Milênio... 237

CAPÍTULO 14
O código moral do Evangelho de Jesus... 257

EPÍLOGO
Frases para reflexão.. 271

Prefácio de Ramatís

Amados irmãos:
Exausta de sofrer a poluição física e espiritual dos rebeldes, a Terra pede trégua e exige a renovação espiritual de sua humanidade, a fim de não sucumbir diante de tanta violência. O homem, escravizado por suas paixões inferiores, tornou-se o maior predador deste belo planeta, destruindo impiedosamente a natureza e os seus semelhantes. Por motivos dessa ordem, é que os técnicos siderais do Plano Espiritual programam os grandes períodos de transição planetária, providenciando que os rebelados contra as diretrizes do Cristo, trazidas ao mundo físico por grandes avatares, sejam expurgados rumo a um mundo inferior, para que as escolas planetárias, bem como os mansos de espírito, prossigam no seu programa de evolução em paz e harmonia.

Dentro em breve, os "lobos", o "joio", os da "esquerda" do Cristo terão de se despedir definitivamente da Terra e prosseguir reencarnando num orbe primitivo, onde o "ranger de dentes" será uma constante e as labaredas do inferno, tão ridicularizadas pelo homem moderno, serão apenas uma amena adversidade se comparadas às novas dificuldades que os aguarda. Assim, enquanto estiverem se debatendo no planeta-exílio, numa luta interior para resgatarem o espírito de amor e fraternidade, os seguidores do Cristo, ou seja, aqueles que se colocaram à sua direita e representaram o "trigo" da semeadura do divino Jesus, ingressarão em um novo estágio de aprendizado espiritual. Nesse novo período, a humanidade atingirá um padrão de qualidade de vida somente narrado nos filmes de ficção científica, e encontrará paz, felicidade e harmonia jamais imaginadas na mais bela utopia humana.

Convidamos o leitor que tem a oportunidade de abrir as páginas deste livro a prosseguir com atenção, perseverança e amor no coração, a fim de assimilar em sua totalidade as benfazejas informações que serão trazidas do Alto por nosso irmão Hermes, que sempre se destacou por sua notável sabedoria. No passado, ele se dedicou a estudos iniciáticos; por esse motivo, utilizou uma linguagem secreta em seus ensinamentos, acessível somente aos seus alunos mais esforçados, tanto que o termo "hermético" originou-se de seu nome para designar "ensinamento de difícil compreensão". Hoje, porém, com a proximidade de um "novo tempo", o conhecimento espiritual deve estar ao alcance de todos, indistintamente. Portanto, Hermes agora propõe-se a realizar o método inverso: ser o mais claro possível na explanação de temas complexos, mas fundamentais na evolução para o Terceiro Milênio.

Assim é esta renovadora obra literária das Esferas Superiores que transmite conhecimentos profundos e reveladores, com a clareza típica das comunicações de Hermes, materializadas no mundo físico pelas mãos do médium Roger Bottini Paranhos. Acreditamos que ela servirá de "detonador psíquico" para os leitores, despertando-os para o importante momento vivido pela humanidade terrena. E que as informações nela contidas possam auxiliar os espíritos encarnados a compreenderem a finalidade das diversas existências no mundo material: evoluir da animalidade para a angelitude!

Esperamos poder estender os braços aos nossos irmãos no final deste período de transição planetária e repetir as palavras de Jesus, inspiradas pelo Cristo, para aqueles que ficarem à sua direita: "Vinde, benditos de meu Pai; recebei como herança o reino que vos está preparado desde a criação do mundo!"

Ramatís
Porto Alegre, 08/08/2002

Prefácio de Hermes

Queridos irmãos:
A Nova Era surge no horizonte da vida humana assim como profetizou Jesus há dois mil anos. É chegado o momento da Grande Transição, e os trabalhadores do Cristo precisam estar preparados para melhor vivenciar este importante momento da história da humanidade e auxiliar aqueles que ainda vacilam, mas possuem chances de integrarem-se ao Grande Projeto de Redenção Espiritual da Terra.
Esta obra mediúnica é um antigo projeto que aguardava o momento propício para ser entregue às mãos daqueles que peregrinam na vida física e necessitam de um farol para conduzi-los às Verdades Eternas do Terceiro Milênio. Após o trabalho preparatório realizado por Ramatís, em meados do século passado, chega a nossa vez de dar prosseguimento ao programa de Luz dos planos superiores junto com os demais irmãos da Fraternidade da Cruz e do Triângulo, abordando o principal tema do momento: a transição para a Nova Era.
Iniciamos nosso projeto com o livro "A História de um Anjo", que narra com leveza e graça a importância da união das religiões para a integração e irmanação dos homens na Terra. Em uma segunda etapa, trouxemos à luz da matéria o trabalho "Sob o Signo de Aquário – Narrações sobre Viagens Astrais", que visa a mostrar aos encarnados as perspectivas dos projetos da Alta Espiritualidade em diversas áreas, tanto para vencer o mal como para promover o bem, no atual momento em que vivemos. Em nosso terceiro trabalho, "Akhenaton — A Revolução Espiritual do Antigo Egito", demonstramos como os grandes projetos de transformação espiritual da humanidade são complexos e de difícil implantação no mundo físico, desde os primórdios da atual civilização terrena.
Esperamos agora poder remover o "véu de Ísis" que encobre as Verdades Espirituais ocultas ao homem comum e

elucidar aspectos fundamentais do momento por que passa a humanidade terrena, estendendo aos amigos esta obra que planejamos com amor e idealismo Crístico. Não temos a pretensão de ser os donos da verdade, mesmo porque ela é adaptável aos diversos estágios de evolução, mas acreditamos que a essência de nossas palavras reflete a Vontade Divina neste período de transição planetária.

Os queridos amigos encontrarão aqui conceitos sobre diversos temas que têm por objetivo formar o homem do Terceiro Milênio, o "homem integral", sintonizando-o com o seu "Eu Superior", para que ele fique ciente de quem é, de onde veio e para onde deve seguir em busca de evolução espiritual.

Abordamos temas atuais que dizem respeito ao período de transformação da humanidade para a Nova Era, pois nosso objetivo é libertar os espíritos encarnados dos paradigmas que os limitam às crenças do passado, que foram úteis ao seu tempo, mas que hoje em dia tornaram-se um perigoso empecilho para o progresso espiritual da civilização terrena.

É hora de o homem compreender que o estágio do amor e das virtudes cristãs, transmitido à humanidade por Jesus, está por encerrar-se, não havendo mais tempo para adiar a necessária transformação espiritual voltada para esses sublimes conceitos. Em breves décadas estaremos ingressando definitivamente na Nova Era, onde novas metas direcionadas ao progresso espiritual e humano deverão ser conquistadas. E nesse novo ciclo de crescimento espiritual somente os "eleitos do Cristo" terão lugar no banquete de Luz e felicidade prometido pelo Grande Mestre em sua inesquecível passagem pelo mundo dos homens.

Lembremos, portanto, o amorável alerta de Jesus: "Bem-aventurados os mansos e puros de coração, pois estes herdarão a Terra!"
Hermes
Porto Alegre, 15/08/2002.

Palavras do Médium

Prezados leitores:

Antes de prosseguirmos nesta renovadora viagem a um mundo novo — o mundo da Nova Era —, gostaria de fazer alguns esclarecimentos e agradecimentos.

Em primeiro lugar, quero enfatizar que os equívocos de quaisquer naturezas contidos nesta obra são de minha inteira responsabilidade. Em alguns momentos, foi muito difícil captar as informações que o nobre mentor espiritual tentou repassar-me. Era possível, inclusive, sentir o seu esforço extraordinário para fazer-me converter para a linguagem humana as informações transcendentais que ele filtrava do Plano Espiritual para nos iluminar.

Em outros momentos, o problema foi a minha falta de conhecimento em áreas científicas, como ocorreu no capítulo "A clonagem e a engenharia genética". Por trabalhar na área de informática e ser graduado em Administração de Empresas, algumas vezes esse "maravilhoso mundo novo" da ciência médica da Nova Era causou-me um total desgaste mental. E não foram poucas as ocasiões em que encerrei as atividades completamente exausto e receoso em relação ao resultado de minha limitada capacidade mediúnica. Portanto, peço desculpas pelos erros que porventura existirem no texto, e solicito que concentrem-se na essência da bela mensagem transformadora de Hermes.

Em segundo lugar, gostaria de agradecer à minha esposa, Ester Góes, por seu desprendimento e pela compreensão da grandeza deste trabalho de comunicação interplanos. Às vezes, não é fácil entender e aceitar as insólitas atividades dos médiuns, que se ausentam, em espírito, por longas horas, para contatarem-se com a Vida Maior.

É fundamental agradecer ainda ao trabalho abnegado, responsável e disciplinado dos amigos Edilson Marques e Tiago

D'Oliveira que, de forma incansável, auxiliaram na elaboração das perguntas para que esta obra chegasse o mais perfeita possível às mãos dos leitores. Eis, nestes jovens, dois autênticos exemplos de que a Terra realmente está ingressando em uma Nova Era de nobres valores espirituais.

Obrigado, amigos leitores, pela atenção inicial! Esperamos que a leitura destas páginas estimule-os a uma profunda reflexão interior. Eis a nossa fé, o nosso ideal, o nosso maior incentivo para vivermos neste mundo ainda tão distanciado da realidade espiritual!

Roger Bottini Paranhos
Porto Alegre, 30/10/2002

Prelúdio

"O Espiritismo, caminhando com o progresso, não será jamais ultrapassado, porque, se novas descobertas lhe demonstrarem que estava no erro sobre um ponto, modificar-se-á sobre esse ponto; se uma nova verdade se revela, ele a aceita."

Allan Kardec, *A Gênese*.

1
A descrença atual sobre as verdades espirituais

PERGUNTA: — Por que o homem se torna, a cada dia, mais ateu ou cultiva um espírito religioso superficial, enquanto as comunicações espirituais nos informam que o homem do Terceiro Milênio evoluirá e se tornará mais espiritualizado?

HERMES: — Isso é algo normal! Devemos lembrar que ainda é pequeno o número de "eleitos" na face do planeta, pois a grande maioria dos encarnados é composta de espíritos endividados para com a Lei de Deus; portanto, ainda não conquistaram o ingresso para a Terra do Terceiro Milênio. E, a despeito disso, continuam cultivando os seus vícios de conduta e desprezando a oportunidade dada pelo Pai. Em meio à transição planetária rumo à Nova Era, ainda vivem, e viverão por algumas décadas, espíritos com graves distúrbios oriundos de séculos de encarnações voltadas para o mal e egoísmo. Mas, com o passar dos anos, esse cenário será alterado gradualmente, fazendo com que a coletividade se volte para a comunhão com o Plano Espiritual Superior.

A nova humanidade, composta de espíritos seletos, aprenderá a estabelecer um contato regular e disciplinado com o Mundo Espiritual. Os meios de comunicação abandonarão o cultivo de programas de baixo nível cultural, que "emburrecem" a população, para, então, despertar o homem desta Nova Era de paz e amor para as Verdades Imortais. E isso acontecerá naturalmente, pois os eleitos, almas sedentas na busca pela evolução, desprezarão essa massiva carga de informações medíocres que recebem atualmente e darão atenção somente à programação instrutiva. Os meios de comunicação, sempre em busca de audiência, atenderão certamente ao novo anseio popular.

PERGUNTA: — Se bem entendemos, a falta de fé e espírito religioso é fruto do baixo nível espiritual das almas atual-

mente encarnadas em nosso mundo.
HERMES: — Exatamente! Nunca, na atual história da humanidade terrena, estiveram presentes, ao mesmo tempo, tantos espíritos encarnados com baixa vibração. Na década de 60 do século passado havia em torno de 95 por cento de espíritos com grande atraso espiritual para o padrão terreno.

PERGUNTA: — Mas nos parece que atualmente, no início do século vinte e um, a situação é ainda pior. Como explicar isso?
HERMES: — Já estamos vivendo um período onde estão reencarnando espíritos eleitos para promover a transformação para a Nova Era, mas é nesse período que também estão peregrinando pela vida física espíritos com grave inclinação para o mal. Alguns deles passaram séculos em sintonia com os sentimentos anticristãos nas zonas de trevas do Mundo Espiritual. Hoje, presos ao corpo físico, extravasam todo o seu ódio, rancor e tendência para o mal. Acentuam, assim, a imagem de desequilíbrio espiritual e de caos social, praticando seqüestros, estupros, assassinatos, tráfico de drogas e todas as formas de violência contra os seus semelhantes. Observamos a presença desses espíritos também nos crimes de "colarinho branco", que indiretamente prejudicam a vida de milhares de pessoas. Os grandes profetas de Deus atestaram que quando chegasse o dia do "juízo final" haveria grande desordem e uma completa inversão dos valores. Eles já previam a atual situação, porque Deus sempre dá uma última chance até mesmo aos mais rebeldes.

PERGUNTA: — Concordaste antes que a falta de fé e espírito religioso demonstra o baixo padrão espiritual da humanidade. Mas os ateus, que promovem ações comunitárias e lutam por uma sociedade mais humana e mais justa, não seriam espíritos com uma graduação superior?
HERMES: — São espíritos com boas tendências, mas ainda não despertaram para a força transformadora da fé no Mundo Invisível. Estes irmãos alcançarão provavelmente o estágio espiritual esperado para a Nova Era, mas ainda precisam interligar-se às forças superiores que regem o Universo. No fundo, eles já pressentem essa influência divina, mas a renegam por causa de traumas em encarnações anteriores, onde muitas vezes foram vítimas de religiosos mal-intencionados.

PERGUNTA: — O caso de pessoas que foram queimadas

nas fogueiras da Inquisição, condenadas por atos de heresia durante a Idade Média, seria um exemplo disso que afirmas?

HERMES: — Estais perfeitamente certos! Após a desilusão de se verem vítimas da intransigência de um deus cruel, vingativo e até mesmo ignorante, esses espíritos bem-intencionados se rebelaram contra o Criador, pois não conseguiram compreender que os atos daqueles que se intitulavam representantes de Deus na Terra nem sempre espelhavam a Verdade Divina.

PERGUNTA: — E a falta de espiritualidade não seria causada pelo excesso de avanço tecnológico e científico, que parece explicar tudo por meio de argumentos exclusivamente materialistas?

HERMES: — A extinta Atlântida possuía conhecimentos superiores aos da atual humanidade e assim mesmo cultuava um avançado espírito religioso. Os atlantes não separavam o espiritual do material, assim como atualmente vemos entre os homens. Talvez aí esteja o motivo de a humanidade do atual ciclo evolutivo ainda ser tão atrasada e ter necessitado de quase dois milênios para ingressar na atual era dos computadores. O avanço que obtiveram é conquistado em menos de cinco séculos por sociedades voltadas para o conhecimento espiritual.

PERGUNTA: — Pelas tuas palavras concluímos que se o homem tivesse se dedicado a uma sincera busca pelo crescimento espiritual teria conquistado o atual estágio cientifico e tecnológico há séculos, não é isso?

HERMES: — Já elucidamos essa questão em nosso trabalho anterior: "Akhenaton — A Revolução Espiritual do Antigo Egito". Ali, esclarecemos que se o homem tivesse voltado as suas forças para o bem, e não para as guerras fratricidas e para o cultivo de sua vaidade, teria ingressado na atual era dos computadores já no ano 300 da Era Cristã.

PERGUNTA: — Como compreender que a crença espiritual pode alavancar a ciência e o crescimento tecnológico e intelectual da humanidade?

HERMES: — A verdadeira crença em Deus, que liberta de dogmas religiosos e do conformismo fatalista, desperta os sentidos espirituais que estão latentes no homem, fazendo com que ele encontre as respostas que busca não só dentro de si, mas também no contato com inteligências invisíveis aos seus

A Nova Era

olhos físicos. Portanto, o homem que assim procede adquire conhecimento rapidamente porque consegue acessar de forma confiável o que foi criado pelo Senhor do Universo.

Podemos afirmar que caso surgisse um ser de um outro planeta na Terra, habituado a cultivar o contato espiritual, e observasse quantos séculos a atual humanidade terrena demorou para desvendar os mistérios da energia elétrica, ficaria espantado com o vosso atraso. Ainda existem outras formas de energias, invisíveis à realidade material, que somente serão descobertas quando os homens passarem a ver as coisas de maneira mais espiritualizada.

PERGUNTA: — *Como o homem deve espiritualizar-se? Observamos a devoção de parte da população que se empenha em crer em santos, religiões e até mesmo dedica as suas vidas a isso, mas não apresenta os avanços que foram citados anteriormente.*

HERMES: — Isso ocorre porque as pessoas se dedicam apenas a rituais religiosos, sem realmente interiorizar-se na busca pela sabedoria espiritual. É tempo de o homem descobrir que crer em santos ou rezar um terço não é suficiente para a sua ascese espiritual. É necessário o despertamento para a busca do bem e do crescimento em todos os caminhos que nos levam à evolução. Atender a rituais religiosos de forma mecânica e ocasional apenas reduz os impulsos negativos e o cultivo de vícios, mas não orienta o homem para a Luz. Aquele que se dedica a espiritualizar-se apenas em reuniões semanais, e no cotidiano entrega-se a uma vida mecânica e escravizada à maneira de pensar da mídia e da sociedade atual, sempre egoísta e exclusivista, porta-se como uma ave que almeja o céu, mas tenta voar com sapatos de chumbo.

PERGUNTA: — *Pelo que entendemos, o homem deve preocupar-se mais em meditar sobre suas ações do dia-a-dia e pelo rumo que está dando a sua vida, do que orar. Estamos certos?*

HERMES: — O homem vive atualmente um período de elevada "conturbação astral". São raras as pessoas que conseguem entrar em um estado de equilíbrio e harmonia para um bom contato com o Mundo Maior. Para obter esse estado de sintonia, em meio às pesadas correntes negativas que transitam atualmente pela Terra, é necessário, antes de tudo, meditar, refletir, buscar o aperfeiçoamento por meio da auto-análise. Só assim o homem libertar-se-á das influências negativas que o chumbam ao solo em sua batalha rumo aos pincaros da realização espiritual. Depois de estar equilibrado, aí sim poderá orar com produtividade, pois aquele que ora em desequilíbrio termina por dormir, ou, então, passa horas com a mente vagando por outros assuntos, enquanto o corpo teima em concentrar-se inutilmente.

PERGUNTA: — *Os monges tibetanos, por exemplo, meditam e oram com fervor e equilíbrio e não vemos grandes descobertas científicas saindo dos monastérios. Como explicar isso a partir das considerações anteriores?*
HERMES: — Cada filho de Deus possui sua missão no plano físico. Aos monges cabe despertar na humanidade o espírito de religiosidade e de amor ao próximo. Além do mais, eles fazem parte dos grupos responsáveis pelo processo de geração de energias positivas para a higienização do planeta. Logo, não seriam eles quem deveriam realizar a tarefa dos cientistas. O "foco" dos monges é o trabalho de edificação religiosa; já aos homens que se dedicam à ciência, cabe aliar a busca incessante por descobertas em sua área à crença na vida imortal, procurando enxergar além dos seus limitados sentidos físicos. Quando os cientistas compreendem que somente Deus poderia ter arquitetado o Universo, ampliam e começam a ver com outros olhos as suas descobertas científicas. Um exemplo do que afirmamos foi a forma de pensar do maior entre os cientistas do século vinte, Albert Einstein. Entre os pensamentos filosóficos que demonstram sua profunda reflexão espiritual, podemos citar: "Não quero saber como Deus criou o mundo. Só quero compreender os seus pensamentos" e "A ciência comum nos afasta de Deus, mas a ciência pura nos aproxima do Criador."

PERGUNTA: — *Podemos, então, crer que a forma como as religiões nos ensinam a orar é equivocada, pois é repleta de rituais que tornam mecânico e monótono o contato com Deus?*
HERMES: — As religiões, assim como a humanidade, devem evoluir. A mentalidade humana avança com o passar dos séculos e hoje já se torna absurda aos iniciados a tese de um "Reino dos Céus" sobre as nuvens, administrado por um velhinho de barba longa e branca; ou, então, São Pedro, nas

A Nova Era 21

portas do paraíso, com uma planilha de controle de nossas boas e más ações. Hoje, o homem já inicia a sua caminhada rumo a uma nova compreensão, onde o céu e o inferno estão no mesmo local: dentro de nossos corações, fazendo com que compreendamos que o nosso estado de espírito nos enquadrará em diversas dimensões diferentes no Plano Espiritual. Deus já passa a ser compreendido em Seu verdadeiro aspecto: a Mente Suprema, onipresente em todo o Universo, e não preso às limitadas formas físicas.

Dessa forma, podemos crer que as orações repetitivas, os rituais mecânicos nas cerimônias religiosas, deixarão de existir gradualmente, à medida que seus adeptos forem evoluindo. As religiões que cultuarem insistentemente o tradicionalismo, que se apresenta somente como um obstáculo à evolução, certamente perderão adeptos e a presença no cenário religioso do mundo.

Em resumo: as religiões não são equivocadas em sua forma de manter contato com o Reino Maior; elas são apenas vítimas da estagnação no processo evolutivo, causada por seus próprios seguidores. A vida é constante evolução. E quem luta contra isso termina fadado ao desaparecimento. Somente as religiões que se renovarem ou se unirem com suas afins sobreviverão no Terceiro Milênio, até que se conclua a inevitável união de todas as religiões.

PERGUNTA: — Gostaríamos de saber mais sobre essa união das religiões. Poderias nos esclarecer?
HERMES: — Preferimos abordar esse tema em capítulo à parte, no decorrer deste trabalho.

PERGUNTA: — A descrença atual dos homens não seria fruto de a realidade espiritual ser pouco palpável? Os homens não seriam mais religiosos se tivessem provas incontestáveis da realidade espiritual?
HERMES: — As provas sempre se fizeram presentes na história da humanidade. Aqueles que tiveram "olhos para ver", como nos disse Jesus, viram! Os homens tiveram várias comprovações, mas poucos foram os que dedicaram seu tempo a aprofundar esse tema e estudá-lo. Recentemente, a Doutrina Espírita ofereceu dezenas de comprovações incontestáveis sobre a realidade espiritual por intermédio de Chico Xavier; inclusive com demonstrações em programas de televisão. Mas, pouco depois, essas comprovações foram esquecidas em virtude da falta de

perseverança dos homens, mais preocupados com seus interesses imediatistas, que se desfazem na poeira, no final de suas transitórias vidas físicas. Além do mais, a mensagem de cunho filosófico-espiritual foi desprezada por muitos, que detiveram mais a sua atenção no fenômeno paranormal das comunicações mediúnicas. Eis um comportamento típico de espíritos no estágio de evolução em que se encontra a humanidade terrena.

PERGUNTA: — Algumas pessoas alegam que seria necessária uma comprovação "mais real" da existência da vida espiritual. O que achas disso?

HERMES: — A dificuldade que algumas pessoas possuem em sentir a presença da vida espiritual é diretamente proporcional a sua falta de fé e interesse na Vida Maior. Uma prova disso está nos momentos difíceis, na perda de algum ente querido, por exemplo; ocasiões em que essas pessoas ouvem vozes do Além e sentem em seus corações a "presença" de forças invisíveis. Portanto, basta apenas uma sincera aproximação com Deus, por meio da oração fervorosa e disciplinada, para sentir-se efetivamente a realidade espiritual. Não é o Mundo Espiritual que deve apresentar-se ao homem, mas ele é quem deve entrar em sintonia com essa realidade facilmente visível aos olhos de quem se dispõe a isso. Repetimos as palavras de Jesus: "Aquele que tiver olhos para ver, verá!"

PERGUNTA: — Haverá aqueles que, lendo estas tuas palavras, afirmarão que é normal a pessoa ter alucinações após a perda de um parente próximo e que isso é de fácil explicação, segundo as teses materialistas, analisando-se o trauma emocional vivido. O que podes dizer a respeito?

HERMES: — No capítulo seguinte estudaremos a influência oculta dos espíritos na vida humana e o leitor poderá constatar que a presença dos espíritos em nossa rotina diária é mais constante do que se pode imaginar. O que ocorre é uma total falta de sintonia dos encarnados para perceber essa presença, tanto de espíritos iluminados, como dos perturbados. O que os materialistas entendem por alucinação, trata-se muitas vezes de um "flash" da dimensão espiritual, que permite ao encarnado que não possui a faculdade mediúnica desenvolvida ver, ouvir e sentir a presença dos irmãos libertos da matéria. A grande maioria dos loucos internados nos hospícios são criaturas que tiveram contatos mediúnicos incontroláveis e não

A Nova Era

foram adequadamente tratados e esclarecidos a esse respeito. A medicação pesada, tradicionalmente usada nesses casos, e o conflito psíquico, terminam por causar realmente um distúrbio mental, comprometendo definitivamente a saúde do paciente. Mas, mesmo assim, não negamos a possibilidade de que ocorram, ocasionalmente, alguns casos de alucinação, em que a pessoa, impressionada por alguma situação específica, termina sendo influenciada pela sua própria imaginação.

PERGUNTA: — Hoje em dia ainda é grande o número de pesquisadores que afirmam sermos apenas matéria, ou seja: que o homem não possui alma. Alguns especulam inclusive que as experiências de "quase morte", em que o paciente retorna à vida e faz relatos sobre a vida espiritual, nada mais são que impressões causadas ao cérebro pelo impacto da disfunção orgânica. O que tens a dizer a respeito disso?

HERMES: — A inteligência e a capacidade de defender teses com base na observação constituem algo inerente e passível de ser alcançado por todos os seres humanos, tanto espiritualizados como arraigados ao mais doentio materialismo. Logo, aqueles que estão distanciados da crença na vida espiritual não deixam de raciocinar e defender o que pensam. Certamente existem céticos com grande capacidade intelectual e o que estes fazem é apenas defender suas teses, por serem as únicas que conseguem compreender como certas dentro de seu restrito universo. Como dissemos na resposta anterior: quanto mais cético for o homem, mais distanciado ele estará da realidade espiritual, tornando-se impossível que pressinta, dentro desse estado de espírito, a realidade imortal. Somente os que buscam "a face de Deus" a encontrarão. Esta é uma lei natural da evolução a que todos estamos submetidos.

Portanto, esses estudiosos, sempre voltados para a crença exclusiva de que viemos do pó e ao pó retornaremos, acabam por bloquear suas mentes para uma visão mais ampla. Essa prática termina orientando seus estudos exclusivamente dentro dos paradigmas da visão materialista à qual se escravizam. Inclusive atacam todas as formas de medicina alternativa, acusando-as de possuírem tão-somente o famigerado "efeito placebo", e nenhum efeito medicinal.

Eles encontram resposta para tudo dentro do complicado mecanismo das comunicações neuroniais no cérebro físico. Mal sabem eles que a mente nada mais é do que um condutor da vontade e do sistema fisiológico do espírito imortal que dá vida e dirige a máquina física, assim como um motorista necessita da cabine de comando de um veículo para conduzi-lo pelas rodovias do mundo.

PERGUNTA: — *Sabemos que atualmente existem pesquisadores que trabalham em um processo inverso do habitual. Eles partem de princípios religiosos milenares em direção à ciência moderna. Nesse contexto, terminam encontrando as respostas que a ciência nos dá hoje, por meio da medicina, da física, da astronomia etc. E para isso eles tomam por base textos com mais de três mil anos de existência. Será que o conhecimento da humanidade regrediu ou trata-se de mais uma conseqüência da descrença nos valores espirituais?*

HERMES: — As duas indagações receberão uma resposta afirmativa. A humanidade regrediu em razão da mudança do perfil espiritual dos encarnados durante o transcorrer dos milênios, e a descrença espiritual da atual humanidade embotou a visão dos encarnados que começaram a avaliar o mundo ao seu redor tão-somente por meio dos sentidos físicos. Na Lemúria, como na Atlântida, e mais recentemente na Suméria, civilização que antecedeu aos babilônios, tivemos importantes avanços científicos utilizando-se métodos pouco aceitáveis pelos cientistas atuais.

Os povos antigos são vistos pela ciência moderna como ignorantes e primitivos, mas ainda hoje assombram a humanidade atual com suas técnicas nos diversos campos do conhecimento humano. Alguns cientistas já perceberam isso. Como bom exemplo temos o conhecimento tecnológico utilizado pelos egípcios para a construção das pirâmides de Gizé, herança do povo atlante, em que blocos de duas toneladas foram erguidos ao topo daquelas magníficas construções. No livro "Akhenaton — A Revolução Espiritual do Antigo Egito", demonstramos que aquele povo possuía um conhecimento que espantaria o homem moderno, que ainda só sabe alcançar o progresso por meio de energias poluentes e prejudiciais ao meio ambiente. Além do mais, é importante lembrar o antigo conhecimento da medicina oriental, principalmente a chinesa, que hoje em dia já é respeitada no meio médico, a exemplo da técnica milenar da acupuntura.

PERGUNTA: — *A atual humanidade encarnada ainda é*

A Nova Era 25

escrava de seus vícios de conduta. Raros são aqueles que não se deixam influenciar pelo padrão de comportamento ditado pela sociedade e pelos meios de comunicação. Como esperar que o homem modifique o rumo de sua vida em direção à Luz, se ele mesmo, sabendo dos malefícios da atual forma de viver da sociedade, com o cultivo de hábitos negativos como o ódio, a maledicência e o consumo de drogas, como o cigarro, ainda não consegue forças para libertar-se de sua influência perniciosa?

HERMES: — Realmente, essa é uma missão difícil, pois os espíritos atualmente encarnados na Terra são como cordeirinhos que necessitam de um pastor para guiá-los. Infelizmente, os "pastores da Luz" são desprezados porque convidam seu rebanho para uma transformação que exige uma nova forma de comportamento, ao qual ainda não estão acostumados. Por serem ainda fracos de espírito e cegos para enxergarem a Luz, seguem felizes pela "porta larga" dos prazeres pouco construtivos e que os conduzem, a médio prazo, à tristeza e à desilusão. Mas o atual estágio de evolução em que vive a humanidade terrena exige que assim seja. Cabe a cada um libertar-se das amarras do atraso espiritual por sua própria consciência e, assim, tornar-se eleito para a Nova Era que já desponta no horizonte como o sol matutino. Nesse período, as forças do mal serão sufocadas pela Nova Ordem Mundial de paz e amor que surgirá, facilitando a caminhada na difícil jornada da vida física a que todos os filhos de Deus devem submeter-se em seu processo evolutivo.

PERGUNTA: — *Acreditamos que a prática de estudo do Evangelho de Jesus ajudaria nesse processo de encontro com a Luz. Poderias elucidar-nos sobre esse assunto?*
HERMES: — Certamente! Mas a grande dificuldade está na elevada carga negativa que circunda o planeta. Em raros momentos da atual história da humanidade a aura planetária esteve tão carregada. Tão logo o indivíduo se candidata a realizar o estudo dos ensinamentos do Cristo, sofre a influência do que os encarnados chamam de espíritos obsessores, em decorrência de sua perseverança em induzi-los ao erro. A energia negativa e a indução mental desses desencarnados sintonizados com o mal fazem com que os homens pouco perseverantes desanimem, abandonando a prática salutar da leitura e debate dos ensinamentos cristãos. As primeiras semanas de estudo exi-

gem muita perseverança e determinação para que o projeto de redenção espiritual não morra nos primeiros passos.

PERGUNTA: — Não seria uma luta desigual? Nós somos encarnados em constante desequilíbrio, lutando contra forças sinistras das Sombras que conspiram contra o nosso progresso e, ainda mais, somos vítimas dessa pesada energia astral negativa intoxicando o planeta!
HERMES: — Não existe equívoco ou desigualdade na vida criada por Deus. A humanidade só colhe o que plantou no decorrer dos séculos. Caso o homem tivesse se evangelizado em suas encarnações anteriores, não estaria agora vivendo essa luta desigual. Aqueles que já alcançaram a Luz aguardam o despertar da Nova Era para reencarnarem na Terra desfrutando do benéfico plantio, por terem semeado amor e paz em suas passagens pelo mundo dos homens no passado. Mas mesmo assim podemos dizer que os encarnados atualmente na Terra não estão abandonados, pois basta sintonizarem-se com os planos superiores para construírem o paraíso na Terra. Depende tão-somente da perseverança e da fé de cada um. O grande problema encontra-se na prioridade que cada encarnado dá em sua vida à reforma espiritual. Algumas pessoas insistem em reclamar falta de tempo para se dedicar à educação espiritual, por meio da meditação, do estudo e da auto-análise para reforma íntima. Mas os mesmos que não encontram tempo para a sua reforma interior são flagrados diariamente assistindo telenovelas decadentes ou em conversações maledicentes que não os engrandecem em nada. Na vida, tudo é uma questão de prioridade, pois a duração do dia é igual para todos.

PERGUNTA: — O que poderias dizer sobre os nossos governantes e políticos em relação ao estudo deste capítulo?
HERMES: — Não podemos negar o ditado que diz: "Cada povo tem o governo que merece!" A classe política nada mais é que uma pequena amostragem do povo que governa; portanto, jamais será diferente de seus governados. Que os povos da Terra não se iludam! Somente terão bons governantes quando a Nova Era estiver consolidada na Terra, quando os homens aprenderem a se amarem como o Cristo nos ama.

Assim como a grande maioria dos habitantes do planeta, os políticos ainda não encontraram a verdadeira comunhão com Deus: ou vivem de aparências religiosas, tipicamente para

A Nova Era

agradar os seus eleitores, ou cultuam um ateísmo aberto. O mandato público exige um idealismo e um desejo de promover o desenvolvimento social que somente o comportamento espiritualizado e/ou humanitário consegue insuflar no coração dos homens. O idealista materialista geralmente termina por inclinar-se aos seus interesses particulares, abandonando a sagrada missão de promover o bem comum. Somente a fervorosa aceitação dos valores crísticos faz com que o homem se mobilize integralmente em prol de seus semelhantes, pelo amor incondicional e espírito de caridade.

PERGUNTA: — Realmente, analisando deputados, senadores, governadores e presidentes da República que nosso país teve nos últimos anos, concluímos que eles são um reflexo de nossa própria sociedade. Mas o que dizer sobre as comunicações espirituais que nos falam da chegada ao poder de um homem que transformaria o Brasil?

HERMES: — Como dissemos anteriormente, os verdadeiros governantes da Terra do Terceiro Milênio surgirão quando os eleitos para a Nova Era, almas de boa índole que já estão reencarnando no planeta, assumirem o poder dentro de algumas décadas.[1] Antes disso, dificilmente ocorrerão grandes transformações no cenário político mundial; ainda mais que isso exige um movimento orquestrado de todas as nações e credos para não causar atritos ou até mesmo guerras.

PERGUNTA: — Provavelmente estás te referindo aos atuais conflitos entre a cultura judaico-cristã e a muçulmana, que possui uma conotação religiosa?
HERMES: — Exatamente! Mas falaremos mais sobre este assunto em capítulo próprio, no decorrer deste trabalho.

PERGUNTA: — Pelo que vemos, a batalha não é fácil,

---
[1] Com relação à situação específica do Brasil, Ramatís revela na obra *A Vida Humana e o Espírito Imortal, de* Hercílio Maes, publicado pela **EDITORA DO CONHECIMENTO**, a existência de um encarnado dotado de avançado saber espiritual, de sentimentos universalistas, distante de pompas e preconceitos, capaz de mobilizar energias incomuns para os melhores feitos, predestinado pela Espiritualidade Superior para assumir o cargo presidencial. No entanto, apolítico, humilde e avesso às seduções do mundo físico, seria ele o último a considerar-se predestinado ao posto político mais elevado do país, tendendo naturalmente a decidir-se pelo "mundo do Cristo" que deixar-se fascinar pelo "reino de César". O leitor poderá conhecer no capítulo "Problemas Futuros do Brasil" como funcionam os planos siderais e em que circunstâncias um espírito escolhido pode recuar da obrigação assumida no Espaço.

pois se já nos é difícil transformar os nossos parentes dentro de casa, para que possamos evoluir em conjunto, que dirá a sociedade que nos cerca!...
HERMES: — Realmente assim é! Como não podemos transformar a todos em um passe de mágica, porque cada um é dono de seu destino, devemos aprender a manter o equilíbrio em um mundo adverso, assim como os seres vivos se adaptam às zonas inóspitas do planeta.
É necessário sempre lembrar que o primeiro passo é fazermos a nossa parte na meta suprema de nossas vidas: a busca da evolução espiritual. Por meio do crescimento como seres humanos, cuja regra básica deve ser o ensinamento "Ama ao teu próximo como a ti mesmo", estaremos direcionando nossas vidas a uma fantástica viagem de transformação espiritual que mudará definitivamente o nosso futuro nos séculos vindouros. O homem abandonará o seu "rosário de encarnações" de expiações e provas e ingressará nas agradáveis reencarnações de regeneração espiritual.
É fundamental refletir sobre a importância de defendermos as crianças, ainda despreparadas para enfrentarem o pesado estilo de vida em voga no mundo terreno. Somente preparando-as moralmente teremos no futuro uma sociedade melhor. Vale lembrar que nossos filhos de hoje podem ser nossos pais numa existência futura, reservada aos que ainda peregrinam pelas sucessivas experiências na vida física. Logo, é prudente educarmos bem os nossos filhos para termos sábios orientadores quando voltarmos como crianças indefesas ao seio da vida material.

PERGUNTA: — Que orientações nos darias para que pudéssemos nos libertar das influências negativas tão fortes que sofremos neste final de ciclo evolutivo?
HERMES: — Como dissemos anteriormente, é fundamental fazer uma reflexão sobre nossos atos cotidianos, buscar na oração o equilíbrio e a harmonia, bem como procurar realizar leituras edificantes e abandonar programas televisivos e leituras que não sejam enobrecedoras. Também é necessário uma completa reformulação pedagógica nas escolas, pois estamos certos de que a grande dificuldade para a conquista da liberdade espiritual está na má formação escolar.
Nos últimos séculos, ao contrário do que ocorria na escola grega antiga, os jovens estão sendo formados de uma manei-

A Nova Era 29

ra que os desestimula a pensar, quando o processo educativo deveria aguçar o raciocínio, ou seja, levar o estudante a chegar a conclusões por si só. No entanto, hoje em dia, eles apenas absorvem informações sem meditarem sobre elas, tornando-se facilmente manipulados por aqueles que detêm o poder. E sabemos que quem é mais capaz de discernir e raciocinar sobre os conceitos que aprende, dá o primeiro passo para alcançar o objetivo supremo de nossas vidas, que é a liberdade espiritual. Lembremos, então, as palavras de Jesus: "Conhecereis a verdade, e a verdade vos libertará."

Portanto, essa seria a meta que as escolas deveriam desenvolver. Mas, enquanto isso não ocorre, devemos procurar na boa leitura, na meditação e na troca de idéias fraternas com nossos semelhantes, a fórmula para desenvolvermos nossa própria maneira de pensar.

Em um breve futuro, as escolas serão remodeladas e o Evangelho de Jesus e os ensinamentos de outros avatares terão lugar de destaque entre os temas de estudo. A sábia interpretação dos ensinamentos dos grandes mestres, e não apenas a sua leitura superficial, incutirá na mente dos jovens uma nova forma de viver a vida, muitas vezes contrariando tendências de encarnações anteriores que ainda são cultivadas.

É no período da infância, quando os sentidos ainda estão embotados, que os espíritos encarnados conseguem assimilar conceitos construtivos e adaptar o seu caráter no mundo físico. Portanto, a infância serve como fonte de renovação de nossa índole e oportunidade para os rebeldes disciplinarem-se espiritualmente. Infelizmente, os pais terminam tornando-se maus formadores de caráter para os próprios filhos, pelos péssimos exemplos que lhes dão ou por permitirem que eles assimilem cedo demais a sensualidade e a malícia decadente apregoadas pela sociedade e pelos meios de comunicação, o que lhes causa um amadurecimento precoce. Com isso, os filhos perdem a oportunidade de se utilizarem do ingênuo período da infância para cultivar conceitos que marcarão definitivamente o seu caráter.

Em mundos superiores, a infância é desnecessária; os espíritos atingem a fase adulta com três ou quatro anos de idade, com total domínio de suas faculdades. Na Terra, a infância e a adolescência são prolongadas a fim de que o caráter das crianças sejam moldados pelos bons exemplos e ensinamentos dos pais e da sociedade que os cerca. Lamentavelmente, o que vemos são pais que, ao invés de ajudarem a criança no estágio acolhedor da infância, terminam por prejudicá-la com amostras diárias de um comportamento social anticristão.

Podemos afirmar, com convicção, que os pais de hoje são grandes responsáveis pelos criminosos e fracassados de amanhã. É de conhecimento comum que uma das maiores missões que nos é incumbida pelo Criador é a boa formação de nossos filhos. Certamente, os pais negligentes serão responsabilizados pela má formação de seus filhos após retornarem ao Mundo Maior.

PERGUNTA: — Mas há pais que criam seus filhos com amor, carinho e uma boa formação espiritual e mesmo assim eles se tornam delinqüentes, contrariando a formação recebida. O que nos dizes a respeito disso?

HERMES: — Não dissemos que os pais devem "angelizar" os seus filhos, pois isso é impossível. A Lei Divina nos ensina que cada um é responsável pela sua evolução, sendo impossível que outrem venha a promover o progresso espiritual de seus irmãos; somente é possível auxiliá-los. O que salientamos é a importância de criar-se um ambiente familiar e social propício para as crianças. Assim, esses espíritos que estão reencarnando terão melhores condições de reverter o quadro de trevas em que ainda vivem. Caso eles desprezem o amor, o carinho e a boa formação espiritual que recebem dos pais, ampliarão ainda mais a sua dívida em relação à Lei de Deus, que cobrará mais intensamente o desprezo pela dádiva que receberam, com uma nova encarnação em um ambiente sem o apoio familiar. Quanto aos pais, estes fizeram a sua parte e serão recompensados por Deus quando retornarem ao Mundo Maior, ou quando o Criador determinar o momento oportuno.

PERGUNTA: — Que últimas considerações terias sobre a descrença atual dos homens em relação às Verdades Espirituais?

HERMES: — Cada filho de Deus possui o seu livre-arbítrio, e isso deve ser respeitado. Não podemos mudar o mundo de uma hora para outra ou tentar carregá-lo sobre as nossas costas. Portanto, devemos procurar fazer a nossa parte na busca da Luz, e irradiar a nossa forma de pensar entre aqueles que convivem conosco diariamente. Como dissemos em outras oportunidades, a natural reencarnação de espíritos de alto quilate espiritual no Terceiro Milênio irá transformar gradualmente a

A Nova Era 31

face do planeta em todos os campos, desde o moral até o científico. O que devemos fazer, em vez de lamentar a falta de espiritualidade da humanidade, é promover o nosso crescimento nesse sentido, para que, quando o mundo estiver em plena comunhão com Deus, estejamos lá, eleitos para a Nova Era, assim como os irmãos iluminados que se dedicaram, durante os séculos passados, a alcançar o padrão espiritual necessário para herdar a Terra do Terceiro Milênio em suas futuras encarnações.

A influência dos espíritos no cotidiano dos homens

PERGUNTA: — *Que considerações gostarias de nos trazer sobre o tema da obsessão espiritual?*

HERMES: — A obsessão espiritual é um fenômeno essencialmente natural. É uma simbiose entre duas formas de vida que se alimentam mutuamente. A figura do obsessor não existiria se o obsediado não o alimentasse e vice-versa. O espírito desencarnado, considerado obsessor espiritual, nada mais é do que uma vítima da falta de amor que impera nos nossos dias. Geralmente, a perseguição que promove contra as suas vítimas é motivada pelo desejo de vingança em razão do mal que sofreu no passado pelas mãos daquele que agora quer prejudicar. Outras vezes, é apenas uma infeliz vítima dos próprios vícios e desregramentos.

Para alcançar a Luz, o homem deve compreender que somente o amor liberta. A pergunta que vos faço é: Quando os homens encontrarão o amor em suas vidas para se libertarem da influência nefasta do ódio que gera tantas tragédias? A fórmula para o fim da obsessão espiritual é simples e está ao alcance de todos: o amor e a sabedoria espiritual!

PERGUNTA: — *Somente o amor não seria suficiente? Por que é necessária a sabedoria espiritual?*

HERMES: — O amor nos eleva à sintonia divina, mas a sabedoria nos dá o discernimento para bem aplicá-lo. Às vezes, o amor sem sabedoria nos conduz a uma decisão que a princípio nos parece ideal, mas somente uma sábia avaliação nos faria compreender a melhor atitude a ser tomada. O amor sem a sabedoria promove a satisfação do próximo; o amor aliado à sabedoria auxilia na evolução do próximo, mesmo causando dissabores em almas primárias.

PERGUNTA: — *Poderias exemplificar?*
HERMES: — Um filho pede à sua mãe dinheiro para com-

prar drogas. Ela, compadecida e angustiada pela sua aflição, atende ao pedido do filho para aliviar-lhe as dores. Essa é uma decisão de amor sem sabedoria. O correto seria corrigi-lo com amor e determinação.

PERGUNTA: — *Por que o homem não consegue compreender esta simples fórmula:"Ama ao teu próximo como a ti mesmo"?*

HERMES: — Eis o centro de todos os conflitos e problemas existenciais da atual humanidade terrena! Por viverem encarnação após encarnação distanciados do amor, os espíritos que evoluem na Terra possuem seus corpos astrais impregnados de "manchas astrais" que cobram o seu preço a cada nova encarnação. Surgem, então, as doenças físicas e os desequilíbrios psicológicos que podem variar de simples desvios comportamentais a graves crises depressivas ou estados psicóticos. Mais uma vez lembramos a importância de muito amor, carinho, disciplina e atenção dos pais na fase da infância para a boa formação moral do futuro homem.

Se a infância fosse repleta de ensinamentos que promovessem a formação de um bom caráter, o ensinamento "Ama ao teu próximo como a ti mesmo" seria intuitivamente assimilado. Infelizmente o que vemos é o estímulo à prática de levar vantagem em tudo, com o mínimo de esforço e trabalho.

Ao invés de desenhos animados de guerreiros justiceiros ou programas infantis que tentam incutir na mente das crianças o comportamento dos adultos, deveriam os nossos jovens assistir programas de entretenimento que desenvolvessem o gosto pelas virtudes e o cultivo de um caráter correto.

Enquanto isso não ocorre, os adolescentes ingressam na fase adulta aflorando todos os vícios de conduta que já lhes eram próprios em vidas anteriores. Em resumo: a infância passa inutilmente, sem promover nenhum traço de evolução para o seu espírito imortal. Conseqüentemente, a fase adulta é vivida de forma repleta de vícios e atitudes anticristãs que desencadeiam reações negativas para a sua própria vida. Quando menos se espera, esse indivíduo bate às portas da morte e ingressa no Plano Espiritual em completo desequilíbrio, engrossando a legião de espíritos que se tornam obsessores dos encarnados para saciar os seus vícios ou exigir vingança dentro do eterno ciclo de "quem semeia o mal, o mal receberá", esquecendo-se de que somente o amor nos liberta dos grilhões das encarnações cármicas, em que devemos resgatar o mal praticado no passado.

PERGUNTA: — Para libertarmo-nos da influência obsessiva, devemos viver corretamente. Apenas isso seria suficiente?
HERMES: — Não existem mistérios na vida criada por Deus. Tudo é simples e de fácil entendimento, mas exige aprofundamento, disciplina e perseverança na busca do viver correto. Aquele que não se deixa envolver pela estrutura social corrompida dos dias atuais e vive honestamente dentro dos preceitos cristãos, jamais sofrerá qualquer assédio das Sombras, simplesmente por viver em outra faixa de sintonia.

PERGUNTA: — Como assim, viver em outra faixa de sintonia?
HERMES: — As nossas mentes e os nossos corações são como um aparelho radiofônico do mundo físico. Quando nos sintonizamos com as "baixas estações", que representam a depressão, o ódio, a maledicência, o rancor, o desejo de vingança e todos os sentimentos anticristãos, estabelecemos uma relação de sintonia perfeita com os espíritos escravizados nesse mesmo tipo de sentimento. Em sentido contrário, podemos chamar de "altas estações" aquelas que nos remetem à sintonia do amor, do perdão, da tolerância, do espírito de caridade e fraternidade, ou seja, os sentimentos cristãos que nos tornam leves e desprendidos em relação aos anseios da vida humana, e que, por fim, nos sintonizam com a influência sábia e amorosa dos espíritos iluminados que nos orientam rumo ao caminho da Luz.

PERGUNTA: — Viver de forma correta é suficiente também quando o espírito obsessor deseja vingança por um mal cometido em outras vidas? Referimo-nos àqueles casos em que o desejo de vingança do espírito desencarnado é muito grande.
HERMES: — Obviamente, cada caso é um caso! Os viciados em drogas, como álcool, cigarro, maconha, cocaína e outros entorpecentes, sofrerão assédio de espíritos que eram escravizados a esses mesmos vícios quando ainda peregrinavam pela vida física. A tendência ao vício é estimulada em grande parte pelo viciado desencarnado, que por intermédio de um verdadeiro fenômeno de hipnose impele o encarnado ao consumo dessas drogas para saciá-lo no Além. Mas não é nada que uma simples libertação do vício não resolva. Os viciados

A Nova Era 35

do Além não são perseverantes. Existem muitas outras vítimas em potencial bem próximas deles para insistirem com alguém que inicia um processo de reflexão para libertar-se. O grande problema é o espírito encarnado decidir libertar-se do vício e vencer a natural dependência química.

Já o caso de obsessão por vingança é um problema mais complexo, mas também possui uma solução relativamente simples. O espírito que deseja vingança necessita ser esclarecido para que perceba a insensatez de suas intenções. Basta, então, que venhamos a nos dedicar à boa leitura, a orações sinceras dirigindo a esse irmão todo o nosso amor e real desejo de obter o seu perdão e, por fim, exemplificarmos, com nossos atos diários, que já não somos mais aquela criatura que no passado lhe infligiu dor.

É necessário mostrar a esse irmão sedento de vingança que o perdão e a busca do "servir por amor" é o caminho da paz. Ao ver a sua vítima comportando-se serenamente e resignada, sob o efeito da Lei Suprema, o ódio e o rancor do algoz diminuirão de intensidade gradualmente, até, por fim, cessar, permitindo que os espíritos de Luz o orientem para uma nova vida. O que causa tantos fenômenos de obsessão espiritual é o relaxamento dos homens na busca do bem viver.

PERGUNTA: — Mas o homem ou a mulher encarnado na vida física pode também possuir um vínculo inconsciente de ódio em relação ao espírito que o persegue. Como esse encarnado poderá transmitir amor para o seu obsessor espiritual se ainda está preso ao ódio, mesmo sem ter consciência do motivo de tal sentimento?

HERMES: — Entendemos a pergunta com a finalidade de esclarecimento, mas não podemos deixar de dar uma resposta simples e clara a essa indagação óbvia. Não existem dois pesos e duas medidas nas leis divinas. Quem quiser libertar-se da influência espiritual obsessiva e encontrar a felicidade em todos os aspectos da vida, deve inevitavelmente "amar ao seu próximo como a si mesmo", indiferente de quem seja ou da situação desencadeada. Se o encarnado mantiver um sentimento inconsciente de ódio, deve entender que isso não se justifica e não irá isentá-lo da responsabilidade pelos seus atos. Devemos amar a Deus e ao nosso próximo acima de todas as coisas. Eis a primeira Lei do Criador!

PERGUNTA: — *Se o homem tivesse real consciência da influência espiritual que o cerca, ele sofreria menos a ação dos obsessores?*
HERMES: — Certamente! Conforme dissemos no capítulo anterior, o homem peca por cultivar o ateísmo ou a falsa crença espiritual. No dia em que a humanidade realmente crer que vive inserida num contexto maior, ainda invisível aos seus olhos, mas perfeitamente identificado pelos que buscam a Luz, então compreenderá e sentirá diretamente a influência tanto das Trevas como da Luz em sua vida. Assim como o homem que se orienta pelo seu conhecimento e prevê as variações do tempo, antevendo o sol ou a chuva, a seca ou a tempestade, o filho de Deus que reconhece a realidade espiritual sabe comportar-se e prever as conseqüências de suas atitudes, compreendendo que pode estar semeando em sua vida brisas agradáveis ou terríveis tempestades.

PERGUNTA: — *As previsões sobre as variações do tempo são falíveis. É assim também com as conseqüências de nossas atitudes?*
HERMES: — Deus é perfeito! E perfeita é a Sua Lei e a administração cármica do nosso processo de evolução. Pode haver modificações em relação ao ato negativo que cometemos, mas isso só ocorrerá se conseguirmos reverter o quadro com um bem maior que corrija o mal cometido. Lembramos aqui as palavras do apóstolo Pedro: "O amor cobre a multidão dos pecados."

PERGUNTA: — *Poderíamos crer que os espíritos obsessores nos intuem a não crermos na vida espiritual para assim sermos vítimas mais fáceis para as suas investidas?*
HERMES: — Isso ocorre com mais freqüência do que os encarnados podem imaginar. Lembramos aqui as palavras de Allan Kardec, codificador da Doutrina Espírita, que disse serem os homens mais governados por espíritos do que possam imaginar. E assim realmente é. Quando estamos sintonizados com ideais nobres, nossos mentores espirituais nos intuem à prática do bem, e, por estarmos na mesma faixa vibratória deles, percebemos e compreendemos intuitivamente o aconselhamento do Alto. Já quando estamos em uma faixa vibratória inferior, cultivando sentimentos negativos e cometendo atos anticristãos, a nossa companhia espiritual é composta de espíritos enegrecidos pelo ódio, que invejam a felicidade alheia. Para

A Nova Era

alcançar os seus objetivos, esses infelizes irmãos utilizam as mais variadas táticas, desde promover a descrença na vida espiritual até a utilização de dispositivos eletrônicos de obsessão, conforme narramos em nosso segundo trabalho: "Sob o Signo de Aquário — Narrações sobre Viagens Astrais".

PERGUNTA: — *E quanto aos espíritos qualificados como magos negros? Como eles exercem a sua influência?*

HERMES: — Os magos negros são espíritos que já desenvolveram uma grande evolução no campo do conhecimento intelectual e do domínio das forças ocultas ao homem comum, mas, infelizmente, utilizam esse poder para o mal e para atender aos seus mesquinhos interesses. Geralmente eles são coordenadores de grandes falanges de espíritos desviados que os obedecem como um cão serve ao seu dono. Os magos das Sombras não se preocupam com vinganças familiares ou desejo de desforra por algum prejuízo em uma encarnação passada, como vemos rotineiramente nos trabalhos de esclarecimento a espíritos perturbados nas casas espíritas. Esses espíritos com avançado conhecimento se dedicam a ampliar os seus domínios, tanto na esfera espiritual como no mundo físico, e seu principal objetivo é evitar o sucesso dos projetos da Alta Espiritualidade na Terra. Inclusive, as diversas facções do mal se reúnem periodicamente para estabelecer metas e desenvolver novas técnicas de obsessão especial, como citado na resposta anterior. A grande meta atual dos magos negros é tentar reverter o processo de exílio planetário que já está em curso e que despachará os espíritos da "esquerda" do Cristo para um mundo primitivo em breves décadas.

Portanto, os trabalhadores voltados para as obras cristãs e de divulgação das Verdades Eternas são o seu maior alvo. É por esse motivo que os médiuns espiritualistas e os idealistas que procuram melhorar o mundo devem se precaver, pois ao menor deslize podem ser influenciados mentalmente por esses espíritos do mal com assombrosos poderes.

PERGUNTA: — *Poderias esclarecer como um mago negro obsidia um médium espiritualista e/ou idealista que procura transformar o mundo para a Nova Era, já que ele está em outra "sintonia espiritual", como citaste anteriormente?*

HERMES: — Quando estamos na sintonia do Plano Astral Superior jamais somos influenciados por espíritos de faixas inferiores. Mas a instabilidade emocional que assalta os encarnados, por estarem muito vulneráveis ao conturbado mundo em que vivem atualmente, termina por levá-los a um desequilíbrio de sintonia que abre brechas psíquicas que os faz sofrerem a influência dos magos negros. É por isso que foi desenvolvido pelo Astral Inferior o que chamamos de dispositivos eletrônicos de obsessão espiritual. Esses equipamentos vigiam constantemente os pensamentos desses idealistas para, ao menor descuido de sintonia, exercerem o seu poder de influenciação, afastando-os do equilíbrio e da prática do bem. Além disso, os mais poderosos magos negros são espíritos requintados, e não broncos como muitas pessoas pensam. Eles utilizam-se de uma obsessão sutil para ardilosamente seduzir o trabalhador do bem para o lado negro, estimulando-os a sentimentos típicos como a vaidade e o orgulho. Como os médiuns idealistas terminam se qualificando mais do que os médiuns comuns, eles terminam se imunizando contra as paixões inferiores comuns, mas se tornam presas fáceis do orgulho e da vaidade.

PERGUNTA: — Gostaríamos de mais esclarecimentos a respeito da obsessão sutil. Seria possível?

HERMES: — Os encarnados alienados a respeito da vida imortal são obsidiados com facilidade pelos espíritos perturbados do Mundo Espiritual. Para vos falar sinceramente, é algo mais fácil do que "roubar o doce de uma criança", como diz o ditado tão comum na vida humana. Geralmente, são espíritos simples, desequilibrados e inexperientes que realizam esse trabalho e mesmo assim conseguem obter êxito com facilidade.

Já no caso de pessoas que possuem um conhecimento da Vida Maior e que procuram seguir no caminho do bem, o processo torna-se um pouco complicado para o Reino das Trevas, pois o encarnado reflete sobre os seus erros e procura se corrigir. Mas como ele ainda é fraco em suas convicções, basta minar-lhe o caminho com problemas típicos da vida humana para desestimulá-lo e fazer com que ingresse, dócil como um cordeiro, na sintonia da depressão e do desânimo. Eis, nesse caso, a aplicação da parábola de Jesus que nos fala sobre as sementes jogadas em meio aos espinhos. Elas brotam, mas são sufocadas pelas adversidades, ou seja, pelos espinhos da vida.

O caso dos médiuns idealistas é diferente. O trabalho torna-se bem difícil para os magos das Sombras, pois nesse grupo encontram-se espíritos perseverantes no trabalho de divulgação e amparo espiritual à humanidade. No passado, os magos contratavam obsessores comuns para vigiarem as brechas psíquicas desses encarnados, mas eles eram muito relapsos e abandonavam o "trabalho", assim como fazem os maus profissionais do mundo físico. Então, partiram para o desenvolvimento de tecnologias obsessivas, como já citamos, e para um trabalho mais direto com espíritos pacientes que utilizam-se da sutileza para influenciar os trabalhadores do Cristo. Ao invés de uma subjugação mental agressiva, buscando resultados rápidos, eles perceberam que a tática do trabalho "passo a passo" é mais eficaz. Além do mais, os idealistas possuem uma sensibilidade mais apurada, permitindo-lhes perceberem rapidamente a presença dos obsessores.

Os magos negros, então, após uma apurada análise, concluíram que a ação sutil de estímulo à vaidade e ao orgulho encantaria os idealistas. Muitas vezes eles se apresentam como mentores espirituais para enaltecerem sutilmente o trabalho do encarnado. O objetivo é enfeitiçar o idealista por intermédio da vaidade para afastá-lo dos trabalhos que passam a ser considerados de "menor importância" ou que não estejam "à altura desse grande trabalhador do Cristo".

PERGUNTA: — *Gostaríamos de alguns exemplos que nos esclarecessem mais a respeito da obsessão sutil e da fascinação.*

HERMES: — A obsessão sutil é o trabalho mental, quase sorrateiro, que os magos negros utilizam para que o encarnado venha a crer que concluiu por si só que as informações que recebe do Plano Espiritual são reflexos da Verdade Divina. Só que infelizmente essas idéias são induzidas mentalmente pelos trabalhadores do mal, que se utilizam da vaidade e do orgulho para obterem o resultado almejado. Geralmente, eles procuram desestabilizar os projetos do Cristo na Terra, estimulando o descrédito aos trabalhos justos e honestos que visam a ampliar os conhecimentos espirituais e também àqueles que são qualificados como "simplórios", por possuírem em seu bojo somente a essência do amor cristão.

Outra forma de atuação é fascinando os líderes religiosos para crerem-se os únicos detentores da verdade e, assim, lutarem contra seus irmãos no campo das idéias. Vemos claramente essa posição entre alguns encarnados que respondem pela própria Doutrina Espírita. Eles trabalham ferrenhamente contra o processo de união religiosa até mesmo com relação aos espíritas universalistas, seus irmãos de crença. Esses pobres fascinados rechaçam livros espíritas que contestam as suas posições dogmáticas, acreditando serem os donos exclusivos da verdade. Os espíritos das Trevas então realizam um trabalho de indução mental para que eles acreditem que seus irmãos, que pensam de forma mais abrangente e menos sectária, estão fascinados ou envolvidos por entidades maléficas, em uma total inversão do que realmente ocorre. O objetivo dos magos negros é sempre prejudicar os trabalhadores da Espiritualidade, os quais consideram seus "inimigos mortais". Logo, atividades que visem a prejudicar o trabalho de união das crenças religiosas, de conscientização para o período de transição planetária e do trabalho de esclarecimento para a Nova Era, são a meta principal desses irmãos ainda dominados pelas forças do mal.

PERGUNTA: — Alguns dirigentes religiosos, tanto espíritas como de outras religiões, perseguem e caluniam as novas revelações espirituais, como as do querido irmão e as de Ramatís. Com tal atitude, eles causam prejuízos ao trabalho de renovação espiritual da humanidade programado pela Alta Espiritualidade. Como fica a situação desses irmãos perante Deus?

HERMES: — Em geral, esses irmãos agem de boa fé. Eles não perseguem as informações religiosas renovadoras por maldade, mas por ainda guardarem em suas mentes e corações a visão sectária da Igreja medieval. Imbuídos de orgulho, arrogância e vaidade, deixam-se influenciar docilmente pela ação sutil dos magos negros. Ao retornarem ao Plano Espiritual, após desencarnarem, lamentam amargamente pelo mal inconscientemente cometido, em razão da visão retrógrada e arrogante que alimentou a sintonia com os espíritos trevosos. O Criador, por intermédio de seus prepostos, os perdoa e consola, mas inevitavelmente eles deverão retornar ao cenário da vida física para corrigir o equívoco cometido, defendendo as revelações espirituais que antes atacavam.

PERGUNTA: — E fora da seara dos trabalhadores espirituais temos também esse trabalho de sedução do lado negro?

HERMES: — Sim. Inclusive essa ação fascinadora é muito comum entre os dirigentes de grandes nações, que são hipnotizados pelo desejo de poder e de culto ao orgulho e à vaidade.

A Nova Era 41

Ultimamente, esses pobres irmãos são apenas marionetes nas mãos dos magos negros e só não tomam atitudes mais autoritárias e absurdas porque existe um controle mais efetivo da sociedade mundial e um receio das conseqüências de suas iniciativas.

PERGUNTA: — *Há uma proteção maior dos espíritos de Luz aos encarnados que se dedicam ao bem comum?*
HERMES: — Certamente. Deus jamais desampararia os filhos que trabalham em Seu nome. Mas a própria Lei de Amor e Justiça do Criador nos ensina que "a cada um será dado segundo as suas obras". Caso o trabalhador do Cristo se deixe influenciar pela vaidade, orgulho ou por suas paixões humanas, que ainda não domina completamente, ele sintonizar-se-á com as esferas das Trevas, tornando-se alvo fácil dos magos negros, e estará fora da sintonia protetora dos espíritos iluminados que coordenam e protegem os operários do Cristo. Por esse motivo, aqueles que trabalham em obras de despertamento da Luz na Terra devem manter-se em constante vigília para não serem seduzidos para o lado negro. A convicção no bem, a serenidade, a humildade e a soma das virtudes cristãs ampliam a sintonia com a ação protetora dos espíritos iluminados e criam uma aura protetora intransponível ao mais poderoso dos magos negros da Terra.

PERGUNTA: — *Se o homem aceitasse e procurasse conhecer a realidade espiritual em sua vida, seria mais pacífico, tolerante e construiria uma vida familiar e social mais harmoniosa?*
HERMES: — Como já dissemos em várias oportunidades: o homem é infeliz porque está distanciado do amor e da sabedoria espiritual. Lamentavelmente, a humanidade terrena ainda é escrava de sua própria ignorância. Ao vermos os homens almejando tão-somente suas realizações materiais e seus desejos de consumo, lembramos dos sapos "coaxando" felizes em seu universo pantanoso, sem nem ao menos imaginar a beleza dos jardins floridos e ensolarados, onde o beija-flor realiza, feliz, seus vôos multidirecionais.
Os espíritos encarnados na Terra acreditam que são felizes, mas logo percebem a transitoriedade da felicidade baseada tão-somente nos interesses puramente carnais. Jesus demonstrou a Sua inigualável sabedoria ao dizer: "A felicidade eterna está no Reino dos Céus", ou seja, na forma de viver voltada

para a realização espiritual. Aquele que conhece a realidade que está oculta pelo "véu de Ísis" compreende a grandeza da vida criada por Deus e se torna naturalmente mais fraterno, mais sereno, mais humano.

PERGUNTA: — *O que falta para o homem encontrar essa harmonia em seu coração?*
HERMES: — Já respondemos a essa pergunta. Falta amor! Viver segundo os ensinamentos que o Cristo legou à humanidade.

PERGUNTA: — *Podemos entender, então, que vivendo na sintonia do amor nos libertaremos da influência dos espíritos obsessores e encontraremos o equilíbrio e a harmonia que tanto sonhamos para as nossas vidas?*
HERMES: — Sem dúvida! A vida é pura harmonia, somente a maldade dos homens, o seu desamor, é que geram o caos em que vivem. Vemos em todos os setores do desenvolvimento humano a presença constante dos sentimentos que minam os mais nobres ideais. Essa postura agressiva desarma e desestimula aqueles que procuram a paz.

PERGUNTA: — *Vemos inclusive em algumas religiões anticristãs a prática de trabalhos espirituais para prejudicar o próximo. O que poderias nos dizer sob a ótica deste capítulo?*
HERMES: — Os "trabalhos espirituais", como os chamastes, são uma forma de contratar um determinado espírito para atender aos nossos propósitos. Quando o homem ora e está determinado a modificar-se para o bem, suas preces são ouvidas pelas entidades de Luz. Elas serão atendidas dentro do merecimento e se for importante para a evolução do requerente.

Já os trabalhos espirituais de baixo padrão vibratório, cujo pagamento estimula o vício e o interesse material, como bebidas, charutos ou animais sacrificados, requerem a contratação de espíritos ainda distanciados da Luz. Essa associação, além de ser um ato de desrespeito à Lei Divina que nos diz: "Não faças aos outros o que não gostaria que te fizessem", é também um ato prejudicial a si mesmo, pois os espíritos que atendem a esses tristes apelos geralmente são viciados. Eles não se contentam com somente um pagamento; depois de atenderem ao pedido solicitado voltam a procurar o seu contratante para serem novamente atendidos.

PERGUNTA: — *Poderias explicar melhor essa contratação de espíritos inferiores?*

HERMES: — Quando o encarnado realiza um trabalho espiritual para satisfazer interesses de ordem inferior que prejudicam os seus semelhantes, é atendido por espíritos imorais e ainda escravos dos próprios vícios. No momento em que entrega o "despacho", com a bebida, o charuto e outras oferendas primitivas, está, então, selando um pacto com o espírito viciado. Dependendo da "vítima" que o desencarnado deverá atacar para atender ao pedido de seu contratante, nada irá conseguir, pois esse tipo de trabalho só surte efeito em pessoas que estão sintonizadas com vibrações negativas. Aquele que está sinceramente ligado a Deus jamais sofrerá qualquer dano causado por espíritos obsessores. Inclusive, esses infelizes irmãos nem ao menos conseguem se aproximar das pessoas que vivem em sintonia superior. Já os dominados pelo ódio, rancor, pessimismo e outros sentimentos negativos, serão vítimas fáceis da influência desses desencarnados.

Após concluir o seu "trabalho", o espírito contratado retornará diversas vezes para receber novos pagamentos que saciem o seu vício. Caso o encarnado não o atenda, ele irá obsediá-lo, estimulando-o à bebida, ao fumo e às drogas e descarregando toda a sua ira por não poder saciar os seus vícios. Por isso, é tão comum ver as pessoas que sintonizam-se com espíritos das Trevas terem suas vidas destruídas após alguns anos. Ligar-se a religiões que praticam o mal ao próximo para atender a interesses puramente materiais ou à vaidade humana é, literalmente, "vender a alma para o diabo".

PERGUNTA: — *Como o espírito contratado pode usufruir das oferendas se ele não está mais na dimensão material para consumir a bebida, os charutos e todas as infelizes contribuições dos irmãos ainda distanciados da Luz?*

HERMES: — Esses espíritos em desequilíbrio, que ao desencarnarem eram escravos de seus vícios, têm necessidade de saciar os seus desejos no Plano Astral. Como não dedicaram as suas vidas a um trabalho de crescimento espiritual e de libertação das paixões inferiores, ingressam na vida espiritual ainda sedentos das drogas que alimentavam as suas fantasias no mundo físico. Não podendo mais fumar, beber etc, utilizam-se de dois recursos: obsidiam outros viciados encarnados para sugar-lhes a essência etérea do vício que os escraviza e sugam a própria essência dos produtos que lhes são ofertados nos "despachos" pelos contratantes de trabalhos anticristãos.

PERGUNTA: — Infelizmente as pessoas muitas vezes se desesperam para resolver algo que entendem como um grave problema em suas vidas e terminam se enredando nas redes das Trevas. Como deveríamos agir para evitar essa tragédia em nossas vidas?
HERMES: — Problemas, todos temos em nossa jornada evolutiva! Devemos manter a serenidade e o bom senso. O mal nunca levou ninguém à felicidade. E jamais solucionaremos os nossos problemas infligindo dor e prejuízo aos nossos semelhantes. Por que não lembrar do Espírito Guardião que todos os encarnados possuem? Ele é o amigo espiritual encarregado de nos auxiliar em nossa vida física. Então, por que não pedirmos o auxílio desse espírito que não dorme um segundo sequer com o objetivo de zelar pela nossa felicidade? Ao invés de contratarmos irmãos infelizes que promovem o mal, vamos solicitar, por meio de prece, que esse nosso irmão benfeitor nos intua à prática do bem. Assim procedendo, veremos que as sábias leis do Criador conspirarão a nosso favor.

PERGUNTA: — Poderíamos identificar facilmente as nossas companhias espirituais simplesmente analisando os nossos atos e pensamentos?
HERMES: — Existe um ditado que diz: "Mostra-me com quem andas, que te direi quem és!" Analisando as informações deste capítulo, poderíamos dizer: "Analisa teus atos e pensamentos e saberás qual o nível dos espíritos que te acompanham!" Devemos lembrar ainda que a companhia de entidades benfeitoras é extremamente gratificante e produtiva, pois quem usufrui dessa benesse estará sempre envolto em energias positivas do Astral Superior, recebendo constantemente informações intuitivas para viver melhor; ao contrário daqueles que estão sintonizados com as entidades negativas que buscam somente atender aos seus interesses e vícios, não se importando com as conseqüências de suas atitudes para conquistá-los. É comum o espírito obsessor levar suas vítimas ao fundo do poço para atender aos seus caprichos.

PERGUNTA: — Poderias nos esclarecer mais sobre o Guia Protetor que todo o encarnado possui e a ação dos mentores

espirituais?
HERMES: — Quando reencarnamos, jamais estamos sós. A Espiritualidade sempre elege ou aceita a iniciativa de espíritos amigos do reencarnante que se candidatam como auxiliares espirituais para a jornada que se inicia na vida física. Durante toda a peregrinação pelo mundo dos homens, o amigo invisível estará presente, auxiliando o encarnado com intuições e estímulos para que ele obtenha sucesso em sua caminhada. É uma tarefa árdua e, na grande maioria das vezes, pouco reconhecida, pois são raríssimos os peregrinos da vida física que percebem e reconhecem esse esforço meritório. E o pior é que geralmente o encarnado se envolve em vibrações negativas que neutralizam a ação do Guia Protetor, que se desespera para conseguir novamente aproximar-se de seu pupilo. Durante esse período de conturbação, o encarnado comete diversos deslizes por não conseguir captar a intuição amiga, e certamente se envolve com a sintonia das Sombras que, como já dissemos, só nos traz dissabores.

Quanto aos mentores espirituais, trata-se de entidades mais avançadas no campo da evolução espiritual que elegem encarnados dispostos à prática do bem comum. Atuam no plano físico por intermédio desses instrumentos para propagar o amor e a sabedoria de Deus entre os homens. Em geral, tais orientadores espirituais trabalham com seus pupilos somente em dias ou épocas específicas, sem exclusividade, irradiando o seu amor e sua Luz onde houver um trabalhador de boa vontade.

PERGUNTA: — Gostarias de fazer mais alguma consideração sobre este tema?
HERMES: — Somente lembrar aos encarnados que é fundamental libertar-se de sua cegueira espiritual. É conhecendo o mundo que nos cerca que aprendemos a nos desviar dos obstáculos que estão no caminho que devemos trilhar. A finalidade de nosso trabalho é despertar os encarnados para a realidade que está além dos sentidos físicos. Aquele que busca conhecer essa Verdade Eterna sentirá e perceberá esse mundo, que é imponderável somente aos que bloqueiam o seu "sexto sentido" para as Verdades Imortais.

A influência dos espíritos em nosso cotidiano pode ser facilmente observada; basta que procuremos perceber e compreender essa interferência em todos os atos de nosso dia-a-dia. Lembramos mais uma vez: o homem sofre demasiadamente por desprezar e descrer da existência da Vida Imortal e, conseqüentemente, por não seguir a Lei Divina que nos impulsiona ao progresso como filhos de Deus.

Para concluir, convidamos o leitor a refletir sobre os acontecimentos de seu cotidiano, pois vivemos inseridos dentro da Lei Suprema de Ação e Reação. Se tudo está dando errado é porque estamos lutando contra a nossa evolução. Os obstáculos que surgem em nossas vidas são colocados em nosso caminho sabiamente por Deus para que venhamos a despertar para o verdadeiro objetivo da vida: o crescimento espiritual rumo ao amor e à paz.

3
O exílio planetário e seu objetivo

PERGUNTA: — *O que devemos entender por "exílio planetário"?*

HERMES: — Os planetas, assim como os filhos de Deus, estão inseridos em um programa evolutivo traçado pelo Criador. Ao final de um estágio de evolução em determinado mundo do Universo, os espíritos que ali reencarnam são avaliados com o objetivo de verificar-se se eles atingiram o patamar de progresso traçado para aquele planeta, tal qual o estudante é avaliado por seus mestres a fim de ser aprovado para um novo ano letivo na escola. Aqueles que não evoluíram, segundo as metas traçadas, deverão ser exilados num mundo inferior, onde possam repetir o estágio de aprendizado que negligenciaram por séculos e séculos, nas diversas encarnações a que todo o filho de Deus é submetido em sua evolução infinita.

Jesus, em sua passagem pela Terra, nos deixou claro esse processo de avaliação ao comentar em seus ensinamentos sobre o "juízo final". O Sábio Instrutor alertou-nos também que "a semeadura é livre, mas a colheita obrigatória", ou seja, que deveríamos responder pelos nossos atos. Além dessas afirmações, Ele nos esclareceu que inegavelmente haveria um método de seleção espiritual que apartaria os "lobos" das "ovelhas", o "joio" do "trigo" e os da "esquerda" dos da "direita" do Cristo.

O último estágio evolutivo, anterior ao que vivemos, encerrou-se durante as últimas décadas que antecedem a submersão da Atlântida, quando então iniciou-se uma nova fase com a vinda de espíritos exilados do sistema de Capela para a Terra. Esses acontecimentos foram narrados no primeiro capítulo de nosso último trabalho "Akhenaton — A Revolução Espiritual do Antigo Egito".

Assim, um novo agrupamento de espíritos iniciou seu processo de evolução na escola terrena e, com o passar dos séculos, adquiriu os primeiros traços de civilidade, até que, há dois mil anos, desceu ao mundo físico o Governador Espiritual do planeta Terra, Jesus, e traçou o programa definitivo de redenção espiritual de nossa humanidade. Então, um prazo de aproximadamente vinte séculos foi estipulado para que os espíritos que aqui evoluem atingissem tal meta. Esse período já está se esgotando e um novo exílio planetário está em andamento, a fim de que os espíritos rebeldes sejam expurgados da Terra para um mundo primitivo.

PERGUNTA: — *E o que podemos entender pelo termo "transição planetária"?*

HERMES: — A transição planetária é o termo utilizado pela Espiritualidade Superior para identificar o período de transição entre o atual ciclo evolutivo e o próximo que está por vir. Nesse espaço de tempo ocorrem as transformações necessárias no globo, visando a sua adequação à nova fase de evolução, bem como o processo de exílio planetário em que os espíritos identificados como o "joio" são afastados do processo de reencarnação no mundo físico e encaminhados para o translado à sua nova escola planetária.

Esses períodos de transição abrangem em torno de cem anos do calendário terreno, sendo que o atual iniciou-se na segunda metade do século passado e deverá ser concluído até o final deste século. No decorrer desse período, proceder-se-á um gradual processo de reencarnação dos espíritos que conquistaram ingresso para viver na Terra da Nova Era pelos méritos alcançados em sucessivas encarnações. Esses irmãos vitoriosos mudarão o cenário do mundo, que será de paz e amor.

O século vinte foi identificado no Plano Astral como o "século dos trabalhadores da última hora", em alusão à parábola de Jesus que convida os que ainda não se elegeram para a Nova Era a fazerem-no agora, nesta última encarnação, antes do Grande Exílio, o que acarretou uma grande concentração de espíritos atrasados no plano físico em um mesmo período. Como já vos dissemos, na década de sessenta do século passado, tínhamos encarnados no planeta noventa e cinco por cento de espíritos atrasados, gerando uma carga astral instável que quase acarretou um desequilíbrio generalizado em todas as áreas da evolução humana.

Agora, vivemos um período em que espíritos missionários já estão reencarnando para mudar o perfil da humanidade. Os rebeldes desencarnarão sistematicamente e o retorno gradual dos eleitos à vida física mudará a face do planeta, realizando um

A Nova Era 49

processo de grande avanço científico e moral para a humanidade terrena. Nos primeiros anos da década de setenta do século vinte e um, provavelmente já deveremos vislumbrar a Nova Era consolidada, que surgirá após o processo de transição planetária. Enquanto os seguidores do Cristo estiverem comemorando a vitória conquistada no processo evolutivo, os espíritos rebeldes estarão sendo exilados num mundo inferior, onde poderão externar todas as suas taras e desequilíbrios sem prejudicar o avanço de uma sociedade espiritualmente superior. Lá, na "terra do ranger de dentes", como nos preceitua o Evangelho de Jesus, eles terão de lutar pela sobrevivência em meio a um ambiente selvagem, onde não terão tempo nem ânimo para promover o mal.

PERGUNTA: — *Algumas vezes é difícil crer que o homem se modificará assim, "da água para o vinho", em tão curto período, visto que passaram-se vários séculos e parece que a humanidade possui somente uma tendência a piorar. Como entender essa mudança?*

HERMES: — Compreendemos essa descrença da transformação espiritual da humanidade naqueles que buscam encontrar indícios da Nova Era, porque a cada dia parece que o homem se distancia ainda mais da moral e dos sagrados valores espirituais. Mas devemos vos lembrar que o corpo físico nada mais é que um veículo para a manifestação do espírito. Como dissemos anteriormente, o número de espíritos atrasados encarnados atualmente é muito grande, causando o desequilíbrio e o caos que assola a humanidade e que vos impressiona. Mas esse cenário já está se invertendo e gradualmente os espíritos eleitos assumirão as novas gerações, trazendo Luz, bom senso e avanço para o futuro da humanidade. Inclusive muitas de vossas crianças já fazem parte desse grupo. É comum demonstrarem uma capacidade moral, espiritual e intelectual superior até mesmo à dos adultos, confirmando, a olhos vistos, as nossas informações.

Em nosso primeiro trabalho "A História de um Anjo" contamos a história de um desses espíritos missionários encarregados de transformar a humanidade para a Nova Era. Nessa obra, narramos justamente o que expomos agora, elucidando, com clareza, o atual período de transição planetária em que vivemos.

PERGUNTA: — *Acabaste de nos informar que no período*

em que vivemos está encarnado na Terra um grande grupo de espíritos tendo a sua última chance para eleger-se à Nova Era, e aqueles que forem reprovados serão exilados num mundo inferior. Qual será a chance de esses espíritos obterem êxito? E se estão nascendo espíritos iluminados, filhos desses mesmos que estão passando por um teste final, provavelmente muitos pais serão separados dos filhos nesse Grande Exílio. Não estamos certos?

HERMES: — A chance de esses espíritos obterem êxito depende exclusivamente de sua perseverança na busca do bem e, principalmente, de elucidarem-se sobre as Verdades Imortais, pois um dos graves empecilhos para a libertação espiritual da atual humanidade encarnada é a sua descrença e o seu excesso de devoção ao materialismo. Falta ao homem moderno equilíbrio e harmonia. Raros são aqueles que estão em sintonia com a Força Divina. De um lado, temos os ateus, que geralmente são escravos da matéria; de outro, os fanáticos religiosos, que acreditam que a submissão, pelo medo, é a chave que abre as "portas divinas".

Infelizmente, analisando o perfil psicológico dos espíritos encarnados, aos quais está sendo oferecida a última chance de sintonia com os ensinamentos do Cristo, chegamos à conclusão que a profecia apocalíptica de João Evangelista irá se concretizar e "dois terços da humanidade realmente perecerá". Analisando essa profecia elaborada em linguagem figurativa, tão peculiar aos profetas da época, podemos entender que esses dois terços se aplicam ao universo de encarnados e desencarnados do planeta.[1] Após o exílio, a humanidade física dará prosseguimento ao seu processo educativo na Terra por meio da reencarnação, a fim de continuar evoluindo.

Em relação à dor da separação de pais e filhos, isso somente atesta o quanto a humanidade ainda está afastada dos valores espirituais e extremamente apegada aos interesses materiais ditados pelos laços de sangue. Todos somos irmãos, filhos de um único Pai, inseridos na família universal! Ademais, eis uma advertência urgente para a reciclagem moral dos pais, pois, em

---

[1] Tanto Hermes como Ramatís em **Mensagens do Astral**, psicografado por Hercílio Maes, publicado pela **EDITORA DO CONHECIMENTO**, elucidam que os dois terços aos quais o profeta João Evangelista se referiu correspondem à imensa população de encarnados e desencarnados da Terra, que atualmente gira em torno de 30 bilhões de espíritos. Logo, 20 bilhões de espíritos (ou seja, dois terços), alguns ainda encarnados, mas a maioria já desencarnados, serão exilados numa nova morada planetária.

vez de ficarem idolatrando os seus filhos, pensando exclusivamente na matéria, deveriam se esforçar para melhorar intimamente, a fim de se juntarem ao grupo de eleitos para a Nova Era. Reformando os seus conceitos morais e valores espirituais, influiriam diretamente na educação dos filhos de forma positiva.

PERGUNTA: — *Qual é o comportamento moral que diferencia os eleitos da Nova Era daqueles que serão exilados num mundo inferior?*

HERMES: — Essa pergunta não deveria nem mesmo ser respondida, tal a obviedade da resposta, mas compreendemos os motivos pelos quais ela foi efetuada. Portanto, vamos respondê-la, lembrando aos leitores que as leis de Deus sempre estiveram registradas e ao alcance de todos durante toda a história da humanidade. Jamais seria aceito o argumento de se desconhecer essas leis. O que sempre ocorreu por parte dos invigilantes, foi o desprezo e a ridicularização delas. O caminho da Luz está na simples prática dos sublimes ensinamentos de Jesus: "Ama ao teu próximo como a ti mesmo" e "Não faças aos outros o que não gostarias que te fizessem". Nesse resumo da Lei de Deus encontra-se o código de diferenciação dos eleitos para os exilados.

PERGUNTA: — *É comum vermos pessoas que reconhecem nessas máximas o supremo caminho da Luz, mas não as praticam. Por que o homem, conhecendo esse ensinamento, tem dificuldade em aplicá-lo em sua vida?*

HERMES: — O problema é que o homem conhece o ensinamento, mas não o vivencia. O espírito encarnado na matéria parece estar sempre envolvido em um conto de fadas que o afasta da vida real, ou seja, da vida espiritual. Ouve as sábias palavras de Luz, mas se aprisiona de forma hipnótica à vida social materialista, justificando os seus atos no exemplo que vê ao seu redor, esquecendo-se que a sociedade atual não serve de modelo para quem procura um ingresso urgente à Nova Era. Nos tempos atuais, exemplos como o perdão, a tolerância, o respeito, a dignidade e a honestidade não estão em voga, e o amor teve seu sentido distorcido. Hoje, não se ama sem esperar nada em troca; satisfazem-se interesses e caprichos que se desfazem à menor contrariedade. Em resumo: o grande mal atual da humanidade é o afastamento dos valores espirituais pela ineficiência das religiões e do baixo padrão espiritual da maioria dos atuais espíritos encarnados.

Esse quadro é um banquete para os espíritos das Trevas que promovem o fracasso dos encarnados. Eles nem ao menos precisam se esforçar, tal a facilidade para dominar os encarnados enredados nas teias da mesquinhez e da intolerância. A fórmula libertadora é o real interesse em encontrar o caminho da Luz, pelas virtudes cristãs e prática real e sincera da reflexão de nossos atos do cotidiano. Só assim venceremos os maus hábitos que se instalam sorrateiramente em nossos corações.

PERGUNTA: — *Encontramos diariamente pessoas que entendem os ensinamentos espirituais e demonstram interesse em praticá-los; reconhecem os seus erros, mas sucumbem às primeiras tentações. Por que isso acontece?*

HERMES: — Os trabalhadores da "última hora", ou seja, aqueles que estão tendo sua última chance de se colocarem à direita do Cristo, não devem se iludir. São espíritos que ainda sofrem uma atração extraordinária para o campo dos interesses humanos, forjados nos séculos de encarnações voltadas exclusivamente para si próprios e para os seus interesses, esquecendo-se de amar e auxiliar o próximo. Agora, em sua última oportunidade, necessitam vencer o atavismo decorrente de encarnações passadas, que surgem como monstros incontroláveis em seu campo emocional e racional. Somente um esforço hercúleo em direção à Luz os libertará dessas más tendências que os perseguem. Além do mais, temos a constante influência de espíritos desencarnados que trabalham pelo nosso fracasso. Nesses casos, mais do que nunca é imprescindível determinar-se à busca do bem.

PERGUNTA: — *Qual o objetivo principal do exílio planetário?*
HERMES: — Naturalmente seria impossível seguir com o progresso e com o desenvolvimento científico e tecnológico se diariamente corrêssemos o risco de essas tecnologias serem utilizadas para o mal, promovendo dor e destruição. Para que os cordeiros do Cristo possam continuar evoluindo, é necessário que os "lobos" sejam afastados, a fim de não lhes causar prejuízos, como já vem ocorrendo. Enquanto os malfeitores desfilam ociosamente pelas ruas, promovendo o tráfico de drogas e o crime, os justos estão aprisionados dentro de suas casas com medo de serem vítimas da violência. À medida que os cientistas avançam em suas pesquisas, existe um temor generalizado de que o conhecimento nuclear, de que as técnicas de clonagem e

de engenharia genética sejam utilizados para o mal. O exílio planetário, portanto, tem a função de higienizar o planeta e permitir que os filhos de Deus que já se decidiram pelo progresso e pelo crescimento espiritual tenham oportunidade de prosseguir em sua ascese evolutiva. Encerra-se o ciclo da conquista do amor e inicia-se a Era de Aquário, a era da sabedoria espiritual e do desenvolvimento para um futuro melhor em todas as áreas de atuação, visando a evolução dos filhos de Deus. Aqueles que se negaram a amar e a respeitar o seu semelhante terão de recomeçar esse aprendizado em um mundo sem tecnologias modernas, repetindo os primórdios da civilização atual. Assim, poderão continuar com seus crimes, utilizando-se de tacapes e lanças, sem comprometer a coletividade com instrumentos de destruição em massa. Esse afastamento compulsório possibilitará um ambiente de paz e progresso aos habitantes da Terra; caso contrário, estaríamos mantendo "macacos em um palácio de cristal", o que certamente acabaria por destruir as mais belas iniciativas de progresso da humanidade do Terceiro Milênio.

Já os aprovados para a Nova Era, ingressarão em uma época de novos aprendizados sob a orientação do mestre *Saint Germain,* como já havíamos elucidado em nosso segundo trabalho "Sob o Signo de Aquário — Narrações sobre Viagens Astrais", oportunidade em que esclarecemos que a transição planetária se efetuará também no Plano de Direção do planeta Terra. Jesus assumirá atividades superiores, pois haverá encerrado a sua missão como "Apóstolo do Amor", e o governo do planeta ficará aos cuidados de *Saint Germain,* que orientará a humanidade terrena para avanços no domínio das energias espirituais e da ciência convencional, dentre outras coisas.

Nas esferas espirituais superiores é comum comentar-se que a tarefa de *Saint Germain* é expandir a capacidade mental dos futuros eleitos. Caso o homem atual pudesse imaginar o que poderá ser realizado no futuro, sob o signo de Aquário, ficaria certamente impressionado!

PERGUNTA: — Podemos crer, então, que o sonho dos espiritualistas de ver o mundo sendo dirigido segundo a visão e a ética espiritual se concretizará?

HERMES: — A Nova Era será marcada principalmente por essa mudança. A visão materialista ou o falso espírito religioso, utilizado pelos governantes somente para agradar o povo, será substituído por um real interesse pela busca desse conhecimento, ainda invisível aos olhos físicos. Lembramos, mais uma vez, que reencarnarão na Terra somente espíritos eleitos, que naturalmente terão uma visão espiritualizada sobre todos os aspectos da vida humana.

PERGUNTA: — *Como podemos nos certificar de que estamos vivendo realmente esse período chamado de transição planetária?*
HERMES: — Os mais sensíveis já podem sentir na intimidade do ser que vivemos uma era de transição. O planeta já se apresenta saturado de cargas tóxicas que causam ansiedade e desconforto nos eleitos e angústia e desespero nos futuros exilados. Outros fatores mais convincentes se farão presentes no decorrer das próximas décadas, como por exemplo a intensificação da decadência moral da sociedade mundial. Mas talvez os mais visíveis sejam a aproximação de um grande astro nos céus que será visto a olho nu, tanto de dia como à noite, durante vários dias. A aproximação desse astro causará grande excitação nos futuros exilados e uma estranha sensação de paz nos cordeiros de Deus, pois será o delimitador definitivo da Grande Mudança. Além da presença desse astro intruso ao Sistema Solar, ocorrerá uma gradual verticalização do eixo da Terra que causará alterações climáticas e mudanças na face do globo. Esta será uma providência para o início da recuperação do ecossistema terreno, que estará muito abalado pelo excesso de poluentes e pelos grandes prejuízos à camada de ozônio do planeta.

PERGUNTA: — *Poderias nos informar com maior precisão em que ano esse astro intruso cruzará a órbita terrestre?*
HERMES: — Preferimos não especificar datas. O médium que recebe essas informações trabalha com mediunidade intuitiva, e o seu cérebro físico, impressionado com acontecimentos do cotidiano, pode causar distorções na recepção mediúnica.[2] O importante para os espíritos em evolução no globo terrestre é saber que esse fenômeno ocorrerá nas próximas décadas; a

[2] Nota do médium - Atendendo às determinações de Hermes, e ao nosso desejo íntimo, evitaremos tentar captar informações muito precisas, pois além das dificuldades para se atingir esse nível de comunicação, por meio da mediunidade intuitiva, estamos sujeitos a mudanças nos planos da Espiritualidade Superior, em decorrência de o futuro estar sempre em movimento. As datas e eventos podem ser alterados pelo Alto à medida que a humanidade reaja de forma positiva ou negativa aos planos traçados pelo Criador. Ademais, o tempo transcorre de forma diferenciada nos dois planos de vida: o físico e o espiritual.

simples presença de espetáculo tão incomum nos céus será um atestado para as afirmações que aqui fazemos. Ademais, isso não é relevante para o objetivo que deve ser alcançado: o progresso espiritual para evitar o exílio planetário. Os encarnados importam-se mais com o fenômeno do que com a mensagem. Uma prova inquestionável, como já citamos em capítulo anterior, é a missão de Chico Xavier no Brasil, que impressionou milhões durante os anos que antecederam o início do período de transição planetária, mas somente uma pequena parcela assimilou a mensagem trazida pelos planos espirituais sob a orientação do irmão Emmanuel; o restante das pessoas, mais interessadas no fenômeno insólito, perdeu uma das mais importantes revelações espirituais da história da humanidade e hoje em dia vive como sempre viveu, alheio às Verdades Imortais que poderiam resgatá-lo das trevas da ignorância espiritual.

PERGUNTA: — *É fácil perceber que o espírito reencarnante é muito influenciado pelo meio em que está inserido; ou seja, os nossos filhos seguem o nosso perfil, assim como o homem em geral segue a linha de conduta da sociedade em que vive, cultuando os costumes de seu povo. Será mesmo que esses eleitos que já estão reencarnando na Terra conseguirão vencer a ascendência imposta tanto por seus pais, quanto pela sociedade?*

HERMES: — Certamente haverá alguma dificuldade, pois o meio exerce uma influência marcante em nossas vidas. Por esse motivo, é de fundamental importância que os homens procurem melhorar-se a fim de auxiliar os filhos que demonstrem inclinação para a nobre missão de transformar o mundo para a Nova Era. Infelizmente, serão raros os pais que conseguirão perceber que sob seu teto repousa um espírito iluminado que necessita de apoio para a sua tarefa abençoada. Como já dissemos anteriormente, os homens atuais, prováveis futuros exilados, estão mais preocupados com os interesses da vida humana ou com os fuxicos de sua comunidade, do que com sua educação espiritual e a de seus filhos. É comum observarmos nas famílias abastadas a preocupação dos pais para que os filhos conquistem posições elevadas dentro da sociedade. Já nas famílias mais humildes, os pais estão preocupados com "as rodas de samba" ou com o futebol do clube preferido, jamais dando atenção aos objetivos superiores.

Mas, mesmo assim, ante todas as adversidades, os eleitos do Cristo vencerão as barreiras impostas pela geração despreparada que os trouxe ao mundo. E, com o passar dos anos, eles se reunirão, formando amizades que serão embasadas na afinidade de idéias; e, assim, unidos, transformarão as gerações futuras.

PERGUNTA: — Essa reencarnação de espíritos da Terra em um mundo atrasado não implicaria em involução? Os ensinamentos espirituais nos esclarecem que o espírito somente progride, jamais regride!
HERMES: — Não há retrocesso espiritual. Reencarnar em um mundo primitivo representa apenas uma mudança de cenário para que os espíritos atuem no teatro da vida. Os valores conquistados não serão perdidos. Aqueles que forem exilados e reencarnarem nesse mundo inferior terão somente um veículo de manifestação inferior. Os seus corpos serão primitivos nos primeiros séculos, mas logo estarão plenamente adaptados e poderão recomeçar a sua caminhada para conquistar a lição desse atual estágio terreno que foi negligenciada: o amor ao próximo e o cultivo das virtudes crísticas que definem um bom caráter.

PERGUNTA: — Os exilados terão alguma lembrança inconsciente da Terra nesse novo mundo em que viverão?
HERMES: — Já nas primeiras encarnações eles criarão lendas, como a humanidade da Terra o fez. Eles sentirão inconscientemente que morderam a maçã do pecado, desrespeitando o Criador, e perderam o paraíso, assim como podemos observar na lenda de Adão e Eva, que foi criada a partir da saudade dos capelinos quando foram exilados de seu mundo de Luzes e conforto para a Terra. Os exilados sentirão em suas reflexões, em meio a um mundo primitivo onde o "ranger de dentes" será uma constante, que se negaram a atender ao apelo amoroso da Inteligência Suprema que rege o Universo e, então, deverão lutar para se redimir e obter finalmente a felicidade e a paz.

PERGUNTA: — Poderias esclarecer-nos sobre o sentimento de arrependimento e a precariedade que os exilados encontrarão no planeta-exílio?
HERMES: — A nova morada dos exilados será literalmente um mundo onde a "dor e o ranger de dentes" será uma constante, como preceituou Jesus. O planeta absinto não possui o conforto e a relativa serenidade da Terra; ele ainda é um mundo instável

com profundas oscilações climáticas e sísmicas. Tais variações inesperadas dificultarão, nos primeiros séculos da migração, qualquer tentativa de estruturação de uma sociedade primitiva harmonizada, baseada na agricultura. Os exilados necessitarão buscar alimento e abrigo como nômades, procurando novas terras a cada novo cataclismo regional que vivenciarão, e terão de adaptar-se às bruscas mudanças de temperatura: tanto ao frio causticante quanto ao calor literalmente infernal. Além do mais, haverá uma incompatibilidade inicial entre os seus moldes perispirituais, ainda afinados aos corpos terráqueos, e os futuros veículos de manifestação física gerados nesse novo mundo, o que gerará deformidades e desajustes orgânicos nas primeiras encarnações. Em meio a tanto caos, esses espíritos clamarão por clemência e finalmente procurarão respeitar e seguir a Lei de Evolução Espiritual do Criador. Infelizmente, esse processo se dará com dor e sofrimento, e não por meio do amor e da sabedoria, caminho escolhido pelos eleitos do Cristo que prosseguirão na Terra para encarnações mais felizes.

PERGUNTA: — Gostaríamos de saber mais sobre essa incompatibilidade dos futuros corpos físicos em relação ao perispírito dos exilados.

HERMES: — O corpo espiritual é um veículo de interligação entre o espírito imortal e os corpos de natureza física para manifestação na vida humana. Assim sendo, ele é um molde adaptável ao corpo a que irá dar vida durante uma nova encarnação física. Como os exilados possuirão um molde perispiritual adaptado aos moldes da Terra, que é um corpo mais avançado em relação aos do planeta-exílio, isso causará, a princípio, uma incompatibilidade na união perispírito-corpo físico. Seria o mesmo que colocássemos um motor potente, mas adequado a veículos com aerodinâmica perfeita, em uma carroça ou carro antiquado. Fatalmente haveria graves disfunções nesse veículo. Resumindo: ocorrerá com os exilados dificuldades motoras e mentais, além de dores orgânicas intensas, em decorrência da precariedade dos novos corpos físicos do planeta-exílio. É provável que haja uma adaptação aceitável, permitindo-lhes uma vida menos sofrida, somente a partir da terceira encarnação no novo molde.

PERGUNTA: — A Terra está abandonando o estágio de "expiações e provas cármicas" para ingressar em uma etapa de "regeneração espiritual" de seus futuros habitantes eleitos para a Nova Era. Os que poderão retornar do planeta-exílio no futuro serão aqueles que vencerão essas duas etapas no mundo inferior?

HERMES: — Sim! Assim como alguns não acompanham a evolução de seus mundos e terminam sendo exilados para orbes inferiores, o mesmo ocorre com aqueles que progridem mais rápido que o Planejamento Divino de sua atual escola planetária. Essas almas dedicadas à sua ascese evolutiva ultrapassam as metas do planeta que lhes serve de escola e migram para mundos superiores para continuarem o seu progresso. Eis o que ocorreu com o grupo espiritual original da Atlântida, como narramos no primeiro capítulo do livro "Akhenaton — A Revolução Espiritual do Antigo Egito".

PERGUNTA: — E como se dará esse processo de seleção? Haverá algum tipo de violência ou aprisionamento para encaminhar esses espíritos rebeldes ao astro intruso, principalmente em relação àqueles que qualificamos como magos negros, que certamente procurarão reagir?

HERMES: — Oh! Por favor, não compareis a Metodologia Divina com os limitados recursos organizacionais da vida humana! Certamente não teremos um "anjo" na porta do "céu" separando o joio do trigo, pois o "céu" e o "inferno" estão gravados em nossas consciências, onde a onipresença de Deus nos monitora a todo instante. Após o último desenlace da vida física, antes do "juízo final", o espírito já "grava" na alma sua real condição espiritual, encerrando a sua jornada durante o atual ciclo evolutivo. Os puros irradiam Luz e equilíbrio, enquanto os exilados apresentam uma aura pegajosa e um semblante angustiado. Além do mais, eles imprimem inconscientemente em sua mão direita e na testa o número da "Besta": o temível 666, que não é apenas uma lenda, mas uma simbologia inconsciente dos reprovados para a Nova Era.[3] Os exilados sabem que trata-se da "marca dos exilados", em alusão ao período cósmico da órbita do astro intruso. Essas informações detalhadas podemos encontrar na obra "Sob o Signo de Aquário", no capítulo "A Marca dos Exilados".

---

[3] Ramatís esclarece na obra *Mensagens do Astral*, psicografado por Hercílio Maes, publicado pela **EDITORA DO CONHECIMENTO**, no capítulo "O Número 666 na Profecia Apocalíptica", que qualquer ação do espírito sobre a carne está ligada a duas manifestações distintas: à da testa, que é símbolo do pensamento que cria, e à da mão, símbolo da ação que materializa na forma a idéia criada no cérebro; e que não se trata, portanto, de uma marca no seu sentido literal, mas de uma simbologia que representa o instinto animal pervertido.

PERGUNTA: — *Algumas pessoas contestaram essa informação contida na obra:"Sob o Signo de Aquário — Narrações sobre Viagens Astrais", alegando que a Espiritualidade jamais necessitaria de uma "marca" para identificar os que se colocaram à esquerda do Cristo. O que tens a dizer a respeito disso?*

HERMES: — Como esclarecemos na resposta anterior, essa marca não tem a finalidade de identificar os exilados, mas é um processo de autopunição e autocensura que está gravado na mente culposa dos espíritos da Terra, por causa do temor da aproximação do astro intruso. Ao retornarem ao Mundo Maior, e identificarem o seu fracasso, eles relembram desse estigma. Como o perispírito é um corpo de natureza ideoplástica, automaticamente a marca "surge" nos exilados. O símbolo da "Besta" inclusive é utilizado mais entre eles, pois os socorristas do Mundo Maior utilizam-se de outros meios para identificar a natureza do espírito à sua frente.

PERGUNTA: — *Historiadores especulam que a "marca da Besta" era tão-somente um tipo de linguagem codificada criada por João Evangelista para identificar uma autorização do Império Romano para realizar qualquer tipo de comércio. Essa autorização comercial só era concedida àqueles que professassem a religião romana politeísta. E também que o número 666, segundo a numerologia, apenas identificava o sanguinário imperador Nero, que foi o maior perseguidor dos cristãos. O que dizes a respeito?*

HERMES: — O homem ateu sempre encontrará respostas relativamente convincentes para negar o Planejamento Divino. Eis o problema da linguagem simbólica, pois permite as mais variadas interpretações! Mas o que fazer, se o apóstolo João teve de interpretar conceitos que estavam além de sua compreensão durante o transe mediúnico na ilha de Patmos? Como descrever aeronaves supersônicas lançando bombas incendiárias sobre crianças inocentes há dois mil anos? O máximo que o pobre e simples João podia fazer era informar que "pássaros de aço lançavam ovos de fogo dos céus!"

João era o mais evoluído apóstolo de Jesus e o que possuía mediunidade mais fulgurante; portanto, podemos confiar sem receio em suas afirmações que foram certamente de natureza transcendental, com o objetivo de alertar os homens de todas as épocas sobre os eventos que agora vivemos no "final dos tempos".

PERGUNTA: — *E quanto ao mecanismo de seleção e encaminhamento dos exilados para o mundo inferior, como se processa?*
HERMES: — Perdão! Estendi-me demasiadamente na "marca dos exilados" e terminei não completando a resposta anterior. O processo de encaminhamento dos exilados se dará por atração magnética. Eis a finalidade da passagem do astro intruso pela órbita terrestre. Durante o período em que ele exercer seu poder de influência sobre a aura da Terra, ocorrerá um poderoso processo de atração magnética que arrastará todas as almas em sintonia com baixas faixas vibratórias.

PERGUNTA: — *Não haverá como relutar?*
HERMES: — Não, porque os espíritos atraídos para o astro intruso estarão sob um efeito sedativo e hipnótico que os deixará sonolentos e sem ação ante essa poderosa ação magnética.

PERGUNTA: — *E quem aplicará esse efeito sedativo e hipnótico? A própria ação magnética do astro ou a Espiritualidade Superior da Terra?*
HERMES: — Esse é um processo automático, fruto da ação magnética do astro intruso sobre as almas chumbadas ao solo do mundo material por seus sentimentos anticrísticos. Quanto mais alienado e aprisionado às forças negativas for o espírito, maior será o efeito sedativo e hipnótico do astro intruso.

PERGUNTA: — *Não poderá ocorrer de ainda haver futuros exilados, após a passagem do astro sugador, e eles escaparem de sua atração?*
HERMES: — A influência astral desse corpo celeste abrange uma dimensão impressionante. A sua esfera de atuação magnética abrange milhões de quilômetros. Mesmo após sua passagem, a força atrativa do astro intruso ainda se fará presente. Conforme informamos anteriormente, sua influência iniciou-se na segunda metade do século passado e encerrar-se-á tão-somente no final do período de transição planetária, quando estiver a milhões de quilômetros da Terra e tiver atraído bilhões de espíritos que desprezaram as palavras dos sábios instrutores da Terra.

PERGUNTA: — *Queres dizer que a partir desse período a Terra começou a receber a influência magnética do astro*

A Nova Era 61

intruso?
HERMES: — Sim, a partir desse momento os habitantes da Terra, em todas as dimensões, tanto na física como na espiritual, começaram a sentir a vibração angustiante do astro responsável pelo exílio planetário. E como disse João Evangelista no "Livro do Apocalipse", quando chegasse esse momento "aqueles que fossem justos, seriam ainda mais justos e aqueles que fossem injustos, cometeriam ainda mais injustiças".

PERGUNTA: — *E ocorrerão graves tragédias durante o período da transição planetária, como guerras e catástrofes naturais?*
HERMES: — O nosso trabalho visa ao esclarecimento espiritual, e não a estimular um alarmismo improdutivo. Como dissemos anteriormente, esses fenômenos só aguçam a curiosidade e a especulação dos invigilantes, mas não transformam a humanidade para o bem. Mas podemos dizer que certamente ocorrerão tragédias, assim como ocorreu em toda a história da humanidade, fruto do desrespeito dos homens contra si próprios e contra a natureza.

PERGUNTA: — *E por que as religiões ortodoxas não trabalham com a idéia da transição planetária e além disso apregoam que o mundo irá acabar no "final dos tempos"?*
HERMES: — As religiões ocidentais não aceitam a reencarnação do espírito como um princípio inteligente das leis divinas. Logo, crêem que atingirão o paraíso celeste em apenas uma única vida física. Isso cria barreiras de entendimento sobre o mecanismo de progresso espiritual que rege a evolução dos filhos de Deus, segundo os ensinamentos de Jesus sobre o "juízo final" e o "fim dos tempos". Além do mais, a crença infantil de que o planeta Terra é o "umbigo do Universo" faz o homem retrógrado crer que só existe vida em nosso planeta, e até mesmo que aqui é o centro do Universo, o que gera uma visão sectária da evolução espiritual, bloqueando o entendimento de que a Terra é apenas uma das infinitas escolas planetárias do Universo. É um absurdo também crer que o Criador destruirá a Terra simplesmente para punir um pequeno grupo de rebeldes.

Para que o leitor compreenda melhor essa limitação religiosa da Terra, podemos citar como exemplo o fato de algumas religiões acreditarem que Jesus e Deus são a mesma entidade, quando, na verdade, o sublime rabi da Galiléia foi o intérprete de uma entidade ainda superior, o Cristo Planetário, que é apenas o responsável pela evolução do planeta Terra no Grande Conselho Universal presidido pelo Criador.

Lembrai-vos sempre que há mais mundos no Universo do que grãos de areia no litoral da bela nação brasileira!

PERGUNTA: — Como fazer uma pessoa acreditar no exílio planetário, se ela nem mesmo crê na existência da vida espiritual?

HERMES: — Cada filho de Deus vive um diferente nível evolutivo e consciencial nas infinitas escolas planetárias do Universo. Como citamos na resposta anterior, ainda existem espíritos encarnados na Terra que crêem ser o excelso Jesus o próprio Criador. Logo, informações complexas e fantásticas são mais difíceis de serem compreendidas por consciências ainda limitadas. Acreditamos que nem mesmo este capítulo será suficiente para convencer alguns irmãos aprisionados pelo convencionalismo da vida humana.

Mas, como já afirmamos neste trabalho, não é a crença no exílio planetário ou na existência da vida espiritual que definirá quem são os eleitos do Cristo para a Nova Era, mas sim o comportamento sintonizado com as virtudes superiores. É óbvio que a crença nestas informações auxilia na transformação espiritual, mas isso não é fundamental. O importante, neste momento, é amar e respeitar o seu próximo como a si mesmo.

Veremos no "juízo final" irmãos que crêem ser Deus um "velhinho barbudo sentado sobre as nuvens", e até mesmo ateus, mas que vivem o Evangelho do Cristo naturalmente. Estes serão eleitos para a Nova Era na Terra por atingirem a meta estabelecida pelo Alto, enquanto especialistas em espiritualismo, mas que esqueceram a prática das virtudes cristãs, serão atraídos inevitavelmente para o astro intruso, por possuírem o conhecimento, mas uma alma indiferente para com o amor e a fraternidade apregoados pelo sublime Jesus e os demais avatares da Terra.

PERGUNTA: — Que últimas considerações poderias fazer sobre o exílio planetário?

HERMES: — Somente um aviso: que os ensinamentos do Cristo sejam respeitados e que não sejam tratados como mera fantasia. Toda a mensagem do Divino Mestre possui fundamento e tenta explicar os mecanismos da vida criada por Deus.

Quando Ele nos diz: "A cada um será dado segundo suas obras" ou "Chegado o 'fim dos tempos' o Pai realizará o 'juízo final'", em nenhuma dessas afirmativas há fantasia ou delírio. Cabe aos homens buscar compreender esses ensinamentos, utilizando-se das modernas comunicações espirituais obtidas pelo fenômeno mediúnico. Então, encontrarão esclarecimentos para corrigirem-se e, quem sabe, evitarem o exílio num mundo inferior com a reorientação de rumo que estão imprimindo às suas vidas.

4
A finalidade das doenças no programa de evolução espiritual

PERGUNTA: — O que poderias nos dizer sobre as doenças que assolam a humanidade desde a Antigüidade?

HERMES: — A doença nada mais é que o fruto do desequilíbrio do próprio homem perante as leis divinas. Como já informamos no segundo capítulo, os espíritos que evoluem na Terra, por viverem encarnação após encarnação distanciados do amor, possuem seus corpos astrais impregnados por "manchas astrais" que cobram o seu preço a cada nova encarnação. Surgem, então, as doenças físicas e os desequilíbrios psicológicos que podem variar de simples desvios comportamentais até graves crises depressivas ou estados psicóticos.

As doenças possuem, portanto, uma função profilática contra o agravamento das enfermidades da alma, já que a dor leva o homem a refletir sobre a forma como está orientando a sua vida. O grave atraso da humanidade tem nos mostrado que somente quando a doença se faz presente é que os espíritos encarnados na Terra refletem sobre sua evolução e o real valor da vida, pois durante a plena vitalidade da juventude dedicam-se apenas aos prazeres e interesses exclusivistas e materiais. Na verdade, a enfermidade funciona como um despertador psíquico que convida o imprevidente a libertar-se do seu mundo de fantasias e a deixar de pensar somente em si para auxiliar a grande família universal.

PERGUNTA: — Deus não teria uma outra forma menos dolorosa e dramática para despertar os Seus filhos imprevidentes sobre a importância de orientarem as suas vidas para a evolução espiritual?

HERMES: — A doença e até mesmo a morte só são dolorosas aos vossos olhos porque a humanidade ainda não compreendeu o sentido da vida física. A vida humana é apenas um estágio de aprendizado na peregrinação infinita a ser realizada por todos os filhos de Deus na busca pela perfeição e felicidade eterna. Enquanto o homem alienado pela crença materialista de que tudo se resume à limitada vida física dedica-se a atender aos seus prazeres e à rotina exclusivista de pensar somente em si e em seus familiares mais próximos, o espiritualizado compreende ser a vida física somente mais uma etapa no seu programa infinito de evolução espiritual. A doença, para o homem consciente do objetivo da vida, nada mais é que um fator de purificação espiritual e de aviso divino para a compreensão dos erros do passado. Ademais, a doença não é infligida por Deus; é fruto natural do nosso desequilíbrio, gerado por nós mesmos em decorrência dos erros de conduta cometidos no passado e no presente.

PERGUNTA: — *Essas tuas palavras podem ser entendidas como indiferença à dor alheia; alguns diriam que somente quem passou por graves doenças pode avaliar a extensão dessa dor. O que dizes a respeito disso?*

HERMES: — Indiferença à dor alheia é viver lamentando as dores do mundo e não predispor-se a socorrer os que necessitam. Do que vale lamentar e se compadecer por não entender a lógica divina, enquanto os necessitados e enfermos continuam desamparados e sem auxílio para vencerem a prova expiatória que possui a finalidade de promover a sua evolução espiritual? Preferimos compreender as educativas leis divinas e auxiliar os que passam por tais provações a vencerem os sentimentos que deram origem às enfermidades.

No que diz respeito à questão de se ter passado pela dor da enfermidade para entendê-la, lembramos que ela realmente possui essa eficaz finalidade educativa e reflexiva. O jovem imaturo que poderia estar consumindo drogas e destruindo o seu organismo com atitudes agressivas a si e ao próximo, quando adoece passa a refletir sobre a importância e o valor da vida. Com a doença, principalmente as mais graves, o espírito imortal aprende a dar valor à vida e purifica o seu espírito para, no futuro, ingressar em uma vida física normal e com equilíbrio. Inclusive o enfermo lamenta quando jovens saudáveis destroem estupidamente as suas vidas.

Meus irmãos, o estado reflexivo da alma é fundamental para evoluirmos! Os espiritualistas orientais realizam essa prática e obtêm belos resultados. Infelizmente os ocidentais são excessivamente agitados, imediatistas e materialistas, mesmo aqueles que afirmam professar alguma religião. A doença então surge como um detonador psíquico para que o encarnado na vida física reflita sobre os seus atos e pensamentos do dia-a-dia.

PERGUNTA: — Entendemos tais colocações, mas a humanidade não compreende o mecanismo educativo das doenças. Algumas pessoas até acreditam que Deus as abandonou, porque Ele permitiu que adoecessem. O que podes nos dizer a respeito?

HERMES: — Como já dissemos anteriormente, o grande empecilho para a evolução espiritual da humanidade e conquista da felicidade e da harmonia social reside em sua ignorância às leis divinas. Caso o homem compreendesse a finalidade das enfermidades, ao invés de ficar se lamentando, poderia reverter esse quadro com a oração, serenidade e reflexão.

Ao adotar tal comportamento, o enfermo estaria purificando o seu corpo astral e drenando as toxinas espirituais, libertando-se das manchas astrais geradas pelas más ações cometidas que originam a quase totalidade das enfermidades conhecidas, nesta ou em futuras encarnações.

PERGUNTA: — Querido irmão, e o que dizer aos pais que geram filhos com doenças congênitas, ou seja, com alguma deficiência física ou mental?

HERMES: — A vida humana é um aprendizado para o espírito imortal, e como tal deve ser encarada! Os pais que amarem realmente os seus filhos e com eles procurarem conviver intensamente, verão que não são deficientes, mas sim crianças especiais que possuem muito a ensinar. No final de suas existências, saberão que mais vale um "aprendizado diferenciado" no papel de pais, do que sofrer uma imposição da Lei e receber como filho um espírito com corpo saudável, porém rebelde e com graves tendências para a prática do mal. Esta sim seria uma dura provação a vencer!

Ademais, é importante crer que não existem injustiças na vida criada por Deus. Tanto a criança como os pais enquadrados nessa situação devem passar por tal experiência, segundo as leis do Carma e da Evolução Espiritual.

PERGUNTA: — Poderias nos trazer maiores esclarecimentos sobre as manchas astrais em nossos corpos espirituais?

HERMES: — Segundo nos ensina a Doutrina Espírita e demais religiões que já compreendem e estudam a crença da reencarnação e do carma, o espírito imortal necessita de veículos astrais para manifestar-se no mundo físico. Portanto, todo espírito possui corpos intermediários de natureza etérea para manifestação nos planos espirituais, de acordo com a evolução desses mundos, sendo que o mais importante e o único a que iremos nos ater para este estudo é chamado entre os espíritas de "perispírito". Este corpo de manifestação nas cidades astrais do Mundo Maior serve também de elo de ligação para que o espírito possa comandar o seu corpo físico quando reencarna na matéria para mais uma jornada evolutiva. Nesse "duplo espiritual" ficam agregadas todas as energias que o espírito cultivou em suas muitas vidas físicas durante a sua caminhada rumo à Luz. Quanto mais o indivíduo cultivou sentimentos e atos nobres, mais iluminado e puro é esse corpo. Já aqueles que praticaram o mal e cultivaram sentimentos e atos prejudiciais a si e aos seus semelhantes possuem o corpo perispiritual repleto de manchas e feridas, que são um retrato fiel do rumo ao qual estão direcionando as suas vidas. Quando esses espíritos reencarnam na matéria, descem ao plano físico com todos esses miasmas agregados ao seu perispírito. Com o passar dos anos, essas manchas astrais são expurgadas para o corpo físico, desencadeando as famigeradas doenças.

PERGUNTA: — Temos como evitar essa "descida" das manchas astrais para o corpo físico?
HERMES: — Certamente que sim! Deus é a Inteligência Suprema e o Seu Código de Evolução Espiritual é justo e magnânimo. Como já dissemos, a grande fórmula de libertação espiritual e de alcance da felicidade suprema encontra-se na prática sincera e desprendida do amor. O amor sincero e generoso, e não aquele que é fruto das paixões, possui o poder de transformar as Trevas em Luz. Para elucidarmos melhor a força do amor, vamos citar como exemplo o caso de um espírito que cultivou muito ódio em sua encarnação passada e agora reencarna com plena saúde, mas com imensas toxinas astrais agregadas ao seu perispírito. Se ele nada fizer para modificar-se, quando alcançar provavelmente os quarenta anos de vida receberá o impacto da descida dessas toxinas para o corpo físico, causando-lhe a multiplicação desordenada de células,

anomalia mais conhecida como o temível câncer.[1] Mas, por outro lado, se ele modificar-se, amando e respeitando os seus semelhantes e sentindo principalmente esse amor dentro de si, essa força transformadora sublimará as manchas astrais, reduzindo consideravelmente essas toxinas. Isso fará com que ele venha a receber os resquícios das manchas astrais, sob a forma de câncer, somente próximo aos últimos anos de sua vida física, em avançada idade. E, por fim, se ele amar incondicionalmente, tornando-se um exemplo de bem viver e de amor ao próximo e ao mundo, as energias negativas serão totalmente dizimadas, anulando completamente o carma do câncer que se delineava em sua vida.

Vemos com esse exemplo que Deus é soberanamente justo e bom para com todos os Seus filhos, pois nos convida a evoluir sem dor e sem sofrimento pelo caminho do amor e da sabedoria. Infelizmente o homem ainda se desvia demasiadamente do caminho correto, fazendo com que instrumentos corretivos sejam automaticamente acionados para que os imprevidentes não fiquem por longo tempo afastados do caminho da Luz, que todos devemos seguir. Vendo por essa ótica, entendemos que a doença não é um triste castigo imputado por um Deus mau e vingativo, mas sim uma admirável bênção para que venhamos a despertar para o real caminho da felicidade e da paz: o caminho do Cristo!

PERGUNTA: — Seguindo a lógica que acabaste de expor, entendemos que viver na sintonia do amor sincero significa a libertação das doenças?

HERMES: — Certamente que sim! A única função da doença é conduzir o homem ao caminho do amor. Quando o homem fuma cigarros e consome outras drogas, o seu corpo físico fica saturado de elementos venenosos que certamente um dia causarão graves disfunções orgânicas. Assim é em relação aos males da alma. Ao entorpecermos as nossas almas com sentimentos e atitudes negativas à sua real função, já que fomos criados à imagem e semelhança de Deus, estamos saturando-a de elementos tóxicos que gerarão no futuro disfunções para o

[1] Na obra *Fiosiologia da Alma*, piscografada por Hercílio Maes, publicada pela **EDITORA DO CONHECIMENTO**, Ramatís esclarece detalhadamente em sete capítulos os mecanismos ocultos que desencadeiam, a partir dos corpos sutis do ser humano, enfermidades como o câncer. A etiologia, as raízes cármicas, o tratamento e a cura desta moléstia do corpo físico são analisados desde sua verdadeira origem no "mundo oculto" das causas.

nosso equipo físico e espiritual. Já a prática do amor é a profilaxia da alma e do corpo, pois é alimento para o espírito, e não veneno, como os atos anticristãos.

PERGUNTA: — Mas o que dizer de espíritos evoluídos que reencarnam com uma missão importante e que durante a sua vida são acometidos por diversas doenças?
HERMES: — A doença física nos remete a um contato mais íntimo com Deus. Por meio desse instrumento, os espíritos em missão na Terra imunizam-se contra os assédios e as tentações da vida humana, tão atraentes a quem possui plena saúde e vitalidade. Portanto, antes de reencarnar, em alguns casos, esses irmãos missionários da Luz solicitam uma "drenagem" total das toxinas espirituais que porventura ainda maculem suas almas. Além de se libertarem dos prazeres mundanos, com a dor imputada pela doença, esses espíritos também se purificam totalmente, algumas vezes libertando-se definitivamente de suas últimas manchas perispirituais, o que lhes permite ingressar definitivamente nas altas esferas espirituais da Terra.

PERGUNTA: — Mas é comum também vermos pessoas boníssimas morrerem ainda jovens de câncer ou de doenças congênitas. O que pensar a respeito disso?
HERMES: — Jamais cometais o erro de avaliar o Planejamento Divino dentro da limitada vida física. Provavelmente tratava-se de um espírito com graves manchas astrais e que se predispôs, em um esforço heróico, a drenar essas toxinas de uma só vez, de forma rápida, para assumir outros projetos no Astral ou em encarnações futuras. Tende a certeza que essas pessoas de bom coração que morrem cedo estão muito melhor agora que quando ingressaram na matéria para uma encarnação dolorosa.

PERGUNTA: — E como entender o caso de pessoas que são reconhecidamente más, buscam prejudicar o próximo e, muitas vezes, fumam várias carteiras de cigarros por dia, bebem demasiadamente e ainda cultivam uma vida desregrada, mas parecem possuir uma saúde de ferro?
HERMES: — Existe um sábio ditado popular que diz: "Vaso ruim não quebra!" E isso faz sentido aos olhos do Plano de Evolução Espiritual. Para que serve a vida no mundo físico?

Serve tão-somente para a evolução do espírito! Ou seja, aqueles que evoluem rápido, atingindo os objetivos traçados para a sua encarnação, alcançam o merecimento para partir mais cedo deste mundo ainda triste e infeliz que é a Terra. Já aqueles que relutam em aprender a lição, necessitam ficar o máximo de tempo no mundo físico para que possam, quem sabe, ao final da vida aprender a lição do amor. Caso isso não ocorra, trarão em suas futuras vidas físicas enormes quantidades de miasmas espirituais que cobrarão o seu preço, desde cedo, pelo mal semeado no passado. Como nos ensinou Jesus: "A semeadura é livre, mas a colheita é obrigatória."

PERGUNTA: — Queres dizer que todos que forem bons morrerão mais cedo?

HERMES: — O espírito encarna no mundo físico para aprendizado, visando ao seu crescimento espiritual e ao da comunidade que o cerca. À medida que ele estiver produzindo, será importante mantê-lo no meio físico. Logo, ninguém "morre" por ser bom. Mas o espírito desprendido das coisas materiais sabe que o apego doentio à vida física é característica dos materialistas e não de quem compreende a finalidade da vida humana. Ao concluir a sua missão no mundo físico, os bons espíritos desprendem-se da matéria por merecimento. Assim, algumas vezes, crianças iluminadas que vieram ao mundo físico para uma lição espiritual aos pais desencarnam cedo para atestarem a importância da vivência espiritual aos materialistas. Porém, se sua manutenção na vida física for importante, assim será, a exemplo das nobres almas que tiveram uma longa vida de auxílio à humanidade, como madre Tereza de Calcutá, irmã Dulce e Chico Xavier, espíritos boníssimos que desencarnaram em avançada idade.

PERGUNTA: — Mas temos também o caso de doenças que nos parecem ser fruto da má alimentação e do estresse moderno, como por exemplo as doenças cardíacas. O que podes nos esclarecer a respeito?

HERMES: — Certamente fatores externos ao corpo espiritual também contribuem para o processo de degeneração física. A alimentação excessivamente à base de gordura animal eleva as taxas de colesterol no sangue, causando o entupimento das artérias que irrigam o coração. Logo, esse é um fenômeno exclusivamente material, mas que demonstra que o "espírito é mais escravo do corpo, do que seu senhor", pois ao invés de utilizar-se do veículo físico para a sua evolução espiritual, torna-se um servo dos caprichos do corpo material, abarrotando-se de comida simplesmente para excitar o seu paladar. No caso das bebidas alcoólicas, encontramos a mesma situação. O excesso termina causando cirrose hepática e outros problemas digestivos, assim como a degeneração dos neurônios no cérebro. Lembramos aos leitores que o corpo físico e o espiritual, por estarem intimamente ligados, terminam correspondendo-se nos dois sentidos. Logo, não é só o corpo físico que recebe os impactos do espiritual. Todas as agressões que cometemos contra o nosso corpo físico também desencadeiam traumas na sutil contextura do corpo perispiritual. O glutão sofrerá danos e desequilíbrios astrais após o seu desencarne e o alcoólatra terá graves prejuízos no fígado e demais órgãos do sistema digestivo, no corpo espiritual. E essas conseqüências não se resumem somente a esses casos, mas a todas as agressões cometidas ao corpo físico. Inclusive, no livro "Sob o Signo de Aquário – Narrações sobre Viagens Astrais" descrevemos o impacto das drogas no corpo espiritual dos viciados, após o seu desencarne.

PERGUNTA: — E com relação ao estresse, também podemos entender dessa forma?
HERMES: — O estresse é resultado da ignorância espiritual dos homens. É fácil perceber que o estressado geralmente é aquele que está mais afastado da consciência espiritual e quase sempre está entre aqueles que se dedicam única e exclusivamente aos interesses da vida humana, esquecendo-se da prática salutar da meditação e do contato com Deus. A sua filosofia de vida o aprisiona ao imediatismo e aos interesses materiais, que "a traça rói e a ferrugem consome". O seu desequilíbrio emocional, o apego doentio à vida humana e a falta de experiência em "bem viver" ocasiona naturalmente o que entendemos por estresse.

PERGUNTA: — Como funciona a relação entre as doenças que são fruto das manchas astrais do perispírito e os nossos carmas gerados em vidas passadas?
HERMES: — As toxinas astrais agregadas ao perispírito e que desencadeiam as doenças no futuro corpo físico em que o espírito irá se reencarnar são resultantes da Lei de Ação e

Reação, mais conhecida entre os adeptos da filosofia oriental como carma. Essas manchas astrais seguem uma orientação natural das leis do Universo criado por Deus e se agregam aos órgãos do corpo espiritual de acordo com uma metodologia educativa. Sendo assim, uma pessoa que cultivou o ódio em existências anteriores agrega em seu perispírito toxinas astrais que desencadeiam o câncer na futura existência para drenar a carga negativa remoída no coração por anos; ou, então, renascem com graves doenças dermatológicas, como o pênfigo (fogo selvagem). Os indivíduos egoístas sofrem no futuro a ação de doenças que afastam as pessoas por medo de contágio. Esse foi o papel da lepra e da tuberculose no passado. E ainda atua nos dias de hoje pela AIDS, afastando as pessoas por medo de adquirirem uma doença que só representa risco pelo contato sexual ou sangüíneo. A inveja descarrega as suas toxinas para o fígado, assim como a indiferença para com a miséria alheia ataca a região dos rins, tornando-os secos e improdutivos em uma nova existência, como era o seu coração em vidas anteriores. Já a raiva incontrolável e desmedida resulta em disfunções na vesícula.

Os maledicentes que destroem a vida alheia renascem na matéria com problemas para falar e ouvir. Aqueles que abusam do poder intelectual para manipular e dominar, sofrem traumas no cérebro espiritual que representarão no futuro algum retardamento mental. Os que matam, agregam em seu perispírito toxinas no exato local onde desfecharam o golpe mortal para tirar a vida de seu irmão ou a sua própria, pelo suicídio. Em suas vidas seguintes, viverão com dores atrozes ou limitações, de acordo com o mal causado ao próximo ou a si mesmo. O veneno mortal ministrado no passado causará graves disfunções digestivas; o asfixiamento capital causará problemas respiratórios e a bala assassina que aniquila o cérebro ou o coração repercutirá em deficiências mentais ou cardíacas na existência futura. Além do mais, há uma série de implicações menores que atormenta os homens e ainda intriga os médicos, que possuem imensa dificuldade em compreender que o homem apenas "colhe o que plantou" nesta e em existências anteriores.

É por esses motivos que a medicina humana deve aprender a analisar os seus pacientes segundo a conceituação do "homem integral". Só assim encontrará a cura definitiva tanto para os males do corpo como os da alma.

PERGUNTA: — *Estudamos em pergunta anterior que "vaso ruim não quebra", ou seja, pessoas más às vezes passam a vida inteira sem doenças e com uma saúde aparentemente perfeita. E agora afirmas o contrário, que os atos anticristãos ocasionam enfermidades. Como entender isso?*
HERMES: — É como já afirmamos na resposta anterior que citastes. As toxinas espirituais demoram décadas para descer ao corpo físico. Às vezes, isso só ocorre em uma encarnação futura. Nesse caso, vemos mais uma vez a Sabedoria Divina que oferece uma chance de o homem corrigir, ainda com saúde, o mal cometido. Caso isso não ocorra, a implacabilidade da Lei exercerá o seu poder, por meio dos mecanismos da dor e do sofrimento, em uma vida futura ou até mesmo nesta em questão, dependendo do caso.

PERGUNTA: — *Poderias nos trazer alguns esclarecimentos sobre o conceito de "homem integral"?*
HERMES: — O conceito de "homem integral" é a análise do paciente em seu conjunto: espírito-perispírito-corpo físico, analisando o seu campo emocional e as decorrentes heranças espirituais agregadas ao seu corpo astral para avaliar determinado desequilíbrio orgânico. A avaliação médica tradicional consegue perceber apenas as conseqüências da verdadeira causa das enfermidades, que encontra-se, quase sempre, no espírito imortal.

O corpo de carne nada mais é que o mata-borrão onde se agregam os desequilíbrios da alma. Logo, somente atuando na nascente do problema encontraremos a saúde definitiva, assim como é inútil tentar despoluir um rio em sua foz, quando o foco gerador da poluição encontra-se na nascente. Felizmente alguns médicos já estão despertando para essa realidade e utilizando procedimentos alternativos, visando a analisar o paciente de forma mais complexa. Hoje em dia, já é possível admirar o trabalho realizado por profissionais da saúde que analisam o paciente além do corpo de carne, abrangendo o seu campo emocional e comportamental.

Os casos de doença mental também exigem ser estudados segundo o conceito de "homem integral", porque essas talvez sejam as enfermidades que mais exigem o entendimento do passado espiritual do paciente. Todas as taras e psicopatias encontram sua explicação e cura no campo espiritual, desde os desequilíbrios causados por traumas de vidas passadas, até a influência de obsessores desencarnados que atormentam a vítima, levando-a ao estado da loucura.

PERGUNTA: — E o que podes nos dizer sobre a eutanásia, que é um tema tão polêmico há décadas?

HERMES: — A eutanásia é indiscutivelmente um crime contra as leis divinas. O período de sofrimento e de coma causados pelas doenças possui a função de higienizar o corpo espiritual das toxinas que maculam a alma. Os momentos angustiantes de padecimento ocasionados pelas enfermidades permitem uma reflexão espiritual que purifica a alma, libertando-a da "graxa tóxica" adquirida durante séculos voltados para as práticas anticristãs. Portanto, a morte induzida para aliviar as dores e o sofrimento do enfermo é a perda de uma grande oportunidade de purificação espiritual, que tem o objetivo de obter encarnações futuras mais felizes e o encontro com a paz no regresso ao Mundo Maior. O "gesto piedoso" dos encarnados demonstra quão longe estão da consciência espiritual. Infelizmente eles demonstram não compreender que assim como Deus é o responsável pela vida, somente Ele pode cessá-la.

PERGUNTA:— Há uma controvérsia a respeito da eutanásia. Hoje em dia, a medicina possui equipamentos que podem manter artificialmente a vida em pacientes com paradas respiratórias e cardíacas. Dize-nos o que é realmente a eutanásia: induzir à morte por meio de medicações que matem o paciente ou simplesmente desligar esses aparelhos para permitir que a natureza aja conforme a Vontade Divina?

HERMES: — A pergunta é interessante e exige atenção na resposta para que não seja mal interpretada. A indução à morte por medicação e métodos que venham a libertar o espírito do corpo material, com a finalidade de aliviar as dores e o sofrimento do enfermo, é um crime hediondo e os seus responsáveis terão de responder por esse procedimento junto à Justiça Divina. Já a manutenção artificial da vida por aparelhos médicos, é necessária em alguns casos para restabelecer a desarmonia orgânica causada por algum acidente ou enfermidade específica. Após esse período de reequilíbrio orgânico, essa aparelhagem pode ser desligada sem que isso implique na prática da eutanásia. Se for da vontade de Deus, o corpo físico se manterá vivo, talvez em estado de coma, até que se efetue a drenagem tóxica necessária ao perispírito. Em alguns casos, o espírito retornará à consciência para prosseguir em sua jornada pelo mundo físico; em outros, regressará ao Plano Imortal com reduzida carga tóxica no corpo astral. Haverá também os casos em que o desencarne será imediato, encerrando aquele estágio evolutivo na matéria.

PERGUNTA: — Disseste que o período da enfermidade provoca reflexões para uma purificação espiritual, mas vemos casos em que a pessoa além de não se conscientizar da importância desse processo ainda amaldiçoa a Deus pelo sofrimento e implora pela eutanásia. O que seria melhor nesses casos?

HERMES: — Esse comportamento é típico da imaturidade espiritual da atual humanidade terrena. É uma pena que os encarnados não compreendam a finalidade da vida e não a aproveitem para evoluir, tornando-se pessoas melhores. Logo, ratificamos a nossa posição! Mesmo nesses casos a eutanásia é inadmissível e os envolvidos nessa prática, desde o paciente, passando pelos familiares que a autorizam informalmente, e chegando ao médico que pratica o ato, contrário à sua missão de salvar vidas, todos serão responsabilizados pela Justiça Divina. Somente a Deus cabe decidir o momento do desligamento entre espírito e matéria. Além do mais, esse desenlace prematuro causará graves padecimentos ao espírito desencarnante, que vivenciará situações semelhantes às desencadeadas após o ato nefasto do suicídio.

PERGUNTA: — E em casos de graves doenças degenerativas, que em seus estágios finais desencadeiam dores atrozes no organismo físico? Não seria melhor abreviar esse tormento?

HERMES: — Não podem existir dois pesos e duas medidas. O princípio da eutanásia é o "corte" prematuro do "fio prateado", elemento que liga o espírito ao corpo, ato que deve ser realizado somente pelos técnicos do Plano Espiritual, segundo a Vontade Divina. É por isso que informamos que desligar aparelhos médicos após a estabilização do paciente não significa praticar a eutanásia, pois o destino do paciente ficará nas mãos desses técnicos, que decidirão restabelecer ou não o princípio vital.

Mesmo nessas atrozes dores causadas por doenças degenerativas ou por fases terminais de câncer é inaceitável o bloqueio da drenagem tóxica do periespírito pela eutanásia. Apenas é admitida a utilização de medicações que aliviem as dores, como a morfina, por exemplo.

PERGUNTA: — *Se as doenças são relacionadas ao nosso comportamento espiritual, como entender o avanço da medicina que hoje em dia já controla várias enfermidades, inclusive o câncer?*

HERMES: — A medicina avança preparando-se para a Nova Era que já está surgindo no horizonte. A Terra irá se tornar um berço para a encarnação dos espíritos eleitos, após séculos de luta pela libertação da animalidade. Por isso, as doenças não terão mais motivo para existir em solo terrestre. Para atingir esse objetivo, os grandes médicos siderais do Mundo Espiritual trabalham intuindo os médicos da Terra para conquistarem a vitória sobre as doenças que causam a degeneração física. Em poucas décadas, com as novas descobertas da medicina, será possível erradicar inclusive enfermidades genéticas que são fruto de uma matriz deficitária, gerada por séculos de comportamentos desequilibrados e viciados, típicos do atual estágio de evolução do planeta. Assim, os eleitos reencarnarão em corpos perfeitamente elaborados para atender a um novo programa de evolução que, em breve, surgirá no orbe terreno. Almas libertas de vícios e de condutas anticristãs poderão usufruir de corpos saudáveis para desenvolverem-se tanto espiritualmente como intelectualmente de forma que o homem jamais viu.

PERGUNTA: — *Qual pode ser a área de atuação da medicina que melhor representa esse avanço que citas para a Nova Era?*

HERMES: — Em várias áreas pode-se perceber o avanço nesse sentido. Vemos, por exemplo, que o domínio completo da AIDS é uma questão de tempo, já que ela se encontra parcialmente controlada. A Síndrome da Imuno-Deficiência Adquirida é uma doença cármica, fruto do desequilíbrio para com as leis divinas, que deverá ser completamente erradicada em breve. Assim será também com as doenças endêmicas, típicas das regiões pobres do planeta, fruto da falta de amor universal entre os atuais habitantes da Terra, que se preocupam mais com o automóvel do ano ou com as lanchas aquáticas para diversão no final de semana do que com os milhares de irmãos que morrem de desnutrição, vitimados por esses tipos de doenças.

Outra área em que veremos grandes progressos está relacionada ao recente mapeamento do genoma humano, que abrirá as portas para grandes avanços no campo da engenharia genética, podendo-se eliminar e alterar os cromossomos que causam a má-formação genética e aperfeiçoar o organismo humano de todas as raças da Terra. A engenharia genética permitirá aos espíritos que reencarnarão após a transição planetária a utilização de aperfeiçoados veículos de manifestação no mundo físico.

Mas talvez a área da medicina mais polêmica e que trará importantes avanços é a da clonagem humana.

PERGUNTA: — *O que podes nos dizer sobre a doação de órgãos para transplantes. Como esse procedimento é visto aos olhos do Mundo Espiritual?*

HERMES: — A doação de órgãos é um fantástico ato de amor e desprendimento. Esse gesto demonstra nobreza de caráter e amor aos semelhantes. Nós podemos afirmar, inclusive, que trata-se de mais um teste para avaliar o nível espiritual que cada um já conquistou em sua ascese evolutiva. Mas, em algumas décadas, esse procedimento já não será mais necessário porque as técnicas de clonagem e engenharia genética suprirão os órgãos debilitados sem o tormento da rejeição orgânica, e também a humanidade do Terceiro Milênio estará livre dos carmas de degeneração física por compreender os objetivos da vida e não mais macular as suas almas e corpos físicos com práticas e sentimentos anticristãos.

5
A clonagem e a engenharia genética

PERGUNTA: — *O que poderias nos dizer sobre o principal tema científico da atualidade: a clonagem?*

HERMES: — A clonagem ainda é vista com maus olhos pelos homens em decorrência dos riscos de a humanidade vir a utilizar essa técnica para a reprodução humana, e não para o que se chama de "clonagem terapêutica", que permite a produção de tecidos e órgãos geneticamente compatíveis para transplantes a partir de células do próprio receptor. Eis aí o único objetivo aceito, segundo as leis espirituais, para a utilização de técnicas de clonagem humana.

PERGUNTA: — *Queres dizer, então, que casais que não conseguem ter filhos pelos métodos de reprodução conhecidos não devem aceitar a submeter-se às técnicas de clonagem?*

HERMES: — O atual estágio de evolução a que a humanidade terrena está submetida ainda exige o método de reprodução sexuada, em que o casal participa ativamente da concepção, formação e conseqüente processo de educação do espírito reencarnante. Os casais estéreis provavelmente estão inseridos num contexto cármico, em virtude de desequilíbrios gerados em encarnações anteriores ou até mesmo na atual. O melhor a ser feito nesses casos é ter um gesto nobre, heróico e belo, e adotar uma criança nesse "mar de órfãos" e crianças abandonadas no mundo, que demonstram o grave desequilíbrio social e espiritual da humanidade.

PERGUNTA: — *Qual seria o motivo cármico para que os pais não consigam gerar filhos?*

HERMES: — Não existe uma regra geral. Cada caso deve ser analisado segundo as suas peculiaridades. Mas o mais comum é o abandono dos filhos em encarnações passadas, abortos intencionais por parte dos pais, ou, então, o simples desinteresse de ter filhos em vidas anteriores, sem um motivo justo.

PERGUNTA: — Qual seria o motivo justo para não ter-se filhos?
HERMES: — Realizar alguma missão de auxílio à humanidade, em que a constituição de família possa prejudicar tais atividades. Grandes missionários, algumas vezes, não têm seus próprios filhos, mas abraçam centenas de crianças desamparadas, dando-lhes amor e esclarecimento.

PERGUNTA: — Falaste sobre "clonagem terapêutica". O que poderias nos esclarecer sobre o assunto, segundo a ótica do Mundo Maior?
HERMES: — Estamos entrando em um novo ciclo evolutivo. Em breve o vosso mundo estará habitado somente pelos eleitos do Cristo, conforme já explicamos em capítulo anterior. Essa mudança de perfil espiritual exigirá um novo perfil físico. Os corpos humanos deverão ser aperfeiçoados para a reencarnação, a fim de que os espíritos que alcançaram o ingresso à evolução para o Terceiro Milênio possuam um instrumento de manifestação superior. O primeiro passo para o aperfeiçoamento da raça humana será a utilização da "clonagem terapêutica" para reposição de órgãos debilitados, eliminando o risco de rejeição do órgão transplantado, já que foi gerado a partir do genoma do próprio receptor.

A partir das células-tronco será possível cultivar apenas órgãos isolados, sem que eles façam parte de um organismo completo. Em um futuro próximo, será possível reprogramar células para que elas cresçam em tecidos e órgãos sobressalentes em vez de organismos inteiros. Utilizando-se essa técnica de clonagem, serão fabricadas células do tecido formador do órgão lesado para serem posteriormente implantadas no paciente.

Com esse avanço da ciência, os médicos poderão criar células epiteliais sadias para repor em quem as perdeu em queimaduras. Os pacientes vitimados pela leucemia terão ao seu alcance células da medula para substituir as do sangue. Inclusive será possível a produção de neurônios novos que recuperem a capacidade mental dos pacientes com "mal de Parkinson", ou que tenham sofrido algum acidente cerebral.

PERGUNTA: — Em que outros aspectos a clonagem pode ser útil para o avanço da humanidade?
HERMES: — Além dos transplantes, o estudo do processo de envelhecimento das células é de relevante importância

para o aperfeiçoamento do veículo físico de manifestação dos filhos de Deus. Entendendo o que se passa dentro das células, os cientistas compreenderão os profundos mistérios do câncer. O conhecimento do processo de envelhecimento celular e seu domínio ajudarão ainda mais na cura e na prevenção dessa doença que sempre assustou a humanidade.

Além disso, a clonagem terapêutica realizada com células-tronco humanas criadas a partir da técnica dos clones permitirá ampliar os estudos na busca pela cura de doenças importantes, como diabetes, "mal de Alzheimer", doenças cardiovasculares, formas específicas de câncer e enfermidades hereditárias e da velhice.

A clonagem permitirá também o desenvolvimento de anticorpos humanos no sangue de um organismo hospedeiro para atender a pacientes que necessitam de um reforço no seu sistema imunológico.

A técnica dos clones auxiliará também no processo de elaboração de terapias genéticas para o aperfeiçoamento e eliminação de códigos genéticos imperfeitos da matriz humana, preparando o corpo humano para comportar um novo padrão de aprendizado e evolução para os espíritos que reencarnarão na Terra da Nova Era.

Mas o grande passo da medicina para aperfeiçoar a raça humana será a utilização das técnicas de engenharia genética para eliminar os genes que causam as doenças, a velhice precoce e todos os distúrbios da matriz humana atual, que encontra-se em desajuste por causa de séculos de comportamentos desequilibrados e viciados.

PERGUNTA: — Disseste que a clonagem permitirá um reforço no sistema imunológico. Não bastaria apenas uma alimentação equilibrada, mais fé, equilíbrio e harmonia do paciente para recuperar-se?

HERMES: — Qualquer enfermidade pode ser curada com esses procedimentos, inclusive a AIDS, mas a humanidade ainda não está preparada para utilizar-se de métodos puramente espirituais e mentais. Portanto, as técnicas médicas modernas são importantes tanto para a saúde da humanidade como para o avanço do conhecimento da medicina humana. Em casos simples de queda na produção orgânica de anticorpos, o problema pode ser sanado de forma mais simples, mas já nos casos mais drásticos, como a AIDS, essa técnica de reforço imunológico a partir da clonagem será muito útil nas décadas que antecederão à Nova Era.

PERGUNTA: — A Igreja Católica critica a clonagem porque essa técnica utiliza-se também de células-tronco geradas a partir de embriões humanos. Logo, seria uma técnica abortiva, pois interrompe o processo natural de desenvolvimento embrionário de uma futura vida. O que dizes a respeito?

HERMES: — O que determina se há vida com finalidade evolutiva espiritual é a ligação do espírito reencarnante ao embrião. E isso se dá no início do processo de sucessivas divisões das células-tronco para geração do futuro ser, após o estágio pré-embrionário conhecido como blastócito. Antes disso, temos apenas o princípio de um organismo biológico autômato. A partir do momento em que o espírito adapta o seu corpo espiritual ao futuro feto, através de um processo chamado de "redução perispiritual", então teremos vida propriamente dita; e sua extinção seria uma situação de aborto do processo reencarnatório de um filho de Deus.

Mas, obviamente, um espírito reencarnante não será ligado a um embrião que deverá ser utilizado em técnicas de clonagem terapêutica, assim como ocorre com os embriões que estão congelados em clínicas de reprodução assistida (inseminação artificial). Se assim fosse, eles ficariam aprisionados por tempo indeterminado! O Mundo Espiritual adapta-se aos avanços da humanidade, pois esse é o rumo a seguir. O homem apenas descobre o que Deus já criou desde o princípio do mundo. Logo, todas as descobertas científicas são esperadas e assistidas pelos espíritos coordenadores da evolução planetária da Terra, que adaptam as técnicas espirituais de acordo com o amadurecimento científico da humanidade encarnada no plano físico. Nesses casos, o espírito, a essência divina que dá vida à maquina física, só é ligado ao corpo físico que está sendo gerado quando este for inseminado para um desenvolvimento embrionário com fins procriativos.

Se formos atacar os avanços da medicina, em breve nos veremos como alguns religiosos que não permitem a transfusão de sangue por acharem que esse procedimento é contrário às leis divinas, mas todos sabemos que isso é um grande absurdo e um inquestionável desrespeito à vida.

PERGUNTA: — Na obra Missionários da Luz, ditada pelo

espírito André Luiz a Chico Xavier, observamos que o mentor Alexandre dá a entender que o espírito é ligado ao seu futuro corpo físico exatamente no momento da fecundação do óvulo pelo espermatozóide. Afirmaste em resposta anterior que a ligação do espírito reencarnante ocorre somente no início da fase embrionária. Diante dessa divergência, poderias dar-nos maiores esclarecimentos?

HERMES: — Na verdade, temos a aproximação do espírito reencarnante à sua futura genitora algumas semanas antes da fecundação. Nesse período preparatório, mãe e filho iniciam uma salutar troca de energias no Plano Astral com o objetivo de estabelecerem a harmonia necessária para manterem-se ligados durante os nove meses de gestação. Após a conclusão dessa etapa primordial, o corpo biológico é gerado no momento em que o óvulo é fecundado pelo espermatozóide que vence a "corrida da vida". Nesse instante, os espíritos responsáveis pela execução e gerenciamento do processo reencarnatório promovem a necessária redução perispiritual do reencarnante e o depositam na região uterina daquela que lhe gerará o corpo físico. Em seguida, um halo protetor irradiado pela mãe abriga o espírito indefeso, que já se encontra em disposição fetal. Mas será somente após o estágio pré-embrionário, momento em que ocorrem as sucessivas divisões das células-tronco, que se estabelecerá a definitiva conexão do espírito ao seu futuro corpo físico. Nesse momento, ele é "plugado" ao mundo dos homens por meio do conhecido "fio prateado", localizado na base da nuca, instrumento pelo qual o espírito imortal interage com o seu veículo físico durante toda a sua existência; algo semelhante ao cordão umbilical que sustenta o feto durante a sua breve vida uterina.

Gostaríamos aqui de ressaltar que entendemos o início da fase embrionária como o momento em que se concretizam as divisões primárias das células-tronco. Eis o instante em que ocorre a conexão do cordão prateado do espírito reencarnante ao seu futuro molde físico. Fazemos essa ressalva porque percebemos muitas divergências entre os médicos do mundo físico ao determinarem o início da fase embrionária, o que poderia causar algum mal entendido.

Em resumo: a vida meramente biológica inicia-se no momento da fecundação do óvulo pelo espermatozóide. Mas a conexão do espírito ao futuro corpo físico, estabelecendo uma existência com finalidade evolutiva espiritual, se dá no início da vida embrionária. Sendo que os embriões gerados em laboratório jamais serão objetos de um processo reencarnatório, caso a sua finalidade não seja a reprodução assistida (inseminação artificial), método que também é acompanhado de perto pelos técnicos da Espiritualidade.

Portanto, podemos afirmar que as técnicas de clonagem a partir de células-tronco embrionárias em nada afetam os processos reencarnatórios e não devem ser qualificadas como técnicas abortivas.[1]

PERGUNTA: — Então, podemos entender que o D.I.U. (dispositivo intra-uterino), assim como os demais métodos anticoncepcionais, não são abortivos?
HERMES: — O D.I.U. é um instrumento que atua impedindo a fecundação, tornando mais difícil a passagem do espermatozóide pelo canal reprodutivo feminino. Assim como os demais métodos anticoncepcionais tradicionais aceitos pela medicina humana, o dispositivo intra-uterino apenas evita a fertilização do óvulo. Como afirmamos na pergunta anterior, o espírito reencarnante só é ligado à máquina física após o fim do estágio de blastócito, quando o embrião tem cerca de cem células. Essa etapa inicia-se em torno de cinco dias após a concepção. É nessa fase do desenvolvimento embrionário que surgem as células-tronco, permitindo a conexão do espírito reencarnante ao futuro corpo físico. Portanto, não encontramos uma situação de aborto utilizando essas conhecidas técnicas anticoncepcionais.

PERGUNTA: — Analisando essas informações podemos crer que a reencarnação de espíritos no mundo físico está à mercê da vontade dos encarnados. Como fica o planejamento espiritual de reencarnações, se a humanidade é alienada em relação aos objetivos do Mundo Maior?
HERMES: — Toda nova encarnação está sujeita a uma programação dos espíritos responsáveis pelo setor de reencarnações do Plano Espiritual. É por esse motivo que às vezes o

---

[1] O mentor Alexandre na obra *Missionários da Luz*, psicografado por Chico Xavier, indica o momento da fertilização do óvulo como sendo o ponto de ligação inicial do espírito reencarnante, mas, no início da página 243 ele afirma: "Depois do vigésimo primeiro dia, porém, quando o embrião atingir a configuração básica, nossos amigos poderão ser visitados a qualquer hora...", dando a entender que a fase final de ligação espírito-corpo se efetua no vigésimo primeiro dia, quando do os órgãos (e sistemas de órgãos) iniciam a sua formação e desenvolvimento, ou seja, a vida embrionária propriamente dita.

preservativo rompe, a pílula anticoncepcional falha e o D.I.U., mesmo quando instalado por mãos competentes, não consegue evitar a concepção. E, no processo inverso, algumas vezes, casais que mantêm relações sexuais sem nenhum cuidado não procriam.

Os espíritos responsáveis por esses procedimentos no Plano Astral geralmente conversam com os futuros pais em noites anteriores à concepção, durante o sono, quando o espírito liberta-se do corpo. Logo, a concepção não é um caso acidental ou isolado, mas sim fruto de planejamento espiritual, mesmo quando isso ocorre entre adolescentes despreparados para a vida. Mas isso não significa que devemos deixar o controle da natalidade nas "mãos de Deus". Aqueles pais que geram vários filhos por desleixo, sem condições de educá-los adequadamente e dar-lhes vida digna, serão responsabilizados por seu desrespeito a essa sagrada missão, assim como aqueles que após estarem gerando uma nova vida física abortarem-na por imaturidade espiritual.

PERGUNTA: — Gostaríamos de voltar ao assunto principal deste capítulo. Nós devemos nos preocupar com a utilização da clonagem com interesses escusos? Como, por exemplo, a criação de uma super-raça, ou de escravos, ou organismos que seriam depósitos de órgãos humanos?

HERMES: — Realmente nos dias atuais existe esse perigo. Basta vermos o perfil espiritual da humanidade encarnada. Mas como já expomos, a Terra será habitada nas próximas décadas tão-somente por espíritos que se libertaram do mal intencional e que desejam regenerar-se espiritualmente.

Ainda assim, poderão ocorrer algumas disfunções e alguns casos de má utilização dessas técnicas, principalmente no período em que ela ainda não estiver completamente dominada. Mas isso faz parte do processo de evolução, tanto física como espiritual da humanidade terrena. O problema, como sempre, está no uso que a civilização faz, para o bem ou para o mal, de suas próprias descobertas. E em breve a humanidade só terá olhos para a prática do bem coletivo.

PERGUNTA: — Mas hoje em dia há uma grande preocupação em relação à forma como o homem utilizará essa tecnologia. A humanidade teme que a filosofia da Alemanha nazista de erradicar judeus, homossexuais, doentes mentais

A Nova Era 85

e outros grupos considerados "geneticamente incorretos" possa vir a ocorrer novamente com as possíveis "purificações raciais" que a clonagem e a engenharia genética possam propiciar. O que nos dizes a respeito desse tema?

HERMES: — Como dissemos na resposta anterior, essas técnicas serão efetivamente dominadas durante a geração dos eleitos para a Nova Era, e não agora, quando a humanidade ainda é povoada por espíritos rebeldes que preferem manter-se à esquerda do Cristo. Quando essas técnicas forem de uso comum, os "lobos" já terão partido rumo ao novo mundo educacional, onde repetirão o estágio evolutivo em que foram reprovados aqui na Terra.

Logo, a humanidade não deve se preocupar, pois no futuro a clonagem será utilizada somente para fins terapêuticos e a engenharia genética para aperfeiçoar as raças e etnias já existentes, sem causar discriminação de espécie alguma.

PERGUNTA: — O que poderias nos esclarecer mais sobre a engenharia genética?

HERMES: — A biotecnologia moderna, também conhecida como engenharia genética ou tecnologia do DNA recombinante, trata da alteração direta do DNA, que representa o material genético de um ser vivo, de forma a modificar ou introduzir novas características no organismo vivo, por meio do isolamento de seqüências do ácido desoxirribonucleico que correspondem aos genes responsáveis por conferir a característica desejada (fenótipo).

Uma vez isolado o gene que interessa ao cientista, esse fragmento de DNA é alterado e, em seguida, incorporado no genoma do organismo alvo, resultando em um organismo geneticamente modificado, cuja característica adquirida passará a ser hereditária, no futuro, quando a medicina humana dominar as técnicas de alteração e seleção genética na linhagem germinal, ou seja, nas células sexuais do corpo humano que propagarão essas alterações para as gerações futuras.

Em vez de promover o cruzamento entre organismos relacionados para obter uma característica desejada, os cientistas poderão identificar e inserir no genoma de um determinado organismo um único gene responsável pela característica em particular, permitindo que as alterações no genoma do organismo sejam, no futuro, precisas, previsíveis, planejadas e, sobretudo, hereditárias.

Esse avanço científico ampliará consideravelmente os recursos genéticos para melhoramento de plantas, animais e, futuramente, da raça humana, resultando na obtenção de organismos geneticamente aperfeiçoados, também denominados de organismos transgênicos.

PERGUNTA: — Esse tipo de experiência não poderá criar também uma super-raça, a exemplo da clonagem, ou então causar uma discriminação em relação a alguns grupos raciais e até mesmo a sua extinção, como já ocorreu no passado?

HERMES: — Notamos nitidamente uma preocupação exagerada em defender as raças humanas como se o corpo físico fosse a chama espiritual, a centelha divina. Lembramos mais uma vez que o corpo de carne nada mais é que um veículo de manifestação para a evolução dos filhos de Deus, e não o seu invólucro material, que resiste apenas algumas décadas. Logo, é necessário o aperfeiçoamento desses veículos de manifestação para que os espíritos eleitos que reencarnarão na Nova Era possam utilizar-se de corpos físicos à altura de sua capacidade espiritual.

Os encarnados devem entender que os Novos Tempos estarão acima dos preconceitos raciais e do tradicionalismo que somente impede os avanços da humanidade. A engenharia genética permitirá o aperfeiçoamento de todas as raças e etnias, libertando as futuras gerações de doenças e disfunções genéticas que desencadeiam os mais diversos desequilíbrios, ainda tão necessários no atual momento para a evolução dos espíritos que lutam para ingressar na Terra renovada.

A inserção de genes de uma determinada espécie em outra pode vir a melhorar esta última, que passará a apresentar determinadas características antes não existentes. Ou então, a simples eliminação de genes defeituosos pode alterar significativamente a qualidade de vida para o espírito reencarnante, que não necessitará passar pelas provações do atual estágio de evolução da Terra. Será o fim das enfermidades, da velhice precoce e o total controle das doenças endêmicas, com a produção de vacinas realmente eficazes. Além disso, a produção de alimentos transgênicos trará à humanidade do Terceiro Milênio uma alimentação mais nutritiva e completa, com alimentos geneticamente transformados que, inclusive, permitirão que os homens abandonem definitivamente a alimentação carnívora, degradante e primitiva.

Quanto a enfraquecer raças e até mesmo extingui-las, este fato já ocorreu diversas vezes na história da humanidade. Temos como exemplo as raças dos extintos continentes da Lemúria e da Atlântida, e certamente teremos a formação de uma nova raça-mãe nos próximos séculos. A humanidade do futuro será mais resistente e com capacidade intelectual superior e, a princípio, terá uma longevidade de cento e cinqüenta anos.

PERGUNTA: — São muitos os críticos dos alimentos transgênicos. É comum vê-los atacando a técnica de alteração genética, inclusive apontando para desequilíbrios ecológicos e possíveis problemas cancerígenos causados pelo consumo desses alimentos. O que tens a dizer?

HERMES: — Como dissemos anteriormente, todas as mudanças e o descobrimento de novas técnicas que impulsionam o progresso no plano material exigem pesquisas, testes e muita observação na busca pelo desenvolvimento da técnica correta. Alguns erros serão naturalmente cometidos, mas após algumas décadas se verá a importância dessas experiências para o progresso da humanidade.

Acreditamos que a alimentação carnívora e os meios energéticos poluentes, como o petróleo, são muito mais cancerígenos e causam um maior desequilíbrio ecológico que os futuros equívocos que venham a ocorrer decorrentes das experiências transgênicas. Com o passar dos anos, o homem perceberá os ganhos da engenharia genética para o aperfeiçoamento dos cereais e dos hortifrutigranjeiros, que serão mais resistentes às pragas e com capacidade nutritiva infinitamente superior. Além do mais, a produção de alimentos terá melhor qualidade e será maior, por causa, inclusive, do fim da criação de animais para abate, que consome atualmente enormes recursos alimentares do planeta com a engorda acelerada e a superpopulação dessas espécies, terminando por causar no futuro um grave desequilíbrio ecológico, como ocorre com os meios energéticos poluentes, que afetam diretamente a camada de ozônio do planeta.

Os alimentos transgênicos auxiliarão a promover um dos maiores avanços sociais da história da atual humanidade: a erradicação da fome no mundo! Essa transformação social será uma importante comprovação de que estaremos definitivamente ingressando em uma Nova Era.

PERGUNTA: — Alguns estudiosos afirmam que a fome

provém da má distribuição dos alimentos, e não da falta deles. Por que, então, a necessidade dos transgênicos para acabar com a fome?

HERMES: — A humanidade atual ainda é escrava do lucro e de seus interesses egoístas. Certamente a fome e a miséria já poderiam ter sido erradicadas do mundo com uma melhor distribuição das riquezas entre as nações. Mas isso ainda não ocorreu por causa da extensa carga cármica dos atuais habitantes da Terra. Na Nova Era reencarnarão no Planeta Azul somente os eleitos e estes saberão tratar-se como irmãos, libertando a vida humana da Terra do infeliz ciclo onde em uma encarnação se é senhor, na outra escravo, em uma vida rico, na outra, miserável, em razão do desamor entre os homens.

A falta do espírito de fraternidade fará com que somente nas gerações futuras a fome seja debelada. E a modificação genética dos alimentos, permitindo uma melhoria substancial na qualidade e quantidade da produção, estará presente nesse cenário, auxiliando a extinguir a fome do mundo. Os transgênicos por si sós não libertarão o mundo da fome, mas tal técnica em muito auxiliará nesse processo, aliada ao espírito caridoso dos eleitos que promoverão essa mudança social, que só já não aconteceu por falta de um sentimento verdadeiro de amor aos semelhantes entre os homens.

PERGUNTA: — A tecnologia dos transgênicos está sendo utilizada para explorar os agricultores e não, como afirmas, para aumentar a produção agrícola. Algumas empresas que detêm essa tecnologia procuram criar mecanismos como contratos de exclusividade e de propriedade intelectual em que o produtor fica refém de suas sementes. O que dizes a respeito disso?

HERMES: — Já afirmamos por diversas vezes que o homem de hoje é um possível exilado para o planeta absinto justamente por causa de suas atitudes anticrísticas, e que o homem do futuro terá um comportamento bem diferente desse que a humanidade terrena está acostumada. Mas preferimos discutir esse assunto no capítulo sobre as transformações sociais para a Nova Era, no decorrer deste trabalho.

PERGUNTA: — Alguns críticos avaliam que as modificações genéticas causarão perda na diversidade genética, o que seria uma ameaça à sobrevivência da espécie humana. O

A Nova Era 89

que tens a dizer a respeito disso?

HERMES: — Isso ocorreria se fossem realizadas alterações somente em uma única matriz e todos os futuros corpos gerados fossem reproduzidos tão-somente a partir dessa matriz. Seria, então, uma infeliz e demoníaca perseguição às demais raças da Terra!

O que vai ocorrer será um aperfeiçoamento e seleção dos genes dos pais que irão gerar um novo indivíduo. A humanidade, portanto, continuará a ter sua diversidade genética, só que ela será aperfeiçoada, liberta dos códigos genéticos deficitários.

Lembramos também que o super-homem do futuro só será alcançado com a conjugação espírito-corpo. Caso já fosse possível ter essa matriz genética aperfeiçoada e um espírito em débito para com as leis divinas, fruto de suas paixões inferiores, reencarnasse nesse corpo, ele alteraria inconscientemente esse código genético, gerando as mais variadas deficiências e imperfeições no corpo físico geneticamente aperfeiçoado. Sendo assim, obviamente os espíritos que rencarnarão no futuro possuirão suas idiossincrasias que influirão diretamente no código genético, quer os cientistas do mundo material queiram ou não.

PERGUNTA: — Poderias explicar melhor essa questão da influência do espírito reencarnante no código genético de seu futuro corpo físico?

HERMES: — Os cientistas atuais possuem uma grande dificuldade de avançar em seus estudos por não aceitarem avaliar as suas pesquisas considerando a influência do Mundo Invisível aos seus olhos. Quando um futuro corpo físico que está sendo gerado passa da fase embrionária para o estágio fetal, inicia-se o processo de influência das idiossincrasias do espírito que já está se adequando ao seu futuro corpo físico em desenvolvimento. Essa ligação "espírito-matéria" inicia um processo de definição genética do futuro ser pelo fenômeno de "combinação genética astral-física", ainda desconhecida dos cientistas humanos. Por isso, vos afirmamos que se um espírito em desequilíbrio e com diversos dramas espirituais a resgatar fosse reencarnar em um molde genético aperfeiçoado, certamente realizaria modificações inconscientes nesse genoma, causando as mais diversas deficiências no futuro organismo, pois ninguém foge à Lei Eterna do Pai: "A cada um será dado segundo as suas obras". É por esse motivo que nos dias atuais, assim como no passado, era comum ver casos de retardamento mental e deficiências congênitas em membros de famílias saudáveis, sem esse tipo de histórico genético-familiar. Seguindo esse mesmo princípio, espíritos iluminados podem corrigir deficiências no DNA de organismos deficientes aos quais estão se adaptando para uma futura encarnação.

Na Nova Era, caso fosse possível a encarnação de algum futuro exilado que não venceu o atual estágio de aperfeiçoamento espiritual, ele viria a causar distúrbios na formação genética do corpo que lhe serviria de instrumento. O sonho humano de elaborar o super-homem do futuro só será possível pela intervenção e Vontade Divina!

PERGUNTA: — Se espíritos iluminados podem realizar uma seleção genética para gerar corpos físicos em melhores condições, por que necessitaríamos de técnicas humanas para isso?

HERMES: — Os espíritos mais próximos da Luz conseguem selecionar genes em melhores condições, dentro do acervo hereditário de seus pais, mas não possuem elementos para aperfeiçoar a um só tempo esses novos organismos. Somente o trabalho da medicina convencional, em consórcio com os planos superiores, possibilitará alcançar tal estágio. Uma prova de que espíritos iluminados não podem realizar esse trabalho somente por meios espirituais é a encarnação de Jesus há dois mil anos. Mesmo utilizando-se de uma carga genética quase perfeita, que descendia de uma linhagem pura, o grande Rabi da Galiléia teve dificuldades para adaptar-se ao limitado cérebro físico dos corpos humanos da Terra. Sua missão teve de ser realizada em um período curto, pois as energias que fluíam pelo seu corpo eram superiores à capacidade limitada do cérebro físico programado por ele e pela Alta Espiritualidade com os melhores recursos disponíveis na matriz genética daquela época. Jesus, em seus últimos momentos, inclusive suou sangue, tal era a exorbitante carga de processamento de energias e informações que seu corpo recebia durante os momentos de contato íntimo com o Cristo Planetário da Terra.

O homem atual, que utiliza apenas uma limitada abrangência do cérebro físico, se impressionaria ao ver a capacidade intelectual dos veículos de manifestação física que serão aperfeiçoados para a Nova Era. Inclusive, espíritos mais avançados poderão reencarnar na Terra da Nova Era porque o corpo físico do futuro poderá comportar a energia de irmãos com Luz mais intensa.

PERGUNTA: — Os cientistas modernos afirmam que os genes podem influenciar o comportamento humano e que por meio da engenharia genética será possível modificar tendências como agressividade, ansiedade, introversão e, até mesmo, evitar tendências ao alcoolismo e ao consumo de drogas. Isso será possível, já que afirmaste que o corpo é tão-somente um veículo de manifestação nos mundos físicos para o espírito imortal?

HERMES: — Realmente o corpo físico é um instrumento utilizado para que o espírito evolua nas dimensões inferiores da vida infinita criada por Deus. E, como já discutimos neste trabalho, o espírito vive diversas existências, agregando ao seu corpo astral cargas positivas e negativas. Estas últimas, denominadas de carma, devem ser resgatadas a fim de que o filho de Deus encontre a Luz.

No atual estágio de evolução espiritual da humanidade terrena, ainda são comuns as tendências genéticas enfermiças e distúrbios de natureza comportamental. Ainda teremos nas próximas décadas que antecederão a concretização da Nova Era a reencarnação de espíritos endividados perante a Lei de Deus que influirão negativamente na formação genética de seus futuros corpos físicos. A Espiritualidade Maior, que coordena os processos de reencarnação, então avaliará e escolherá com critérios justos as tendências naturais necessárias para a evolução desse reencarnante. Logo, aquele espírito que deverá vencer a inclinação para o vício da bebida irá reencarnar como filho de pais que ofereçam uma combinação genética que propicie uma tendência para esse vício. O objetivo de tal procedimento é colocar o espírito reencarnante à prova para que vença esse item específico de evolução espiritual, no qual foi reprovado em vidas passadas.

O homem reencarna com a matriz genética com tendências tanto positivas como negativas, mas sua força espiritual, sua determinação e o meio que o cerca definirão que rumo dará a sua vida. Isso não aconteceria com um animal irracional que ainda não possui uma alma individualizada. Ele obedeceria mecanicamente à sua tendência genética e aos impulsos de sua "alma-grupo".

Como é possível perceber, o comportamento humano pode ser influenciado pelo seu genoma, mas não altera as características espirituais alcançadas em diversas existências, assim como o bom piloto de um carro de corrida ainda consegue pilotar com perícia mesmo com um pneu furado ou com o câmbio danificado.

PERGUNTA: — *O que é alma-grupo?*
HERMES: — Os animais não possuem individualidade como os homens. Eles são regidos por uma alma-grupo, ou seja, um elemental da natureza que coordena e vibra em uníssono com toda a espécie. À medida que o animal vai se "humanizando" em contato com o homem, ele começa a libertar-se da alma-grupo que rege sua espécie e a individualizar-se. Nesse instante, nasce mais um espírito no seio do Cosmo. Suas primeiras encarnações serão em mundos primitivos, onde ele irá efetuar os seus primeiros passos rumo à angelitude, assim como todos nós fizemos um dia. A Lei de Deus é única para todos os Seus filhos!

PERGUNTA: — *Os pesquisadores dizem também que a inclinação religiosa é fruto de uma combinação genética que predispõe os seus portadores a acreditarem em uma "força invisível" e que não é provada pela ciência.*
HERMES: — A crença na Vida Imortal quando encarnado é um sinal de avanço espiritual que rompe as barreiras da matéria. Mas, assim como nos casos citados anteriormente, há combinações genéticas que permitem um melhor contato com a dimensão espiritual. Esses genes são trabalhados pela Espiritualidade Superior antes da reencarnação do espírito na matéria. O caso dos médiuns é uma amostra disso. Inclusive, o médium que materializa neste instante as nossas palavras sofreu modificações de DNA durante a sua formação embrionária para poder realizar o trabalho que agora executa. Tal alteração não é tão simples como as que os cientistas estudam no momento no corpo físico; é mais profunda e tem origem no corpo espiritual, e somente depois é desencadeada na matriz física. Além do mais, há uma outra forma de vida microscópica, quase invisível à atual instrumentação científica humana, que percorre a corrente sangüínea dos médiuns, promovendo uma relação íntima entre os dois planos.

PERGUNTA: — *A Doutrina Espírita, codificada por Allan Kardec, nos diz que a mediunidade é inerente a todos os seres, sendo passível de ser desenvolvida durante a vida física com estudo e exercícios mediúnicos. O que dizes a respeito*

dessa afirmação?
HERMES: — Allan Kardec estava certo em suas afirmações! E como ele mesmo disse nos livros básicos da Doutrina Espírita, no futuro surgiriam novas informações que complementariam as suas teses, pois o processo evolutivo e o conhecimento espiritual são infinitos.

Realmente, todos somos médiuns, em diferentes graus de desenvolvimento, e isso faz com que o nosso código genético perispiritual esteja mais ou menos propício ao intercâmbio entre os dois mundos quando encarnados na matéria. Mas existe também uma preparação espiritual realizada pelos técnicos reencarnacionistas do Mundo Maior para intensificar ou reduzir esse contato espiritual. Assim, é comum pessoas que necessitam resgatar dívidas cármicas pela mediunidade receberem uma "aceleração" em seu desenvolvimento mediúnico, através de intervenções no código genético. Estes espíritos, então, reencarnam na matéria e desde cedo percebem a existência do Mundo Espiritual, mas, por desleixo ou desinformação, abandonam ou nem iniciam o estudo da prática mediúnica.

O contato mediúnico ostensivo, sem desenvolvimento, causa distúrbios mentais que acabam enlouquecendo esses espíritos, que abandonam o compromisso assumido antes de reencarnar, terminando, infelizmente, por lotar os leitos dos manicômios da Terra. Podemos vos garantir que noventa por cento dos casos de esquizofrenia e outras patologias similares são decorrentes do desequilíbrio mediúnico de encarnados que desprezaram o compromisso assumido no Astral.

Já no caso daqueles que não possuem essa predisposição genética, informamos que tanto o DNA perispiritual como o físico podem sofrer modificações no decorrer do tempo, pela renovação celular dos seus respectivos corpos. Então, confirmamos as palavras do codificador do Espiritismo, quando afirma que a mediunidade pode ser desenvolvida por meio do estudo e da prática mediúnica.

PERGUNTA: — Queres dizer que o DNA físico também pode ser modificado após o organismo ter concluído a fase embrionária?
HERMES: — Sim! Mas isso exigirá um aprofundamento maior da medicina humana. No futuro, os genes poderão ser corrigidos e alterados, mesmo após o organismo já ter-se desenvolvido, à semelhança do DNA perispiritual; e isso já ocorre

naturalmente pela renovação celular do veículo físico, quando a alma queima as suas toxinas perispirituais, exercitando a prática do amor altruístico. Já vos dissemos que o amor é a profilaxia da alma, debelando inclusive doenças consideradas ainda como incuráveis pela medicina convencional.

PERGUNTA: — *Essas informações são impressionantes! E o homossexualismo e as tendências sexuais incontroláveis, seriam fruto também de uma combinação genética que estimule essas tendências?*
HERMES: — A resposta segue o mesmo raciocínio das anteriores. O caso do vício da bebida e das drogas elucida muito bem essa questão. São máculas espirituais que exigem correção; portanto, o espírito nasce predisposto a elas a fim de vencê-las e encontrar o equilíbrio que foi perdido em encarnações anteriores. Essa predisposição segue uma orientação genética, tanto no campo físico como no espiritual. Mas preferimos explorar os temas dos distúrbios sexuais e da matriz genética perispiritual em capítulos à parte, no decorrer deste trabalho.

PERGUNTA: — *Podemos concluir, então, que tendências à agressividade, à depressão e até mesmo ao suicídio, podem ter também a influência de fatores genéticos?*
HERMES: — Sem dúvida! O espírito, como já dissemos, é colocado à prova para vencer as suas tendências desequilibradas e para firmar-se na fé e no respeito à vida. Inclusive, as alterações em nosso perfil espiritual desencadeiam modificações genéticas no corpo espiritual e também no corpo físico, melhorando ou piorando o nosso código genético durante a própria existência, pela renovação celular. Lembrai-vos que a vida humana é nada mais nada menos que uma escola para a nossa evolução espiritual.

PERGUNTA: — *Queres dizer que quando um espírito agressivo reencarna em um corpo físico com tendências genéticas à agressividade e ainda vive em um meio violento e, por fim, vence essa sua imperfeição espiritual, mesmo ante todas as adversidades, podemos dizer que foi uma importante vitória evolutiva desse espírito?*
HERMES: — Exatamente! A colocação foi tão perfeita que não necessitamos acrescentar nada ao que dissestes. Apenas lembramos que tal espírito vive essa situação para

corrigir seus desvios do passado. Não existe injustiça na vida criada por Deus!

PERGUNTA: — *E o que ocorrerá quando a ciência humana dominar a tecnologia da engenharia genética e conseguir interferir na programação genética realizada pela Espiritualidade para a evolução do reencarnante?*

HERMES: — No exato momento em que isso ocorrer, essa técnica de evolução espiritual não será mais necessária, pois haverá na Terra somente os eleitos do Cristo. O perfeito Programa Divino para a evolução da Terra aproveitará, então, a medicina do mundo físico para aperfeiçoar a matriz humana com o objetivo de adequá-la aos perispíritos em processo de regeneração espiritual dos eleitos que reencarnarão na Terra nas próximas gerações.

PERGUNTA: — *E os cientistas céticos não terminarão acreditando que o mérito é todo deles e que confirmaram suas teorias de que o comportamento é determinado por códigos genéticos, e não por influência espiritual?*

HERMES: — Isso não é relevante! Os bons cientistas reencarnarão na Terra do futuro e se adequarão à nova forma de pensar do Terceiro Milênio. Já os maus, serão exilados no planeta inferior e terão outras preocupações mais urgentes do que defender suas teses sobre uma tecnologia da qual estarão a séculos de distância no mundo primitivo em que irão viver.

PERGUNTA: — *E quanto à utilização da engenharia genética para uso como arma química?*

HERMES: — Deus colocou a folha de tabaco no mundo para a humanidade utilizar-se de suas propriedades medicinais. E o que o homem fez? Utilizou-a para viciar-se, consumindo o seu elemento tóxico; assim como a maconha, de que deveria ser estudado o seu efeito medicinal para a utilização como analgésico e anti-inflamatório. O álcool é outro exemplo: um excelente anti-séptico, base para várias medicações, produto utilizado para higienização e para movimentar motores, mas o homem o consome abusivamente como alucinógeno. Mas isso em breve será apenas um comportamento desequilibrado do passado! Como já dissemos, a humanidade do futuro não será escrava do corpo e de paixões infantis, típicas de sociedades primitivas.

Assim como o homem irá vencer a tentação de utilizar a

tecnologia nuclear para o mal, ele não sucumbirá ao assédio das Sombras nos primeiros anos do domínio da engenharia genética e da técnica dos clones. Nesse período, o poder dos magos negros do Plano Espiritual já estará em processo de enfraquecimento, diminuindo, paulatinamente, a sua influência sobre os cientistas afastados do amor e da crença em Deus.

PERGUNTA:— Que outros avanços demonstrarão a importância da engenharia genética para o Terceiro Milênio?

HERMES: — A engenharia genética é a tecnologia que modificará fundamentalmente a sociedade nas próximas décadas. O mundo não será mais o mesmo, após o domínio das alterações de DNA dentro de um determinado genoma. Inicialmente as novas gerações terão um código genético que as imunizará contra determinadas doenças; mais tarde, os cientistas poderão escolher algumas características que aumentarão a capacidade cognitiva do ser humano, utilizando técnicas de multiplicação das conexões dos neurônios. Com o passar das décadas, será criada uma pele humana para repor a perda em acidentes de queimados. E, em um futuro não muito distante, será descoberta uma proteína nesse órgão que promoverá a cura quase instantânea de ferimentos.

Usando técnicas de engenharia genética, será criada a hemácia artificial, que resolverá definitivamente a carência constante dos bancos de sangue. Com técnicas eficazes de absorção do "prana" da natureza, o homem se alimentará e dormirá menos, mas possuirá uma capacidade física e intelectual superior, além de a máquina física resistir ao dobro do tempo que vive hoje em dia. O cansaço e o mal-estar típicos do organismo físico atual serão coisas do passado. E assim sucessivamente, até que a ciência médica tenha como única preocupação aperfeiçoar o corpo físico da raça humana, permitindo que ele seja, a cada dia mais, um melhor veículo para que os espíritos imortais reencarnem e evoluam rumo ao Infinito, objetivo maior dos filhos de Deus.

6
As transformações religiosas para a Nova Era: A União Crística

PERGUNTA: — Em nosso primeiro trabalho "A História de um Anjo" afirmaste que no futuro da Terra haverá uma única religião que representará a todos os eleitos que herdarão a Terra no Terceiro Milênio. Isso não seria uma imposição e um desrespeito à liberdade religiosa?

HERMES: — Entendemos essa pergunta com a finalidade de esclarecimento, pois sabeis muito bem a importância da União Cristã e que ela se processará gradualmente, sem imposições.

O Universalismo Cristão é um projeto da Espiritualidade Superior para adaptar o cenário religioso à Nova Era, pois os espíritos que habitarão o planeta, após a transição, terão uma visão universalista, ou seja, liberta de dogmas e sectarismos religiosos. Logo, todas as religiões, nos pontos que elas tiverem de melhor, serão cultuadas sob forma de uma única religião, em que transparecerá a sabedoria dos eleitos para a Nova Era.

Em breve, veremos as religiões cristãs aglutinando-se em uma só, iniciando-se esse processo pela união entre Catolicismo e Espiritismo, como nos narra o livro "A História de um Anjo". Em um segundo momento, as demais religiões cristãs se fundirão. E o passo final será a fusão com o Hinduísmo, o Budismo e as demais religiões orientais. Este é o nosso trabalho principal; o trabalho da Fraternidade da Cruz e do Triângulo, da qual nosso irmão Ramatís faz parte e é o maior divulgador, com seu belo trabalho literário de propagação de ensinamentos espirituais que procuram unir os seguidores de Jesus à sabedoria oriental.[1]

---

[1] Na obra *A Missão do Espiritismo*, de Hercílio Maes, publicada pela **EDITORA DO CONHECIMENTO**, Ramatís examina minuciosamente os grandes movimentos religiosos — o Catolicismo, o Protestantismo, o Budismo, a Teosofia e a Umbanda —, e delineia a missão transcendental da Doutrina Espírita, que, ao invés de "mais uma doutrina", sectarista e exclusivista, foi prevista pelo Alto como elo de união fraterna entre crenças e religiões.

PERGUNTA: — *Poderias nos falar mais sobre a Fraternidade da Cruz e do Triângulo e sua atuação em nosso mundo?*
HERMES: — Trataremos deste assunto em capítulo próprio, no decorrer deste trabalho.

PERGUNTA: — *Vemos hoje em dia um ódio feroz de alguns evangélicos em relação à Doutrina Espírita, e também há alguns setores da Igreja Católica que rechaçam categoricamente qualquer afinidade com o Espiritismo. O que dizes a respeito disso?*
HERMES: — Devemos entender sempre como premissa básica deste nosso estudo que os habitantes do planeta Terra que reencarnarão nas próximas décadas serão espíritos eleitos pelo seu amor, compreensão e tolerância. O que vemos atualmente são "os trabalhadores da última hora" realizando a sua última tentativa no cenário físico para manter-se no ciclo evolutivo da Terra. Logo, aqueles que mantêm as posições de destaque, tanto nas religiões como no cenário político do mundo, são almas endividadas e em luta contra seus próprios fantasmas. Nas próximas décadas, os seguidores de todas essas religiões serão almas libertas de preconceitos e da intolerância religiosa, pois haverá um só pastor e uma única religião, para onde todos os eleitos do Cristo convergirão em busca do conhecimento e da sabedoria de Deus. A União Cristã promoverá os avanços religiosos que os sedentos pela sabedoria espiritual tanto almejam. Aliado a esse crescimento no campo espiritual, a humanidade terrena avançará no campo científico, social, literário e humano.

PERGUNTA: — *As tuas afirmações são consoladoras, pois é triste vermos as religiões se tratando como inimigas para defenderem idéias que somente espelham as suas crenças, pois a Verdade Absoluta está tão-somente nas mãos de Deus e ainda está longe de nossa capacidade de compreensão. Mas infelizmente é difícil crer em tuas palavras ainda mais quando ao raiar da Nova Era vemos segmentos dentro do Espiritismo que são sectários e não aceitam as idéias de seus semelhantes, defendendo exclusivamente a sua forma de pensar. O que nos dizes sobre isso?*
HERMES: — Vemos que estais vos referindo à dissidência entre os espíritas kardecistas, que aceitam somente a codifi-

cação de Allan Kardec, e os espíritas universalistas, entre os quais vos incluímos, e que estudam e aceitam todas as manifestações espirituais da humanidade.

PERGUNTA: — Exatamente! Como crer em uma união de todas as religiões quando as mais próximas ainda não aceitam as mesmas idéias?
HERMES: — É como já dissemos! A humanidade ainda vive um período de conflitos ideológicos e existenciais. Em breve isso será apenas uma lembrança do passado. Além do mais, como já narramos no segundo capítulo desta obra, há todo um trabalho dos magos negros do Astral Inferior para que os projetos da Alta Espiritualidade não se concluam. Entre os espíritas kardecistas, temos irmãos sectários, aprisionados em suas crenças, e muitos deles sofrem persuasiva fascinação dos magos negros. Já no lado dos espíritas universalistas, acontece o mesmo. Alguns trabalhadores desta seara deixam-se envolver por teses e crenças absurdas em decorrência do envolvimento espiritual sorrateiro dos espíritos das Sombras, que alimentam o orgulho, a vaidade e a arrogância nos irmãos invigilantes.

Antes da crítica, devemos também enaltecer os acertos! Entre os kardecistas, temos uma metodologia disciplinada e extremamente produtiva para o desenrolar dos trabalhos espirituais, enquanto no meio espírita universalista encontramos o espírito de renovação e de progresso. Quando essas duas forças se unirem será o primeiro passo para a aproximação com os católicos e evangélicos, que preparará a terra do Cruzeiro do Sul para ser o celeiro espiritual da humanidade no Terceiro Milênio.

PERGUNTA: — Muitos desses irmãos "sectários", que não aceitam as idéias contrárias às suas crenças, realizam importantes trabalhos de caridade. Sendo assim, como esses irmãos são vistos pela Espiritualidade Maior?
HERMES: — A caridade e o amor aos semelhantes é a pedra fundamental do processo de evolução espiritual em que vive a humanidade atualmente. Sem dúvida, o empenho na prática do amor e da caridade cristã é importante e recebe o reconhecimento da Alta Espiritualidade, mas isso não dispensa ninguém de respeitar as idéias de seus semelhantes e de libertar-se do separatismo e da arrogância de crer-se o dono exclusivo da verdade. A questão da intolerância ideológica e do medo do progresso jamais podem ser colocados em um

segundo plano, pelo argumento simplista de que a prática da caridade e do amor é mais importante. Além do mais, a falta de respeito às crenças alheias, em si só, já é um ato antifraterno e contrário à Vontade Divina.

PERGUNTA: — Os espíritas tradicionais argumentam que é necessário ter um zelo especial em relação aos preceitos doutrinários de Allan Kardec, o codificador do Espiritismo, pois só assim se evitará uma perda de identidade da Doutrina Espírita. O que dizes a respeito?

HERMES: — Certamente que deve haver um zelo doutrinário, mas não uma estagnação evolutiva do Espiritismo, que deve ser base para o progresso espiritual da humanidade. Como afirmou Allan Kardec, as informações espirituais devem ser expostas à luz da razão e da ciência, para só então serem aceitas. O homem moderno deve cultivar a fé raciocinada, comparando as informações que recebe com a lógica e com o bom senso. O grande codificador do Espiritismo afirmou também que a Lei de Evolução é baseada no progresso e que novas informações seriam reveladas no futuro, ou seja, ele mesmo não impôs limites à sua codificação. O que vemos é o medo da mudança e uma "reação alérgica" ao progresso doutrinário por parte de alguns confrades encarnados. A conquista da evolução espiritual passa pela busca da consciência universal, livre de dogmas e preceitos retrógrados; portanto, cremos que todas as novas instruções espirituais devem ser analisadas, segundo a razão, a fé e o bom senso. Caso as novas informações atendam a esses pré-requisitos, deverão ser incorporadas aos estudos espíritas.

O mais triste, e até mesmo irônico, é ver alguns seguidores de Kardec comportando-se tal como aqueles que ele combatia em sua encarnação como Jan Huss, no século quinze, existência na qual o codificador do Espiritismo lutou contra os sectários representantes da Igreja para obter mais liberdade civil e religiosa para o povo. E por causa dessa intolerância religiosa foi condenado à fogueira da Inquisição.

PERGUNTA: — Acreditamos que se os espíritos mentores do grupo kardecista confirmassem as tuas palavras a respeito dos trabalhos realizados pelos espíritas universalistas teríamos um respaldo maior para essa união. Por que isso não acontece?

HERMES: — A comunicação mediúnica interplanos é

ainda algo complicado no atual estágio evolutivo da humanidade. Infelizmente ainda não podemos, "do lado de cá", dizer tudo o que pensamos, pois os médiuns, ainda presos às suas crenças e ideais, bloqueiam inconscientemente as nossas informações que fogem ao seu entendimento e à sua forma de pensar. Isso acontece inclusive em relação ao médium que nos permite neste instante ditar estas palavras. Esperamos em breve entrarmos todos em plena sintonia para unificarmos as diretrizes espirituais do Mundo Maior e realizar o congraçamento entre espíritas kardecistas e universalistas, pois isso é só uma questão de tempo.

PERGUNTA:— Então os espíritas de boa vontade devem esquecer essa dissidência e apenas trabalhar em nome do Cristo?
HERMES: — É claro! Não devemos nos preocupar com a falta de sintonia entre os encarnados que ainda não encontraram o espírito de unidade religiosa, pois isso naturalmente ocorrerá no futuro, após o exílio planetário. O importante é fazermos a nossa parte para a renovação espiritual da humanidade. Assim, estaremos nos incluindo definitivamente nesse processo, por nos tornarmos eleitos para as novas encarnações nas gerações futuras da Terra.

Mas certamente seria importante para o Grande Projeto de Evolução Espiritual da humanidade que houvesse união, respeito e carinho entre os seguidores das diversas doutrinas religiosas. Por enquanto, ficamos nós, aqui do Plano Espiritual, trabalhando em conjunto e harmonia. Bezerra de Menezes, Emmanuel, Allan Kardec, Ramatís, Miramez, Hilel, Akhenaton, Nicanor, Navarana e todos aqueles que ainda são desconhecidos dos encarnados, de todos os segmentos religiosos, trabalhamos unidos, sob a orientação sábia e amorosa do Cristo. Inclusive, já reencarnamos algumas vezes ao lado de Ramatís e Allan Kardec para tarefas de renovação espiritual da humanidade, demonstrando que a Verdade Divina é única e que o sectarismo religioso é fruto da falta de amor e compreensão entre os homens que ainda estão perdidos na busca do caminho da Luz.

PERGUNTA: — Deveríamos entender o Espiritismo como o carro condutor e principal crença dessa futura fusão religiosa para a Nova Era?
HERMES: — Em qualquer trabalho fraterno e cristão não

há espaço para uma luta de vaidades com o objetivo de saber quem é o melhor. Há muito trabalho a ser realizado e o número de colaboradores e o tempo são escassos. A união religiosa para a Nova Era é um trabalho de todos, mas não devemos nos furtar de afirmar que a crença na reencarnação e no carma são as bases técnicas para compreender os mecanismos da vida criada por Deus e, portanto, serão o fundamento para a formação espiritual na Nova Era. No campo da reforma espiritual, o código moral do Evangelho de Jesus é inigualável e deverá ser abraçado por todos os povos do mundo como preceito básico de evolução espiritual. Não haverá espaço na humanidade do futuro para quem desrespeitar e contrariar os ensinamentos contidos na mensagem do Rabi da Galiléia.

PERGUNTA: — E as demais religiões aceitarão a substituição de seus livros sagrados pelo Evangelho de Jesus?
HERMES: — Não haverá a necessidade de substituição. Isso não será imposto; será uma conscientização natural dos eleitos para a Nova Era. Respeitamos os demais livros religiosos da humanidade, até mesmo por termos evoluído a partir deles, mas é incontestável a superioridade e a simplicidade do Evangelho de Jesus, que pode educar almas simples com suas inocentes parábolas e, ao mesmo tempo, encantar os sábios com o "código secreto" implícito nas sábias palavras do maior espírito que já pisou o solo terreno. As palavras de Jesus, inspiradas pelo Cristo, aliadas aos perfeitos conceitos orientais da reencarnação e do carma, farão surgir na Terra um universalismo espiritual sob a égide do Cristo.

PERGUNTA: — Gostaríamos de saber quais as principais características dessa religião que será chamada de "Universalismo Cristão".
HERMES: — Na verdade, o termo correto seria Universalismo Crístico, porque "cristão" passa a idéia de que as religiões cristãs devem dominar esse cenário, enquanto sabemos que a força do Cristo atua sobre todo o planeta e irradia o mesmo amor a todos os seus irmãos. Logo, o termo "crístico" adequa-se mais ao espírito de liberdade, igualdade e fraternidade do futuro cenário religioso do mundo. Outra correção é que não devemos chamar essa convergência de religiões de uma "nova religião", mas sim uma nova forma de entender e vivenciar as Verdades Espirituais, em que a humanidade estará

liberta de dogmas e crenças sectárias. Essa nova forma de aceitar as Verdades Eternas unirá os homens, que não procurarão postos de destaque dentro de uma hierarquia religiosa, pois não haverá igrejas, somente ideais, assim como Jesus sempre desejou que fosse. A Nova Era sepultará definitivamente os dogmas e rituais exteriores de adoração. O homem compreenderá, então, que a sabedoria e o amor de Deus estão em todas as manifestações espirituais superiores e que a Sua mensagem é para ser vivida, e não adorada.

As características do Universalismo Crístico serão basicamente o espírito de amor ao próximo e o desejo incessante de crescimento espiritual, fazendo com que o homem liberte-se do sectarismo e do convencionalismo da vida humana atual, que é utilizado há séculos pelos espíritos das Sombras para bloquear o avanço espiritual da humanidade. A crença na reencarnação do espírito e sua evolução em diversas existências será a base para o entendimento do mecanismo da vida criada por Deus. A Lei de Ação e Reação (carma) será finalmente compreendida pelo homem ocidental, que aprenderá a meditar e a analisar os seus atos diários segundo as leis divinas. As palavras de Jesus serão finalmente entendidas em sua mais plena amplitude, libertando os homens das amarras da ignorância espiritual e do primitivismo social. O real e sincero entendimento desse postulado da Nova Era estimulará os homens definitivamente para a busca da Luz.

PERGUNTA: — Gostaríamos de mais esclarecimentos sobre a diferença entre os termos "cristão" e "crístico". Seria possível atender-nos?

HERMES: — Certamente que sim! Eis a minha tarefa neste trabalho em nome do Cristo! O termo "cristão" refere-se ao maior projeto de esclarecimento espiritual de nossa humanidade: a mensagem de Jesus de Nazaré, sob a orientação do Cristo Planetário, entidade arcangélica que rege a evolução dos habitantes da Terra. O termo "crístico" é mais abrangente, pois refere-se ao trabalho realizado pelo Cristo Planetário com todos os seus fiéis medianeiros na Terra, como, por exemplo, Antúlio, Buda, Krishna, Zoroastro, Akhenaton, Moisés, Maomé e o incomparável Jesus. Depois desse esclarecimento, ficará fácil perceber que o termo "cristão" diz respeito somente aos seguidores da doutrina de Jesus de Nazaré, sob a orientação do Cristo, já o termo "crístico" significa o trabalho do coordenador da evolução planetária da Terra em meio a todas as culturas do globo, tanto entre os povos ocidentais como os orientais, demonstrando que a mensagem de amor, paz e evolução foi alardeada pelos quatro cantos do orbe durante toda a história de nossa humanidade.

PERGUNTA: — Poderias nos explicar melhor essa diferença entre Jesus e o Cristo?

HERMES: — Como esclarecemos em nosso segundo trabalho "Sob o Signo de Aquário – Narrações sobre Viagens Astrais" e também como nosso irmão Ramatís elucidou em suas obras, Jesus e o Cristo não são a mesma entidade espiritual. Jesus foi o maior entre os médiuns do Cristo e está encerrando o seu atual mandato de Governador Espiritual da Terra, cargo que está sendo transmitido a *Saint Germain* neste processo atual de transição planetária. Já o Cristo, é uma entidade de evolução mais avançada e que não possui mais forma de manifestação física; é uma essência que interpenetra todo o globo terrestre e rege o processo evolutivo de nosso planeta. Por não poder mais manifestar-se no limitado mundo das formas físicas, "inspira" almas de alto quilate espiritual para realizar as inesquecíveis missões de esclarecimento espiritual que observamos no decorrer da história de nossa humanidade, em meio às mais diferentes culturas, demonstrando que a realidade espiritual é incontestável e é atestada desde o princípio da nossa civilização.

PERGUNTA: — Se Jesus está deixando a direção espiritual do planeta Terra, quais serão as suas atividades no futuro?

HERMES: — Assim como o bom funcionário que se destaca em suas atividades em uma empresa do mundo físico, Jesus, em virtude de sua irretocável atuação neste ciclo evolutivo da Terra, assumirá encargos superiores na regência das escolas evolutivas de nossa galáxia. Mas não gostaríamos de nos aprofundar neste tema para que estas informações não fujam ao campo de entendimento dos leitores. Existe uma grande preocupação para que nossas palavras não sejam interpretadas como ficção entre aqueles que estão dando os primeiros passos em direção à compreensão de um Mundo Superior.

PERGUNTA: — E o que poderias nos dizer sobre o mestre indiano Sai Baba, que demonstra em seus ensinamentos essa mesma visão universalista que afirmas ser a tônica espiri-

tual do novo milênio?
HERMES: — Sai Baba, em seus ensinamentos, procura unir os homens em uma única e grande família espiritual, como podemos verificar no inesquecível conceito proferido por esse Grande Mestre: "Só há uma religião, a religião do amor; só há uma casta, a casta da humanidade; só há uma linguagem, a linguagem do coração; só há um Deus, e Ele é Onipresente."

Sai Baba nos comprova, com essa profunda máxima, que o Universalismo Crístico é um projeto inquestionável da Alta Espiritualidade da Terra. Enquanto os homens do passado brigavam para defender os seus interesses religiosos, sectários, hoje vemos um trabalho orquestrado em nível mundial para implementarmos o Programa de Unificação Religiosa para a Nova Era.

PERGUNTA: — Conforme afirmam algumas obras espíritas, o Brasil será o celeiro espiritual do Terceiro Milênio. Por que, então, Sai Baba encarnou na Índia para executar a sua missão?

HERMES: — Assim como o Brasil, a Índia terá importante papel no cenário evolutivo da Terra para o Terceiro Milênio. Se analisardes com atenção, verás que o perfil espiritual dos indianos é semelhante ao dos brasileiros, apesar da grande diferença cultural, sendo que eles já estão mais avançados em alguns aspectos: são mais espiritualizados, desprendidos das coisas materiais, mesmo os que vivem na pobreza extrema, e preocupam-se em seguir os preceitos divinos sem o "jeitinho brasileiro", que é uma atitude nefasta, tão em voga nos dias atuais em meio à nação brasileira. Mas podemos afirmar com segurança que, assim como o Brasil terá uma posição de destaque no hemisfério ocidental, a Índia se distinguirá da mesma forma entre os orientais, como dois irmãos que trabalham pelo mesmo ideal.

PERGUNTA: — Às vezes é difícil crer que seguidores de religiões tão tradicionais, como por exemplo o Judaísmo e o Islamismo, abandonarão as suas crenças e tradições para seguir o Universalismo Crístico. Já respondeste algo sobre este tema, mas o que mais podes nos dizer a respeito desta questão?

HERMES: — Os eleitos para a Nova Era serão almas libertas do tradicionalismo que somente escraviza o homem a crenças ultrapassadas e cria uma barreira entre os que não pensam da mesma forma. Esses espíritos que já venceram (e os que ainda vencerão) o atual estágio evolutivo da Terra possuem um pacto exclusivo com a verdade, o amor e o bom senso; pensam por si sós e conhecem muito bem a missão da qual foram incumbidos: transformar a humanidade para a Nova Era.

Da mesma forma que é comum ver filhos que pensam de maneira diametralmente oposta à de seus pais, será comum o comportamento liberto das tradições atrasadas da humanidade atual. Hoje em dia é possível ver esse perfil na luta pela preservação da natureza. Enquanto os avós e pais caçavam animais indefesos no passado, apenas por esporte, vemos hoje jovens idealistas defendendo a natureza com paixão, como acontece nas organizações não-governamentais (ONGs), que, apesar de ainda terem uma visão exclusivamente humana, em breve se aliarão à filosofia espiritual para ganhar ainda mais força no cenário mundial.

Já no plano religioso, haverá transformações em todas as religiões, entre os povos dos mais diversos costumes. Inclusive, entre as nações árabes haverá transformações nesse sentido, e a busca pela real e sensata interpretação dos ensinamentos de Maomé modernizará a cultura muçulmana, libertando-a do radicalismo ainda cultuado por algumas seitas que possuem uma severa interpretação do Islã.

PERGUNTA: — Como podemos entender os conflitos entre judeus e palestinos no Oriente Médio? Ainda mais por tratar-se de uma "Terra Santa" para tantas religiões!

HERMES: — Realmente, parece ironia que na terra onde despertou a primeira nação monoteísta deste ciclo evolutivo, por intermédio da missão de Moisés, no local que foi berço para o nascimento do maior homem do mundo, o inesquecível Jesus, tenhamos de assistir a essa luta insana entre irmãos, não de sangue, mas espirituais. O atraso dos esquerdistas do Cristo é expresso a olhos vistos nos habitantes dessa região, onde a intolerância étnica e religiosa, um dos maiores exemplos de fracasso evolutivo, é noticiada diariamente, causando horror ao mundo.

PERGUNTA: — Esses espíritos que vivem tal conflito, sem dúvida serão exilados?

HERMES: — Não devemos generalizar porque há muitos anônimos trabalhando pela paz e pelo bem nesse específico cenário da vida humana. Essas almas devotadas ao bem se libertarão dos grilhões do ódio e da revolta, conquistando o ingresso para a Nova Era. Mas a grande maioria, dos dois lados da contenda, será inevitavelmente exilada, e, ainda assim, infelizmente, continuará alimentando o ódio no planeta absinto, assim como já faz há séculos na Terra, desde a época dos reis Salomão e Nabucodonosor.

PERGUNTA: — E quanto à reencarnação desses espíritos em famílias de povo rival?
HERMES: — Isso é o mais irônico! Muitas vezes o rival, palestino ou judeu, nada mais é que o irmão de sangue em uma encarnação anterior. É comum vê-los após a morte, no Plano Espiritual, em completo desespero por ter acreditado encontrar tão-somente um inimigo no povo rival. Já vos dissemos por diversas vezes: somente o amor liberta! Enquanto o homem vive de forma alienada a sua existência material, não percebe que o grande amor de sua vida imortal pode estar encarnado na pele daquele que julga um inimigo. Talvez, dentro de sua própria casa, viva um algoz cruel de uma encarnação anterior, que deve educar, respeitar e amar.

PERGUNTA: — Analisando as religiões, sem excetuar nenhuma delas, inclusive a Doutrina Espírita, com a qual melhor nos identificamos, chegamos à conclusão que o que deveria libertar, escraviza; o que deveria trazer Luz, envolve o homem em Trevas. Como entender esse antagonismo?
HERMES: — As religiões que buscam o bem jamais devem ser atacadas ou criticadas. Na verdade, o erro não está nelas, pois grandes missionários inspirados pelo Cristo foram encarregados de trazê-las à luz da humanidade. O verdadeiro problema está nos homens que as cultuam e procuram exercer o seu poder de controle sobre elas. Assim, ocorrem as distorções e os sectarismos religiosos com a crença de que a sua verdade é única e todas as outras estão erradas. É por isso que afirmamos que haverá somente uma única religião, pois o homem do Terceiro Milênio não será invejoso, intolerante, orgulhoso e prepotente. A nova humanidade estudará com interesse e profundidade os ensinamentos dos nossos grandes instrutores espirituais, desde Jesus, passando por Buda e chegando a Maomé, unindo as culturas do mundo, e então o homem compreenderá que todos esses mestres disseram a mesma coisa, somente respeitando as limitações e os costumes típicos das civilizações ainda primiti-

vas que tiveram de instruir. Ao concluírem por essa verdade lógica, os eleitos compreenderão que a união de todas as religiões conduz ao mais perfeito caminho rumo à sabedoria e ao amor de Deus. Essa união chamar-se-á: Universalismo Crístico, como já vos dissemos.

PERGUNTA: — Mas não seria mais justo com os seguidores dessas religiões que eles não fossem vítimas desses espíritos envaidecidos que dominam o comando das religiões?
HERMES: — Devemos lembrar que não existe injustiça na vida criada por Deus. Se o homem vive essa desarmonia religiosa é porque colhe o fruto de suas próprias ações do passado. Já vos dissemos que cada povo tem o governo que merece; assim como os fiéis de uma forma geral possuem o líder religioso que melhor se afina às suas vibrações espirituais. Na Idade Média tivemos verdadeiros carrascos na direção da Igreja Católica que condenavam à fogueira quem pensava diferente; nos povos árabes, os ensinamentos de Maomé foram desvirtuados para a imposição de uma sociedade despótica. Atualmente temos alguns segmentos da Igreja Evangélica que se aproveitam da boa fé dos fiéis para o enriquecimento ilícito, enquanto nas sociedades teosóficas encontramos alguns líderes que se dizem especialistas nas Verdades Divinas, mas são escravos do orgulho e da arrogância. Nos terreiros de Umbanda, em alguns casos, há a exploração do Pai de Santo para atender a sua vaidade e nos centros espíritas ainda encontramos o culto à vaidade e a determinação autoritária dos que se dizem os "donos da verdade". Mas tudo isso faz parte do processo evolutivo deste final de ciclo que a humanidade terrena ainda vive. Podemos dizer que o seguidor sincero dessas religiões não deve preocupar-se, e sim fazer a sua parte para conquistar sua evolução e construir um mundo melhor. Já não podemos dizer o mesmo para os que se aproveitam de suas religiões a fim de praticar o mal e alimentar os seus interesses mesquinhos. Estes, como disse Jesus, serão condenados a um mundo onde a dor e o ranger de dentes será uma constante.

PERGUNTA: — E o que dizer para aqueles que entendem que é o momento de libertar a humanidade dos dogmas das religiões eliminando-as, e não promovendo a sua união? Tendo em vista o que expuseste acima, observamos que os líderes religiosos são os maiores responsáveis pelos chama-

dos "terrorismos doutrinários".
HERMES: — Como já dissemos, o problema não está na religião em si, mas no mau uso das Verdades Divinas. Em breve a religião terá somente a sua real função: religar o homem ao Espírito do Criador. A reencarnação sistemática dos eleitos mudará a forma de o homem entender e seguir as religiões; isso fará com que elas sejam apenas escolas de aprendizado espiritual, e não instrumentos de coerção ideológica, como observamos nos dias atuais. O homem que crê ser necessário eliminar as religiões é porque nunca absorveu a sua essência divina para compreender que, mesmo deturpadas, elas possuem a fonte de renovação para uma vida superior.

PERGUNTA: — Esse uso condenável das religiões por parte de líderes mal-intencionados não ocorreria também por causa da fé cega do povo?
HERMES: — Certamente! Como disse Jesus: "Conhecereis a verdade, e a verdade vos libertará." A conquista da consciência espiritual é a melhor forma de alcançarmos a felicidade e a paz espiritual. É por esse motivo que o codificador do Espiritismo definiu que a verdadeira fé é aquela que pode ser defrontada com a razão, ou seja: a fé raciocinada.

PERGUNTA: — E o que podes nos dizer sobre os ataques terroristas, provavelmente promovidos por radicais islâmicos contra os Estados Unidos?
HERMES: — Certamente isso é um equívoco por parte dos agressores. A violência jamais será o caminho para a justiça. O que temos nesse caso é mais uma luta desesperada de um povo empobrecido contra um sistema poderoso que tenta impor, pela força, a sua cultura sobre o mundo, do que um conflito religioso. Por isso, preferimos debater este assunto em um capítulo específico sobre questões sociais, mais adiante neste trabalho.

PERGUNTA: — Os conceitos espirituais do Universalismo Crístico se parecem muito com o conhecimento doutrinário do Espiritismo. A reencarnação do espírito, a ênfase na importância da evolução espiritual, o entendimento do carma, os ensinamentos do Evangelho de Jesus, segundo a ótica das diversas existências. Alguns seguidores de outras crenças podem alegar que estás defendendo a Doutrina Espírita como a religião do futuro. O que podes dizer a respeito disso?

HERMES: — Não concordamos, pois os conceitos da reencarnação e do carma são defendidos pelos hinduístas, budistas, teosofistas, rosa-cruzes e quase a totalidade das religiões que não são cristãs. Na verdade, estamos apenas divulgando uma decisão da Alta Espiritualidade da Terra, que busca unir os ensinamentos orientais, em que a meditação, a sabedoria espiritual, o carma e a reencarnação são os aspectos mais relevantes ao espírito religioso cristão da sociedade ocidental, que ainda é baseado exclusivamente na fé cega e nos dogmas impostos pelas igrejas cristãs tradicionais, mas que possui o mais perfeito código espiritual de evolução: o Evangelho de Jesus, inspirado pelo Cristo Planetário. Dessa fusão surgirá a crença espiritual da Nova Era.

Certamente, a Doutrina Espírita codificada por Allan Kardec e os estudos da Teosofia, compilados por Helena Blavatsky, são os que mais se aproximam do Universalismo Crístico. É por esse motivo que as duas doutrinas religiosas surgiram na mesma época, em meados do século dezenove, para serem o alicerce da religião da Nova Era.

PERGUNTA: — Seria possível dar-nos mais detalhes sobre o papel do Espiritismo e da Teosofia para a concretização do Universalismo Crístico para a Nova Era?

HERMES: — A Doutrina dos Espíritos, assim como os estudos teosóficos, foram definidos pela Alta Espiritualidade da Terra para serem um estágio transitório com o objetivo de atender ao projeto de união espiritual do Terceiro Milênio. Apesar do atraso espiritual da humanidade terrena e de alguns equívocos de espíritos encarnados responsáveis pela sua divulgação na Terra terem comprometido os resultados esperados, hoje temos uma relativa base doutrinária para que os eleitos do Cristo possam promover o processo de unificação das religiões. O Espiritismo consolidado no Brasil e a influência da Teosofia e de outras sociedades secretas como a Rosa-Cruz, por exemplo, na Europa e em alguns outros pontos espalhados pelo mundo, serão determinantes para a associação das demais religiões a esse Grande Projeto. Dentro de algumas décadas, essas religiões apresentarão a confirmação das Verdades Eternas, convergindo os eleitos para a crença definitiva em Deus, conforme os preceitos dos mestres da Espiritualidade.

PERGUNTA: — Do modo com afirmas, parece inevitável

A Nova Era 111

categorizar alguma religião como a melhor ou a mais próxima da verdade. Nesse caso, não geraria novamente uma espécie de sectarismo?

HERMES: — Assim seria se após a transição para a Nova Era apenas uma determinada religião fosse cultuada como a única verdadeira. Esse é o sonho de muitos religiosos sectários! Todos desejam que a sua religião seja a exclusiva Revelação Divina, mas após o período da Grande Transição haverá um sentimento religioso único, onde o amor e a síntese de toda a sabedoria espiritual serão os alicerces, sendo que todas as religiões do momento farão apenas parte da respeitável história religiosa de nossa humanidade.

PERGUNTA: — Que outras considerações poderias fazer para convencer os incrédulos sobre a união das religiões?

HERMES: — Na verdade, o trabalho espiritual dos planos superiores sempre foi um só, independente das religiões sectárias. Enquanto o homem encarnado briga com os seus irmãos por causa de tolas discussões religiosas, o mesmo mestre espiritual manifesta-se na casa espírita como um mentor iluminado, em uma reunião teosófica como "Mestre Ascensionado", nos terreiros de Umbanda dá o seu recado como o "preto velho", nos cultos evangélicos surge como o "Espírito Santo", e na Igreja Católica enaltece a glória divina como os anjos do Reino do Senhor. Logo, os eleitos para a Nova Era transformarão o mundo, trazendo para a vida física o que há muito já ocorre nas esferas espirituais: a visão de um só Deus; uma só mensagem. Com o exílio planetário das hordas desequilibradas, o mundo tornar-se-á muito diferente do perfil infantil e caprichoso da atualidade. Os homens irão tratar-se como irmãos, rompendo até mesmo as barreiras culturais para se congraçarem em todas as áreas de manifestação da vida humana. Haverá, inclusive, o fim das fronteiras, rompendo definitivamente com o "amor patriótico" de defesa das nações, mesmo porque não haverá guerras, nem imposições ideológicas de uns sobre os outros. O homem da Nova Era será verdadeiramente um "cidadão do mundo" para, no futuro, tornar-se "cidadão do Universo", rompendo as barreiras de tempo e espaço somente impostas a espíritos primários.

PERGUNTA: — Avaliando as tuas colocações neste capítulo, podemos crer que defendes um amplo sincretismo religio-

so para a Nova Era. Estamos certos?

HERMES: — Sim! É necessário unir e aproveitar o que há de melhor em todas as religiões. O espírito religioso do Terceiro Milênio será voltado para a busca incessante de uma verdadeira consciência espiritual, aproveitando o conteúdo espiritual superior e abolindo totalmente dogmas e rituais primitivos de culto exterior.

PERGUNTA: — Fale-nos mais sobre o mestre Saint Germain, que substituirá Jesus na orientação espiritual do mundo. As atividades dele coincidem com os projetos da Nova Era?

HERMES: — Sim. Jesus está encerrando as suas atividades como Governador Espiritual da Terra. Neste longo período de seu governo, milhões de espíritos alcançaram as metas traçadas em sua passagem pela Terra há dois mil anos. Muitos irmãos compreenderam que o caminho para a Luz Divina está no amor, na paz, no espírito de solidariedade, fraternidade e caridade. Agora, no limiar do século vinte e um, encerra-se o estágio evolutivo do amor; ingressaremos em um novo ciclo de evolução, que aperfeiçoará aqueles que se elegerem para a Nova Era. Esse novo ciclo de evolução permitirá que os eleitos do Cristo alcancem o desenvolvimento das potencialidades angélicas que devemos atingir, mais cedo ou mais tarde, de forma inevitável, para conquistarmos a felicidade eterna. Esse programa estará nas mãos de *Saint Germain* que destaca-se pela energia transformadora que expande-se de seu ser iluminado. Com sua diretriz, a era de Aquário impulsionará a humanidade para o avanço científico com bases espirituais, o que fará com que o homem moderno atinja níveis evolutivos jamais imaginados.

Os eleitos, por possuírem um nível espiritual equilibrado, buscarão sempre o consenso e o bem comum, rompendo definitivamente com todas as desavenças humanas e criando sempre um espírito de união e fraternidade. As nações se unirão na busca do progresso e as forças espirituais atuarão diretamente pelos médiuns do futuro, que estarão unidos pela religião que fará parte integrante de todas as áreas de atuação humana, potencializando as conquistas do homem da Nova Era. Haverá, então, paz, amor, felicidade, igualdade e desenvolvimento para as gerações futuras. Esta é a vontade de Deus!

PERGUNTA: — Acabaste de afirmar que todos os filhos

de Deus "devem alcançar o desenvolvimento das potencialidades angélicas, mais cedo ou mais tarde, de forma inevitável". O que seria esse desenvolvimento e como entender essa imposição de evolução inquestionável?

HERMES: — Para isso é importante esclarecermos como se processa a evolução espiritual de todos os filhos de Deus. Nascemos em determinado momento na história infinita do Universo e a partir desse ponto devemos caminhar em busca do amor e da sabedoria nas incontáveis encarnações nos mundos físicos do Universo. Nessa caminhada nos equivocamos, cometemos erros e acertos. Tais experiências nos geram carmas, ou seja, dívidas que devemos resgatar com aqueles semelhantes a quem causamos prejuízos. Com o passar dos séculos e milênios, vamos adquirindo sabedoria e vencendo os ciclos de evolução espiritual dos mundos em que somos convidados a evoluir. À medida que adquirimos, mais e mais, amor e sabedoria, rompemos os limites da vida física e potencializamos a nossa capacidade de agir no Universo infinito criado por Deus. A cada novo passo, a nossa capacidade de realização se amplia e nos tornamos mais úteis na Obra Divina, ultrapassando limites jamais imaginados em nossa peregrinação pelos estágios primários.

Essa ascensão rumo à Luz de Deus nos alça aos píncaros da felicidade, da luz e da paz. O conforto espiritual é inenarrável e o espírito já não sente mais as dores impostas pelos processos primários de evolução. Mas a caminhada não cessa nesse estágio. Ainda há mais a seguir! E, então, o Universo começa a tornar-se menor aos nossos olhos... Mas ficaremos por aqui! Não devemos nos aprofundar mais para evitar o embaralhamento de idéias na mente do leitor. Vamos nos preocupar com o estágio atual da humanidade terrena, que é o foco deste trabalho.

PERGUNTA: — *E quanto ao livre-arbítrio de seguir ou não esse rumo evolutivo?*

HERMES: — Sim, temos o direito de decidir por qual caminho conduziremos as nossas vidas. Podemos seguir a orientação natural de progresso ditada pelos grandes avatares da Terra, ou então nos entregarmos à estagnação, decorrente da rebeldia e da luta contra os projetos de progresso espiritual. Isso é comum, mas transitório. Apesar de possuírem o direito de ficar eternamente contra a Lei do Progresso Espiritual, os espíritos sintonizados com as Trevas, em determinado momento de sua história, terminam por cansar-se do mal e voltam novamente a galgar os degraus rumo à Luz. Algumas vezes, demoram séculos ou até mesmo milênios, mas sempre voltam para os braços amorosos de Deus. Esse dia é um momento de grande festa nos planos superiores e para todos os envolvidos no processo de redenção dessa alma, tal qual como a parábola da "ovelha perdida no aprisco do Senhor", como nos narra o sublime ensinamento do Evangelho do Mestre Jesus.

PERGUNTA: — Jesus nos afirmou em sua passagem pelo mundo dos homens que estaria conosco até o "fim dos tempos". Agora afirmas que Ele irá embora e teremos um novo dirigente planetário. Apesar de respeitarmos o sublime irmão Saint Germain, não há como não nos sentirmos órfãos sem a presença protetora do Mestre Jesus. O que poderias nos dizer a respeito?

HERMES: — Em primeiro lugar, gostaríamos de afirmar que Jesus não descumpriu Sua promessa, pois Ele ficará conduzindo as Suas "ovelhas" até o "final dos tempos", ou seja, até o encerramento da transição planetária. Durante esse período, *Saint Germain* e Jesus realizarão uma administração conjunta, a exemplo do novo funcionário que deve receber os encargos daquele mais experiente que irá assumir atividades superiores. Ademais, Jesus não irá nos abandonar, mas sim trabalhar em atividades mais complexas na regência da Via-Láctea. Apesar da aparente distância, Ele estará próximo de nós, porque à medida que crescemos espiritualmente as distâncias deixam de ser um problema. Certamente o Sublime Amigo ouvirá as nossas preces e Se transportará em pensamento para atender aos apelos de Seus irmãos que tanto O amam. Com o passar das décadas, e com a presença mais atuante de *Saint Germain* no cenário físico, logo a humanidade se acostumará ao seu novo dirigente espiritual, que é plenamente capaz de realizar tão importante incumbência.

PERGUNTA: — Gostaríamos que no encerramento deste capítulo falasses-nos da importância da união das religiões, que foi abordada na obra "A História de um Anjo", onde Gabriel promove a união entre os espíritas e os católicos, e em "Sob o Signo de Aquário", em que Saint Germain busca aliar os espíritas aos teosofistas. Nos trabalhos orientados pelo nobre irmão parece haver uma preocupação com a união das religiões. Estamos certos?

HERMES: — O trabalho da Fraternidade da Cruz e do Triângulo, da qual fazemos parte, e que ficou bastante conhecido no mundo físico pelas comunicações de nosso irmão Ramatís, tem por meta alcançar esse objetivo de unificação religiosa. Essa providência pode parecer pouco relevante ao homem comum, mas ela certamente alicerçará todas as grandes realizações para a Nova Era.

Em "Akhenaton — A Revolução Espiritual do Antigo Egito", tentamos mostrar a importância de um grande projeto de união e evolução espiritual para impulsionar o progresso de uma nação e do mundo como um todo. Onde há um sincero espírito religioso em prol do bem comum e da fraternidade entre os homens, o progresso se faz; ao contrário da sociedade atual da Terra, que almeja tão-somente o interesse próprio, gerando guerras e dissidências em prejuízo dos semelhantes. As organizações públicas estão falidas em decorrência da corrupção dos seus administradores, enquanto as iniciativas privadas somente buscam atender a uma ordem econômica mundial insensata e predatória.

Inclusive, as "Fraternidades Ramatís" no mundo físico estão sendo orientadas para a divulgação desse princípio universalista, pois é necessário que a agregação das religiões e de ideais comece a criar raízes. Já há algumas décadas vários trabalhadores de nossa Fraternidade estão reencarnando na Terra para promoverem esse trabalho de rompimento total das barreiras que separam os homens em agremiações, partidos e religiões para a Nova Era. As tradições devem ser recordadas apenas como fator histórico de instrução e experiência para as gerações futuras. Manter-se atrelado a práticas tradicionalistas, sem aceitar o progresso, é um atentado contra a evolução espiritual, que é o objetivo maior de nossa vida imortal.

Atualmente isso parece um absurdo e um cerceamento ao debate e à liberdade de expressão política e religiosa. Mas, como já dissemos por diversas vezes neste trabalho, o antagonismo de idéias é fruto ainda da humanidade desorientada e perdida em suas ambições pessoais dos dias atuais. Os irmãos deveriam presenciar os debates nas esferas superiores. Todos sabem o que é o melhor para o conjunto e o caminho que se deve seguir. Logo, a tarefa torna-se apenas um processo de estipular diretrizes e orientações para a execução do trabalho, que sempre termina com decisões unânimes.

Crede em nossas palavras! Quando chegar o momento em que só os eleitos estiverem encarnados na Terra, haverá "um só rebanho e um só pastor". A serenidade e a grandeza espiritual dos mais preparados para a Nova Era conduzirá a humanidade pacífica à busca da Verdade Espiritual, livre de recalques e defesas sectárias de pontos de vista, tão comuns nos dias atuais.

7
A Fraternidade da Cruz
e do Triângulo e sua atuação em nosso mundo

PERGUNTA: — Querido irmão, poderias nos trazer mais esclarecimentos sobre a Fraternidade da Cruz e do Triângulo e de sua atuação em nosso mundo?

HERMES: — A Fraternidade da Cruz e do Triângulo é fruto da união da antiga Fraternidade da Cruz, organização espiritual ocidental que divulgava e trabalhava exclusivamente segundo os preceitos do Evangelho de Jesus, com a Fraternidade do Triângulo, que era uma das diversas organizações orientais que trabalhavam no espaço astral do Oriente seguindo os ensinamentos dos sábios orientadores espirituais Krishna e Buda. Essa união espiritual, atendendo a determinações do Mais Alto, teve como um dos objetivos o programa espiritual de união da crença da reencarnação e do carma ao código moral do Evangelho de Jesus. Além desse objetivo, o projeto de união entre o Oriente e o Ocidente teve como primeira meta auxiliar o projeto de implantação do Espiritismo e da Teosofia na Europa do século dezenove. A partir da concretização desse empreendimento, a Fraternidade da Cruz e do Triângulo migrou para o espaço astral do Brasil, onde se localiza e opera até os dias de hoje.

PERGUNTA: — Mas a crença na reencarnação e no carma estão presentes em diversos ensinamentos do Evangelho de Jesus. Por que é necessário utilizar-se das respeitáveis doutrinas orientais neste caso?

HERMES: — Realmente, o carma e a reencarnação foram temas explorados por Jesus, mas, lamentavelmente, foram narrados de forma implícita na codificação dos Evangelhos de Jesus. Mesmo assim é possível identificarmos a Lei de Ação e Reação em diversos ensinamentos do Grande Mestre como "a cada um será dado segundo as suas obras" ou "a semeadura é livre, mas a colheita obrigatória". Já a crença na reencarnação, figura na passagem em que Jesus nos afirma ser necessário "renascer da água e do espírito" para alcançarmos o "Reino dos Céus". Além disso, infelizmente, a religião católica aboliu essa lógica evolucionista nos primeiros séculos do Cristianismo e as demais religiões cristãs que nasceram a partir da Igreja de Pedro jamais tiveram lucidez para compreendê-la.

Logo, é importante utilizarmos a vivência espiritual das religiões orientais. Elas jamais questionaram a óbvia e justa Lei de Evolução Espiritual que permite a todos os seus filhos igualdade de condições evolutivas dentro das infinitas encarnações do espírito, onde vivemos as mais diversas experiências que nos permitem avançar da animalidade para a angelitude, sem privilégios inconcebíveis à Justiça Divina. As sensatas leis do Carma e da Reencarnação nos fazem compreender que não existe injustiça de Deus quanto às desigualdades das espécies, com as quais nos deparamos diariamente.

Como já vos dissemos em capítulo anterior, devemos unir o que há de melhor em todas as manifestações religiosas do mundo. Se os orientais possuem experiências mais marcantes nessa área, jamais devemos desprezá-las. Assim também temos de nos portar em relação aos belíssimos ensinamentos morais desses povos.

PERGUNTA: — Por que o Brasil? Qual a finalidade dessa grande fraternidade estabelecer a sua sede no espaço astral de nosso país?

HERMES: — Conforme nos informa o livro "Brasil — Coração do Mundo Pátria do Evangelho", de Humberto de Campos, psicografado por Chico Xavier, a pátria do Cruzeiro será o "celeiro espiritual da humanidade", a partir de onde surgirão os primeiros indícios de que a Nova Era estará se estabelecendo sobre a Terra. O nosso querido irmão Ramatís também trouxe-nos informações importantes sobre o tema em questão no livro "Brasil — Terra de Promissão", psicografado pela irmã América Paoliello Marques.

PERGUNTA: — Às vezes, é difícil acreditar nisso, observando o descaso moral e ético dos governantes e da grande maioria de nossa nação, e também avaliando os altos índices de criminalidade em nosso país, onde parece que levar vantagem em tudo é o maior objetivo dos brasileiros. Além do mais, o que vemos na grande massa popular brasileira é um culto "ao samba e ao futebol", demonstrando estar completamente despreparada para essa grande honra de ser "o celeiro espiritual da humanidade" na Nova Era. O que podes nos dizer sobre isso?

HERMES: — Mais uma vez lembramos que a humanidade do Terceiro Milênio não será a que vive seus últimos momentos na escola evolutiva Terra. Além do mais, o povo brasileiro possui um perfil versátil, o que facilitará a adaptação às novas idéias. É evidente que nesta nação eclética temos uma cultura extremamente ampla, tanto que os habitantes de todos os povos do mundo elegem o Brasil como um lugar de fácil convivência e adaptação para um estrangeiro. Quando a Nova Era começar a solidificar-se em solo brasileiro, com a reencarnação sistemática dos eleitos, serão rápidas e sem traumas as mudanças religiosas e sociais para transformar o Brasil em um exemplo para os demais povos no Terceiro Milênio. Enquanto as nações do mundo estarão vivendo o caos por manterem-se atreladas ao molde tradicional do passado, a terra do Cruzeiro do Sul estará rumando à Nova Era em todos os aspectos da vida humana, causando uma impressão de estupefação no mundo inteiro.

Nas primeiras décadas, as mudanças brasileiras despertarão nos demais povos sentimentos de revolta, ironia e até mesmo tentativas de evitar que essas transformações ocorram. Os últimos exilados tentarão impor-se pela força, mas já não terão como impor o seu já decadente poder dominador e antifraterno. No futuro, todos os países do planeta correrão para o Brasil para pedir-lhe o elixir da transformação para um mundo melhor.

PERGUNTA: — Podemos entender, então, que os formadores de opinião da atualidade serão exilados?

HERMES: — Todos os espíritos que não atingirem o estágio de evolução exigido para a Nova Era serão exilados no planeta absinto. Isso é fato, e não mera especulação! Não iremos analisar caso a caso, pois cabe somente ao Pai julgar os Seus filhos, mas basta que cada um avalie a sua contribuição para um mundo melhor para identificar de que lado está. Certamente, os formadores de opinião que manipulam a grande massa popular para atender aos seus interesses não estão realizando um trabalho voltado para o amor crístico. Eles terão de responder ao Criador pelo mau uso de sua influência sobre os seus irmãos, que qualificamos, de forma geral, como negativa e oportunista.

PERGUNTA: — E como funciona a Fraternidade da Cruz e do Triângulo e qual é o trabalho de seus componentes?

HERMES: — Trabalhamos nas mais diversas áreas do conhecimento humano e do Mundo Maior. Temos em nossa organização espiritual especialistas para inspirar médicos, cientistas, filósofos, artistas e espiritualistas com o objetivo de promover a União Crística e o conseqüente avanço da humanidade. Inclusive, alguns dos especialistas que inspiram o progresso na área de engenharia genética, que citamos em capítulo anterior, são oriundos da Fraternidade da Cruz e do Triângulo.

Como a nossa Fraternidade é uma união entre o Oriente e o Ocidente, temos irmãos mais voltados para a atuação segundo os preceitos orientais, como a equipe de Ramatís; assim como possuímos colaboradores que lidam com o universo ocidental, tentando preparar os encarnados deste hemisfério do globo para a aceitação do futuro processo de fusão religiosa. Por termos vivido importante existência no seio da Igreja Católica medieval, nos dedicamos a um trabalho mais centrado aos ensinamentos de Jesus. Inclusive dirigíamos naquela época uma sociedade secreta chamada "Sagrado Coração", que já aliava os conceitos abrangentes do carma e da reencarnação ao Evangelho do Cristo em nossos estudos.

Além de Ramatís, Navarana, Fuh Planuh, Rama, Nicanor e outros importantes colaboradores diretos de Ramatís, temos a contribuição de Akhenaton, do qual narramos a bela missão em nosso trabalho anterior, e de sua equipe que se utiliza das energias das pirâmides de Gizé, ainda desconhecidas pela humanidade atual. Há outros seguidores já conhecidos de nossos trabalhos anteriores, como a querida irmã Crystal e colaboradores de outros mundos como Shien, que nos acompanhou nos estudos do livro "Sob o Signo de Aquário". Esses irmãos de mundos distantes nos auxiliam neste grave momento de transição planetária pelo qual passa a humanidade terrena. Colaboram neste projeto também irmãos que se destacaram no meio espírita kardecista e orientadores espirituais teosofistas.

Além desses grupos, temos a participação de vários irmãos, alguns anônimos e outros destacados no cenário religioso cristão, que trabalham arduamente por esta Obra Divina que é uma glória para todos. Mas preferimos não citar os seus nomes para não causar melindres naqueles que ainda possuem uma visão sectária da obra de Deus.

PERGUNTA: — Parece-nos estranho falar de universalismo e união de religiões, enquanto os espíritos vinculados a este projeto vivem em uma "fraternidade espiritual" que parece estar isolada dos demais núcleos da Terra.

HERMES: — Estais equivocados! As fraternidades espirituais são apenas agremiações com o objetivo de atender a um objetivo comum. Após concretizado o projeto em questão, elas deixam de existir porque os espíritos que já encontraram o caminho da Luz vivem de forma dinâmica e social, jamais se isolando em instituições sectárias. As fraternidades espirituais nada mais são que projetos espirituais, e não é raro um componente participar de três ou quatro agremiações ao mesmo tempo, haja vista a sua complexa agenda de trabalho pela redenção da humanidade.

PERGUNTA: — Poderias falar-nos sobre a relação do irmão com Ramatís?

HERMES: — Ramatís é um grande amigo há séculos. Nós trabalhamos juntos para auxiliar no projeto de redenção espiritual da humanidade terrena desde os tempos do extinto continente atlante. Conforme narramos no livro "Akhenaton — A Revolução Espiritual do Antigo Egito", tivemos uma importante encarnação nos anos finais da Atlântida, momento em que o continente submergiu ocasionando a desencarnação em massa de milhões de espíritos e a migração de alguns membros daquele povo para civilizar outras terras. Desde aquela época, nós procuramos, junto com Akhenaton e outros destacados colaboradores, trabalhar ativamente pelo resgate moral dos exilados do sistema de Capela, de onde veio a imensa maioria dos atuais espíritos em evolução na Terra.

PERGUNTA: — Falaste no capítulo anterior sobre o líder religioso Sai Baba; ele, assim como Gandhi, que possuía também uma visão universalista, seria um espírito agremiado à Fraternidade da Cruz e do Triângulo?

HERMES: — A Fraternidade da Cruz e do Triângulo é um projeto vinculado ao universo brasileiro e com atuação sobre o mundo ocidental, procurando aliar a sabedoria oriental aos familiares ensinamentos de Jesus. Os mentores que citastes estão inseridos no processo inverso; eles estão associados a fraternidades orientais que procuram unir os preceitos de Jesus à já comum sabedoria espiritual dos grandes avatares Krishna e Buda. Todos unidos, sob a égide do Cristo, promovendo o Universalismo Crístico para a Nova Era!

PERGUNTA: — *O que mais poderias nos dizer sobre a preparação do Brasil como celeiro espiritual da humanidade para a Nova Era, realizada pela Fraternidade da Cruz e do Triângulo?*

HERMES: — A Fraternidade da Cruz e do Triângulo é uma ramificação da Grande Fraternidade Branca que atua principalmente no Brasil unindo todos os mestres do planeta para o trabalho mundial de expansão da Luz na Terra. Como já dissemos, trata-se mais de um projeto do que de uma agremiação exclusivista; portanto, temos a colaboração das mais diversas áreas em prol do objetivo comum de divulgar o universalismo religioso. O nosso grupo de trabalho teve participação direta no acompanhamento e preparação da encarnação de Bezerra de Menezes, grande médico e divulgador espírita que trouxe o primeiro impulso para a divulgação do Espiritismo no Brasil. Ele hoje faz parte de nosso trabalho de unificação religiosa no Plano Astral. Alguns anos depois, concentramos as nossas forças com a de todos os trabalhadores do bem do Plano Astral para apoiar indistintamente a missão de Chico Xavier como maior baluarte espírita do Brasil, preparando os alicerces para a Nova Era. E, em meados do século passado, atuamos diretamente no projeto de Ramatís, junto ao médium Hercílio Maes, que agora trabalha em nossa fraternidade no Plano Astral. Além dessas atividades, sempre contribuímos com os trabalhos de edificação espiritual no Brasil, seja qual for a religião, e também no campo invisível nas mais diversas áreas humanas.

Hoje em dia, o Brasil é a maior nação do mundo no que tange ao conhecimento espiritual do carma e da reencarnação, aliado aos ensinamentos de Jesus. Apesar de existirem escolas iniciáticas em outros países, o Brasil é o país que se prepara, em nível popular, a ser a nação mais espiritualizada do mundo ocidental nas próximas décadas.

Atualmente encontramos algumas dificuldades entre os espíritas tradicionais para libertá-los do seu sectarismo em relação à magnífica obra de Allan Kardec, que deve comungar com as demais obras espirituais idôneas obtidas pelo fenômeno mediúnico. Infelizmente alguns irmãos se aprisionaram ao passado e criaram uma instituição humana para reger a Doutrina Espírita, determinando o que é certo e o que é errado, assim como a Igreja Católica fez no passado de forma equivocada. Enquanto tentamos despertar esses irmãos que se encarceraram ao casulo do sectarismo, continuamos o trabalho das esferas espirituais de divulgar as Verdades Eternas para preparar a humanidade para a Nova Era. Inclusive nos emocionamos ao ver o trabalho de abnegados irmãos na divulgação de informativos e pequenos jornais de esclarecimento do Universalismo Cristão. Essas iniciativas comovem a todos nós da Fraternidade da Cruz e do Triângulo.

PERGUNTA: — *As mensagens de instrução espiritual que são recebidas por médiuns brasileiros serão melhor aproveitadas na Nova Era?*
HERMES: — Certamente! Muitos livros que hoje ditamos aos médiuns já têm o objetivo de despertar os eleitos para a Nova Era sobre as suas missões em solo físico, não só no Brasil, mas em diversos países. Assim como as belas composições de Mozart, que só foram compreendidas no futuro, ocorrerá o mesmo com algumas informações espirituais, as quais a humanidade atual não possui capacidade para compreender, com exceção de poucos iniciados. Os atuais encarnados ainda são muito aprisionados ao convencionalismo da vida humana.

PERGUNTA: — *O que podes dizer àqueles que negam a possibilidade de um médium contatar com um espírito de elevado quilate espiritual?*
HERMES: — Alguns espiritualistas, principalmente dentro do segmento kardecista, não admitem essa possibilidade em razão do excesso de humildade, que é muito benéfico para conter o natural envaidecimento que essas comunicações acarretam. Mas, por outro lado, tal postura causa alguns transtornos à Espiritualidade. Não é raro acontecer de um irmão manifestar-se com outro nome ou com uma configuração perispiritual diferente a fim de ser aceito. Os médiuns não devem ter receio de receber comunicações de irmãos como Ramatís, Bezerra de Menezes, Miramez, Joana de Ângelis, Hilel, Ismael, *Saint Germain* e outros espíritos de Luz. Inclusive, o Mestre Jesus já realizou algumas experiências desse tipo, mas sentiu a imensa dificuldade do médium em responder com serenidade

a esse fantástico contato. É necessário, entretanto, que o encarnado responsável por essa canalização avalie com profundo critério tais comunicações para averiguar se não está sendo instrumento dos magos negros do Astral Inferior. Caso as comunicações não reflitam perfeitamente o perfil espiritual desses mentores, deverão ser arquivadas para uma posterior análise, até o momento em que a sintonia seja efetivamente estabelecida e um plano de trabalho concreto se inicie. Geralmente, quando espíritos iluminados se ligam a algum médium é para tarefas de elevada importância e para projetos a longo prazo. Os mentores iluminados possuem inegável paciência, virtude pouco comum entre os galhofeiros das Sombras.

PERGUNTA: — Os dirigentes da Fraternidade da Cruz e do Triângulo teriam algum aconselhamento para os médiuns com o objetivo de melhorar a recepção dessas informações tão importantes?

HERMES: — Os médiuns devem instruir-se! Ler, estudar todos os tratados espirituais das mais diversas religiões. Como nos utilizamos da mediunidade intuitiva, necessitamos explorar as informações contidas no cérebro físico do médium para ampliá-las e trazer ao plano físico novos conhecimentos. Quando o médium não estuda, desconhece as Verdades Espirituais e se aperfeiçoa pelo método do "ouvi dizer que é assim", prejudica consideravelmente o nosso trabalho. Em alguns casos, a mensagem chega ao papel completamente vazia e com frases repetitivas, parecendo até mesmo que o mentor espiritual é quem necessita de esclarecimento, tal a pobreza da comunicação.

Lembrai-vos, irmãos, que as novas informações a cada dia serão mais complexas, em razão da necessidade de evolução para a Nova Era. Portanto, precisamos de médiuns sintonizados e esclarecidos para melhor explorar o intercâmbio mediúnico.

O mandato mediúnico exige aperfeiçoamento moral e estudo constante para que possamos cumprir nossas metas. Quanto melhor for a captação mediúnica, mais qualificado será o trabalho que poderemos apresentar aos encarnados da Terra. É triste vermos céticos ridicularizando as comunicações do Além sem poder contestá-los, pois muitas vezes as mensagens espirituais chegam ao papel com conteúdo inconsistente e contraditório por falta de estudo do médium, que termina distorcendo-as, por não compreendê-las.

PERGUNTA: — *E quanto aos seminários e reuniões com o objetivo de divulgar a obra literária de Ramatís?*

HERMES: — São de extrema importância como base para formar a mentalidade da Nova Era e devem estar sempre abertos às mensagens espirituais verdadeiramente universalistas, como o próprio Ramatís pregou em suas diversas obras. Nossos irmãos, inclusive, devem ir ainda mais além, preparando-se desde já para comunicações cada vez mais aprimoradas, que ajudarão a promover um real avanço espiritual da humanidade. Os eleitos, ao reencarnarem, precisam ser despertos, pois alguns ainda estão aprisionados aos paradigmas da vida humana. Em alguns casos, a frieza e o desinteresse pelo Mundo Espiritual não é sinal de falta de sintonia, mas desilusão por não encontrarem em determinadas agremiações espirituais a mesma clareza e método disciplinado tão comum nas demais organizações humanas. Dessa maneira, um material bem aprimorado poderá aguçar o interesse e a curiosidade dessas almas com uma concepção avançada da vida e do Universo.

PERGUNTA: — *Poderias ser mais claro?*

HERMES: — As organizações espíritas exclusivamente kardecistas já possuem método organizado, o que dá credibilidade ao trabalho. Como os espíritas universalistas estão avançando rumo a um terreno novo e muitas vezes desconhecido, percebemos em algumas agremiações o uso de técnicas[1] e teses sem consistência, fruto da falta de estudo do material trazido à luz do mundo por todas as instituições religiosas. Sentimos, em alguns grupos, a falta de embasamento e de métodos coerentes de desenvolvimento mediúnico. Em alguns casos, os médiuns se restringem a "receber" as informações dos mentores, mas ainda possuem uma grande dificuldade na "canalização" mediúnica e terminam desvirtuando as informações, criando uma grande confusão e desorientando os demais componentes que necessitam de uma base sólida para a realiza-

---

[1] Nota do médium - As técnicas aqui citadas são procedimentos espirituais mais aprofundados como, por exemplo, a alquimia das energias extrafísicas. Estas técnicas podem trazer grandes avanços para a humanidade no futuro, mas devem ser utilizadas por mentes treinadas para a sua correta manipulação e por corações envolvidos pela mensagem amorosa do Evangelho do Cristo. Caso contrário, aqueles que se aventuram nesse caminho podem ser facilmente enfeitiçados pelas forças do lado negro ou estabelecerem ao seu redor um "mundo imaginativo" e improdutivo. Eis o motivo da preocupação do mentor espiritual deste trabalho com o crescente número de espiritualistas que procuram se aprofundar no mundo das forças ocultas sem o devido embasamento para esse fim.

ção do trabalho espiritual.

Essas informações não devem ser avaliadas como críticas, mas sim como um alerta aos médiuns que se candidataram a trilhar tal caminho. É confortável mantermo-nos dentro dos limites do Universo já descoberto; no entanto, caminhar rumo ao desconhecido é um esforço heróico que merece aplausos. Mas, que não fiquemos só nos aplausos! Devemos alertar esses precursores da Nova Era para que não se percam em crenças sem objetividade produtiva, lembrando sempre que mais vale uma atividade simples, que resulta em retorno para o progresso e assistência espiritual, do que nos atermos a técnicas inconscientes e que não agregam valor para a obra de edificação espiritual a que nos dedicamos.

PERGUNTA: — Gostaríamos de obter mais informações sobre as pessoas que se desinteressam pelos assuntos espirituais por falta de um trabalho mais didático e com bases científicas. Notamos nitidamente um distanciamento dos jovens das religiões por não encontrarem no campo espiritual um estímulo coerente para os seus ideais e estudos. O que pensas a respeito disso?

HERMES: — A Nova Era será caracterizada pela encarnação de um grande número de espíritos com avançada conceituação científica, espiritual e lógica. Assim como os espíritas não se conformam com as teses infantis de céu e inferno, Deus e o diabo, das penas eternas ou dos dogmas contraditórios que não iludem nem mesmo a uma criança dos dias de hoje, o Terceiro Milênio será o berço da evolução de espíritos mais avançados que já não se conformarão com as atuais informações espirituais e científicas da atualidade. Por esse motivo, devemos ouvir a exortação ao progresso pregada por Allan Kardec. O sábio codificador do Espiritismo anteviu a necessidade de avanço constante para que a nova religião não perecesse nas mãos do tempo.

Como dissemos anteriormente, os espíritos da Nova Era reencarnarão no solo físico com sede de desenvolvimento e ação, jamais coadunando-se com organizações retrógradas, conformistas e displicentes. Os trabalhadores encarnados devem, portanto, associar-se a todas as frentes de trabalho da vida humana, procurando adequar os conhecimentos espirituais às recentes transformações do planeta no campo médico, técnico, científico e social.

O progresso das agremiações espirituais, com um trabalho coerente e organizado, atrairá instantaneamente esses trabalhadores do Cristo que ainda não encontraram o rebanho crístico dos renovadores da Nova Era. Inclusive alguns seareiros encarnados da Fraternidade da Cruz e do Triângulo encontram-se vagando de porta em porta em busca de respostas porque ainda não acharam uma agremiação espiritual que atenda aos seus anseios de progresso dentro do universo espiritual.

PERGUNTA: — *Entendemos por tuas palavras que o mais importante é divulgar o Universalismo Crístico, por intermédio de seminários, livros, jornais, pequenos encontros e atividades assistenciais, do que por meio de novas técnicas e informações espirituais ainda não dominadas plenamente. Estamos certos?*

HERMES: — O estudo sincero das obras espíritas, do Evangelho do Cristo, dos tratados teosóficos, da literatura Rosa-Cruz e das demais fontes de sabedoria espiritual formará o médium para novos empreendimentos. Além do mais, o conhecimento das ciências humanas é imprescindível.

Assim como a criança que não cursou o primário não pode ingressar na universidade, o médium que desconhece a base espiritual não deve desejar envolver-se em estudos que ainda não possuem uma metodologia desenvolvida e confirmada por meio de exemplos práticos. É importante lembrar que a energia espiritual mal manipulada pode causar danos ao médium e àqueles que forem alvos dessa força.

PERGUNTA: — *Qual é o maior receio dos mentores nesse trabalho de avanço espiritual dos médiuns para a Nova Era?*

HERMES: — O nosso maior receio reside nos casos de trabalhadores encarnados que perdem o contato com a realidade e ingressam em um mundo de fantasias, comprometendo todo o trabalho por entrarem em um estado de consciência confuso e irreal, fruto das informações que recebem de todos os campos de estudos espiritualistas. Devemos recordar as palavras de Jesus, que nos diz: "Chegado o 'final dos tempos' haverá falsos Cristos e falsos profetas!" Portanto, os estudos devem possuir critério, bom senso e objetividade para que o médium não transforme a sua vida em um "conto de ficção".

PERGUNTA: — *Quais procedimentos devemos seguir*

para trabalharmos segundo a orientação da Fraternidade da Cruz e do Triângulo de forma útil e produtiva?

HERMES: — Não devemos nos descuidar do estudo de novas técnicas para a desobsessão espiritual. Temos pela frente ainda mais de setenta anos de ação nefasta do lado negro, que avança em seus domínios a cada ano com estratégias de influenciação humana que não são de domínio dos encarnados. Utilizando instrumentos, como os dispositivos eletrônicos para obsessão que estudamos no livro "Sob o Signo de Aquário", e outras técnicas muito apuradas, esses irmãos infelizes semeiam a discórdia, o desânimo e a depressão entre os encarnados, o que termina por desestimulá-los a concretizar as metas traçadas para suas vidas. Devemos nos ater também ao estudo com os demais irmãos universalistas na busca de um consenso sobre novas técnicas espirituais recebidas mediunicamente, expondo-as a uma exaustiva experimentação científica com diversos médiuns, assim como fez Kardec, pois quanto mais mentes trabalhando, mais confiável se torna o material produzido.

Atualmente estamos tentando transmitir técnicas para a alteração do "DNA perispiritual" que resultam em curas no corpo físico. No entanto, temos obtido pouco resultado em virtude do despreparo de alguns grupos. Mas o principal objetivo do momento é divulgar os ensinamentos universalistas; propagar aos quatro cantos do mundo a necessidade de respeito e união entre os homens, procurando aliá-los às Verdades Eternas. É preciso que o homem compreenda que as questões espirituais fazem parte direta de sua vida; que ele necessita integrar-se ao Mundo Invisível que o cerca e influi diretamente no seu íntimo. É importante ainda aclarar os ensinamentos do Cristo segundo a ótica espiritualista moderna. Os livros ditados por Ramatís são extremamente elucidativos em relação aos mecanismos da vida criada por Deus. Mas, infelizmente, ainda é comum ver muitos espíritas universalistas que ainda não leram esses livros básicos para a Nova Era.

Antes de mais nada, é preciso entender que devemos evoluir passo a passo, e não aos saltos, pois o tombo pode atrasar ainda mais a nossa caminhada.

PERGUNTA: — Afirmaste que devemos estudar novas técnicas para a desobsessão e curas espirituais; mas não basta a reforma moral e o amor do médium?

HERMES: — Sem dúvida, esses são dois pontos essenciais

para o bom êxito do trabalho em questão. Alguns médiuns com pouca instrução, mas de conduta ilibada e com intenso amor no coração, realizam trabalhos espirituais inesquecíveis. Mas, se desejamos ingressar em uma Nova Era de progresso e com o objetivo definitivo de libertar a humanidade de suas mazelas, é fundamental a mudança na forma de pensar e agir. Os médiuns simples, mas com coração magnânimo, jamais deixarão de ser necessários, porém a conscientização científico-espiritual trará no futuro resultados assombrosos que impressionarão inclusive a medicina humana.

PERGUNTA: — *Gostaríamos de obter elucidações sobre essa técnica de alteração do "DNA perispiritual". Será possível?*
HERMES: — Este trabalho que estamos realizando no momento é de fundo filosófico e destinado ao domínio público. Os métodos de alteração do DNA perispiritual devem ser aprofundados em estudos fechados, restritos somente aos iniciados, dentro das casas de desenvolvimento e atendimento espiritual. A chave desse conhecimento só deve ser passada a pessoas de boa índole e com boa formação espiritual. Certamente, as equipes espirituais da Fraternidade da Cruz e do Triângulo só aprofundarão essas informações a médiuns que se dedicam ao progresso, ao amor e ao estudo sincero com vistas ao bem comum, assim como aconselhou Allan Kardec nas obras que formaram o alicerce do conhecimento espiritual aprofundado para o mundo ocidental. Faremos, portanto, apenas alguns breves comentários sobre as finalidades do trabalho de alteração do DNA perispiritual para que os leigos tenham uma idéia do que se trata.

Ao contrário do procedimento realizado em corpos físicos, essa nova técnica desenvolvida pelo Plano Superior é aplicada diretamente na "matriz espiritual", ou seja, no corpo astral, uma vez que ele não se reproduz como o corpo transitório carnal, apenas sofre alterações no decorrer dos séculos, de acordo com as experiências que o espírito imortal realiza em sua jornada em busca da Luz. Essas alterações no DNA purificam e aperfeiçoam o perispírito, como já estudamos neste trabalho, e terminam reduzindo ou até mesmo eliminando as cargas tóxicas que são drenadas do corpo astral para o físico, corrigindo efetivamente possíveis disfunções que desaguariam de forma intensa no corpo de carne. Obviamente, esse tratamento deve ser ministrado em conjunto com a reforma moral do paciente, pois é o desequilíbrio perante as leis divinas que gera os distúrbios no corpo astral.

A alteração do código genético do perispírito é muito indicada nos casos de câncer, a fim de evitar-se o alastramento das células doentes para outros órgãos. Eis a famigerada metástase! Como o câncer possui a sua origem no corpo espiritual é necessário estancar essa "sangria tóxica" que desce para o corpo físico. Mas, como já dissemos, sem uma reforma determinante na forma de agir e pensar, rumo ao Evangelho do Cristo, o procedimento é inútil.

PERGUNTA: — A palavra "genético" implica em formação, criação etc.; logo, não seria melhor utilizar esse termo em vez de DNA, que é denominação típica da genética do mundo material? E, se assim for, como entender a modificação de elementos formadores do perispírito, quando este já possui milênios de existência?

HERMES: — O termo "alteração de DNA perispiritual" possui a finalidade de traduzir para a linguagem humana conceitos metafísicos; logo, ele deve ser analisado simplesmente como uma analogia ao método realizado pela medicina humana. As alterações no código genético espiritual seguem os mesmos princípios básicos da genética humana, mas utilizam-se de outros elementos que diferem do DNA (ácido desoxirribonucleico). Apenas utilizamos essa linguagem para facilitar o entendimento entre os trabalhadores que já estão aplicando essa técnica entre os encarnados.

Em relação à segunda pergunta, como já informamos no capítulo cinco, as alterações no DNA perispiritual ocorrem naturalmente pela renovação celular do veículo espiritual, à medida que a alma queima as toxinas do corpo astral exercitando a prática do amor altruístico. Repetimos mais uma vez: o amor é a profilaxia da alma. Essa purificação espiritual pode ser acelerada ou reduzida por intermédio dessa técnica avançada do Mundo Maior, conforme os interesses da programação cármica para o paciente a ser tratado.

PERGUNTA: — Sabemos que não desejas te aprofundar nesse assunto. Mas, se a reforma moral é suficiente para sublimar as cargas tóxicas do perispírito, por que realizar a alteração de DNA no corpo espiritual? E em que outros casos seria usada essa técnica?

HERMES: — A alteração de DNA pode evitar a morte

do paciente, porque em alguns casos a carga tóxica a ser drenada para o corpo físico é muito grande e ele não resistiria. Modificando as combinações infinitesimais do código genético do corpo espiritual podemos reduzir as toxinas espirituais a índices baixíssimos, o que possibilitaria uma vida mais longa ao paciente, a fim de que ele possa resgatar os seus erros e procurar reverter o seu quadro de desvio espiritual na mesma encarnação.

No que diz respeito a outros casos em que essa técnica poderia ser usada, obviamente ela atende a todas as situações onde o problema encontra-se no corpo espiritual, maculado pelos atos anticrísticos cometidos nesta encarnação ou em vidas anteriores. Inclusive, alguns casos psicológicos que causam gagueira, tremores pelo corpo, ansiedade e desequilíbrio emocional podem ser solucionados com a alteração genética perispiritual. Diversas disfunções orgânicas que não sejam causadas pelo consumo excessivo de alcoólicos e outras drogas podem receber significativa melhora, utilizando-se a técnica da alteração do DNA perispiritual.

PERGUNTA: — Essa técnica de alteração no DNA perispiritual atua sobre um corpo que sobrevive após a morte. Por que não são feitas antes de o espírito reencarnar? E qual deve ser o merecimento do paciente para receber tão qualificado atendimento?

HERMES: — Essa técnica possui a função de auxiliar o encarnado a vencer os seus erros do passado, e não facilitar a sua caminhada com benefícios que contradizem a Justiça Divina. A alteração do DNA perispiritual não é um favor especial, mas uma extensão da Infinita Misericórdia de Deus que, através de Seus prepostos do Mundo Maior, autoriza intervenções no programa cármico com o objetivo de estender a oportunidade de correção de seus débitos àqueles que se prontificam a reverter o rumo de suas vidas, quando encontram-se face a face com a possibilidade da morte. Caso esse benefício fosse cedido antes de sua reencarnação, seria inviável avaliar o seu uso.

Antes de receber esse atendimento espiritual, o paciente é avaliado por diversas vezes para que seja verificada a sua real intenção de utilizar-se da prorrogação na vida física para vencer as suas imperfeições da alma. Caso contrário, não haverá o atendimento ou este não surtirá o efeito esperado.

Quanto ao merecimento dos pacientes para receberem

essas técnicas, não se preocupem! Aos encarnados cabe a missão de "fazer o bem, não importando a quem". Os técnicos do Mundo Maior identificam esses casos e fazem com que a Lei Divina que nos diz "a cada um será dado segundo as suas obras" seja cumprida.

PERGUNTA: — *O perispírito é o corpo de nossas emoções e sentimentos, um reflexo de nossa evolução espiritual; parece-nos que intervindo nele por meio da técnica de alteração do DNA perispiritual estaremos contrariando o princípio do livre-arbítrio e da evolução gradual. O que dizes a respeito disso?*

HERMES: — A redução das cargas tóxicas do perispírito sem o mérito do encarnado não significa evolução. Apesar de parecer que ele terá purificado o seu corpo espiritual sem esforço, na verdade o paciente estará contraindo uma importante dívida por merecer tal auxílio divino. Caso o encarnado beneficiado não se esforce heroicamente para vencer as suas imperfeições após a cura, ele agregará novamente ao seu corpo astral as toxinas volatilizadas pela alteração do DNA perispiritual, agravando, então, a sua real condição espiritual provavelmente na mesma encarnação. Como já dissemos anteriormente, esse tratamento exige uma real intenção de crescimento espiritual pela prática do amor aos semelhantes, para que não venha a tornar-se um verdadeiro pesadelo no futuro. A cura por esse método possui a finalidade única de permitir um maior tempo de vida no mundo físico, onde o encarnado deve buscar evoluir e resgatar as suas dívidas espirituais para com os seus semelhantes. Na verdade, trata-se apenas de uma "prorrogação do contrato da vida física" com o objetivo de melhor aproveitar as encarnações no mundo material.

PERGUNTA: — *Afirmaste que esse fantástico tratamento não pode ser efetuado em enfermidades causadas pelo excesso de bebidas e outras drogas. Poderias nos explicar por quê?*

HERMES: — As drogas são elementos externos às toxinas perispirituais; portanto, não há como mitigar, por meio dessa técnica, a influência tóxica causada por elas. Ao contrário dos dramas cármicos que descem da alma, as toxinas do fumo, da bebida, da maconha, da cocaína e das demais drogas, contaminam o organismo físico e, por fim, agregam-se à contextura sutil do perispírito, impedindo o êxito desse tipo de tratamento. Somente uma abstinência definitiva pode desintoxicar o orga-

A Nova Era

nismo físico e criar um campo propício para a cura com passes magnéticos espirituais. Além do mais, a alteração do DNA perispiritual implica em reforma íntima; sendo assim, o cultivo de vícios não combina com essa modificação moral essencial ao tratamento em questão.

PERGUNTA: — A medicina convencional já está dominando o câncer. Será mesmo necessário esse procedimento espiritual, já que as medicações e tratamentos do mundo físico estão obtendo sucesso?

HERMES: — A medicina humana atua sobre o corpo humano, já a medicina espiritual atua no corpo astral, nascente de todas as enfermidades humanas. Sendo assim, como explicamos, vemos que a medicina convencional consegue dominar parcialmente o câncer no corpo físico, mas ele virá a "brotar" novamente, talvez até em outros órgãos, pois a fonte geradora, que é o corpo espiritual, continuará a produzir a carga tóxica.

PERGUNTA: — Mas vemos casos em que as pessoas obtêm a cura definitiva somente com tratamento à base de quimioterapia. Como explicar isso?

HERMES: — Esses casos são aqueles em que o espírito tinha apenas uma pequena quota de toxinas astrais para drenar ao corpo físico ou, então, conseguiu volatilizar a carga tóxica pela purificação espiritual. Já nos casos mais complexos de contaminação perispiritual por atos anticrísticos, nesta ou em vidas anteriores, certamente o câncer voltará.

PERGUNTA: — Afirmaste que os trabalhadores da Fraternidade da Cruz e do Triângulo já estão operando com essas técnicas junto a alguns encarnados. Os médiuns estão atendendo à expectativa dos planos superiores?

HERMES: — De certa forma sim, mas não como gostaríamos. Por esse motivo, pedimos uma intensificação nos estudos espirituais dos corpos astrais e também da engenharia genética humana, que é muito similar aos nossos trabalhos. Além do mais, os médiuns devem meditar com freqüência regular para contatarem-se com os planos superiores, de onde flui todo o conhecimento do Mundo Maior. E trocarem idéias com os colegas de outras casas espiritualistas, pois alguns podem captar informações melhores que outros. Não vos esqueçais, irmãos: a união faz a força!

PERGUNTA: — *De que adianta estudar a engenharia genética humana se não temos equipamentos e tecnologia a nossa disposição para utilizá-los segundo a orientação dos mentores espirituais?*
HERMES: — O trabalho espiritual é mental, e não físico! Os médiuns, conhecendo os procedimentos gerais de alteração do código genético no genoma humano, poderão mentalizar o procedimento concentrando-se no corpo astral do paciente. Claro que existem procedimentos técnicos que serão repassados pelas equipes espirituais responsáveis pelo trabalho e que por uma questão de prudência não devemos revelar ao grande público alvo deste trabalho de esclarecimento espiritual!

PERGUNTA: — *Esse trabalho de alteração do DNA perispiritual não poderia ser realizado exclusivamente pela Espiritualidade Maior sem a intervenção de médiuns encarnados?*
HERMES: — Assim como é necessário o concurso dos médiuns para o esclarecimento de um espírito desencarnado ainda muito envolvido pelos fluidos magnéticos da vida humana, para que possamos realizar a cura em um perispírito agregado ao corpo físico é necessário a energia mental e magnética dos espíritos encarnados na vida física. A energia animal dos corpos físicos, aliada à energia astral de quintessência, possui força transformadora na matriz perispiritual dos encarnados. Assim, é imprescindível, em alguns casos, a intervenção dos médiuns para obtermos sucesso no processo de correção do código genético perispiritual, e também nas demais técnicas de cura espiritual.

PERGUNTA: — *Como podemos otimizar a utilização de nossa energia mental e magnética?*
HERMES: — Eis o motivo pelo qual os trabalhadores encarnados devem conhecer os procedimentos técnicos para a alteração do código genético segundo a medicina humana. Esse estudo médico e científico é válido também para outras técnicas médicas, pois o médium, mentalizando o procedimento e entendendo o seu funcionamento, aciona uma vontade mais intensa e trabalha com a certeza da cura, por entender o processo. Com essa disposição mental, o trabalhador do Cristo libera com mais intensidade os seus fluidos magnéticos e mentais a fim de que possa alcançar êxito junto com a energia do

Plano Astral.

Os médiuns que apenas impõem as suas mãos, alheios ao processo e muitas vezes com a mente vagando por problemas do cotidiano, além de serem improdutivos, tornam-se um empecilho aos trabalhos espirituais.

PERGUNTA: — Que os médiuns indiferentes ao trabalho são improdutivos já imaginávamos, mas eles além disso também atrapalham?

HERMES: — O médium que não se sintoniza com o trabalho espiritual deixa de gerar energias positivas fundamentais para o êxito da atividade. No momento em que torna-se neutro e apático, ele apenas deixa de somar, mas quando começa a vibrar em sintonias negativas, através de pensamentos sensuais ou de inveja, ciúme, ódio ou revolta, torna-se um obstáculo às energias espirituais dos planos superiores. Esse médium, então, deve ser isolado energeticamente para não prejudicar a harmonia do processo espiritual.

PERGUNTA: — Já que estamos estudando as técnicas espirituais utilizadas pela Fraternidade da Cruz e do Triângulo, poderias trazer breves esclarecimentos sobre os dispositivos eletrônicos de obsessão espiritual?

HERMES: — Como já explicamos em nosso segundo trabalho "Sob o Signo de Aquário – Narrações sobre Viagens Astrais", os dispositivos eletrônicos para a obsessão espiritual são pequenos artefatos computadorizados (espécie de "chips"), criados a partir de elementos e tecnologia da quarta dimensão, utilizados para alimentar o sistema nervoso central da vítima com sentimentos negativos, transmitindo-lhes impulsos elétricos que causam profunda irritabilidade e prostração.

Fruto do engenho dos magos das trevas, são muito utilizados nos casos em que o encarnado é perseverante na prática do bem e não se deixa influenciar facilmente pela sintonia dos espíritos perturbados. É uma máquina que não descansa, e quando instalada no corpo astral da vítima atua sem piedade, aproveitando-se de todos os momentos de invigilância para alimentar o ódio, o desânimo, a irritabilidade e a depressão.

Somente técnicas avançadas do Mundo Maior, em consórcio com médiuns qualificados, conseguem desativar definitivamente os recentes modelos desses instrumentos do mal, pois quanto mais modernos, mais sofisticados se tornam. Inclusive, alguns deles podem ser removidos somente depois de algumas semanas em que o encarnado tenha se mantido em equilíbrio e paz, pois sua remoção precipitada pode ocasionar até mesmo a loucura, por atuar no sistema nervoso central.

PERGUNTA: — Tudo isso nos impressiona muito! Vemos que os homens alienados da realidade espiritual são vítimas indefesas de um mundo que consideram apenas como mera fantasia de mentes lunáticas. O que dizes a respeito disso?

HERMES: — No primeiro capítulo deste trabalho já falamos sobre a descrença espiritual da atual humanidade terrena. A Lei de Deus é justa e equânime! Infelizmente os homens preferem se iludir vivendo tão-somente a vida material sem refletir e perceber o mundo que o cerca fora do alcance dos cinco sentidos físicos. E como nos ensina o Evangelho do Cristo: "A cada um será dado segundo as suas obras!" Na maioria dos casos, não podemos evitar esse ataque cruel das Trevas por falta de merecimento e sintonia da vítima com o Astral Superior.

PERGUNTA: — Podemos esperar uma intensificação da atuação da Fraternidade da Cruz e do Triângulo entre os encarnados nos próximos anos?

HERMES: — Haverá uma intensificação em todos os grupos de atuação da Grande Fraternidade Branca pelo mundo nos próximos anos. E como a Fraternidade da Cruz e do Triângulo faz parte desse grupo maior, estaremos todos engajados neste grande programa de renovação espiritual de nossa humanidade. Além do mais, a transição planetária, já em curso no atual período, exigirá maior empenho de todos, tanto para contornar os problemas decorrentes deste grande processo de migração espiritual, como em relação aos preparativos para a reencarnação em massa dos eleitos do Cristo para a Nova Era. Será necessário muito trabalho para modificar o atual cenário da Terra como a conhecemos. Portanto, os trabalhadores do Cristo encarnados no plano físico deverão preparar-se, pois a "presença" do Mundo Espiritual na Terra se intensificará ainda mais nos próximos anos.

PERGUNTA: — Como última pergunta deste capítulo, gostaríamos de saber se a cidade Império do Amor Universal, narrada nos livros "A História de um Anjo" e "Sob o Signo de Aquário", é a cidade astral onde vivem os membros da

Fraternidade da Cruz e do Triângulo?
HERMES: — O Mundo Espiritual difere nesse aspecto do mundo físico. Em determinado estado de evolução, o repouso, como o conheceis, passa a ser desnecessário para o espírito imortal. Portanto, não estabelecemos residência como os encarnados, pois o Universo, a casa do Pai, é o nosso lar infinito. No entanto, poderíamos dizer que existem locais, sim, no Plano Astral, onde nos reunimos para trabalhar pela obra de Deus. E um desses lugares é a cidade astral do "sétimo céu", Império do Amor Universal. Como o próprio nome já diz, é a cidade dos universalistas.

8
As transformações sociais para a Nova Era

PERGUNTA: — Os problemas sociais do mundo são certamente a maior evidência do atraso espiritual de nossa atual humanidade. Quais são as tuas considerações sobre o tema?

HERMES: — Realmente a atual situação social da humanidade terrena é um espelho que reflete o estágio de evolução espiritual em que se encontra o planeta Terra. A discrepância entre ricos e pobres, a miséria desumana em que se encontra grande parte da população mundial e o luxo desmedido de alguns poucos demonstra que os encarnados, em sua grande maioria, são insensíveis à situação de penúria vivida por seus semelhantes. Mas aos olhos de Deus, isso é natural, pois o atual estágio de evolução da Terra assim exige que seja. As diversas encarnações, onde os espíritos em estágio primário da Terra semeiam o mal e a injustiça, os levam a "colher o que plantaram" e, portanto, retornam em outra encarnação vivendo "na carne" o mal que impuseram aos seus semelhantes.

O processo cármico de "sentir na pele" a indiferença e as dificuldades dos deserdados da sorte, faz com que o espírito evolua por meio da dor e do sofrimento e veja com outros olhos aquilo que desprezava durante a encarnação na qual vivia em opulência. Logo, torna-se um círculo vicioso que só se encerra quando o espírito aprende a amar, respeitar e desejar ao seu semelhante todo o bem que ele gostaria de receber.

PERGUNTA: — Em capítulos anteriores esclareceste que um grande número de espíritos evoluiu a um estágio superior que os habilitará a reencarnar na Terra na Nova Era. Mas o que vemos em toda a história da humanidade é somente o egoísmo e a maldade. Como entender esse grande número de eleitos para a Nova Era?

HERMES: — Durante os diversos séculos que abrangem o ciclo evolutivo da Terra, diversos anônimos e algumas almas que se destacaram no teatro da vida física venceram o atual estágio evolutivo pela prática do amor e da caridade, conforme preceituou insistentemente Jesus em sua passagem pela vida humana. Somando-se essas diversas gerações podemos ver que, à medida que os espíritos iam vencendo o atual estágio de evolução, deixavam de reencarnar, salvo raras exceções que retornavam ao mundo físico em missão de progresso para a humanidade. Por conseguinte, o plano material estava sempre povoado em sua grande maioria por espíritos rebeldes que insistiam, e ainda insistem, em contrariar a Lei de Amor e Fraternidade do Criador. Assim sendo, um grande número de almas eleitas aguarda o retorno à vida física para prosseguir o seu processo evolutivo após um longo período de preparação no Mundo Espiritual para essa nova etapa, enquanto aqueles que desprezaram por diversas encarnações a oportunidade de crescimento serão exilados num mundo inferior, conforme já narramos em capítulo anterior.

PERGUNTA: — Então devemos entender que essa aparente estagnação evolutiva em nosso mundo ocorre porque os eleitos, após atingirem a meta deste atual ciclo evolutivo, deixaram de reencarnar, dando oportunidade para os rebeldes. Não será assim?

HERMES: — Exatamente! Como entender que passados diversos séculos a humanidade está tão atrasada como o era na época das cavernas?! Antes, o homem matava com o tacape, agora o faz com armas modernas. Antigamente arrastava pelos cabelos para a sua caverna a menina indefesa; hoje em dia ilude as crianças e se aproveita delas, com abomináveis práticas de pedofilia. Os espíritos não evoluem? Claro que a resposta é sim; eles evoluem! O que ocorre é um fantástico rodízio de oportunidades na vida física que permite a um grande número de espíritos a chance de evolução. Os leitores podem ter a certeza de que muitas almas primárias, algumas que, inclusive, torceram nos circos romanos para que os cristãos fossem engolidos pelas feras, hoje estão redimidas e aguardando a oportunidade de reencarnar na Terra da Nova Era. Mas, obviamente, existem outros casos que se cristalizaram no ódio e na prática do mal. Estes últimos foram arrastados para uma última encarnação compulsória neste "final dos tempos", momento em que terão uma derradeira oportunidade de se colocarem entre os eleitos do Cristo.

PERGUNTA: — Devemos entender, então, que as desigual-

dades sociais de toda a história de nossa humanidade são fruto do atraso espiritual da coletividade como um todo?

HERMES: — Isso mesmo! Como os homens da Terra passavam pela prova do amor, da caridade, do respeito, da solidariedade e do espírito de fraternidade, e ainda não possuíam equilíbrio e elevação espiritual para vencê-las, todas as iniciativas nesse sentido foram fracassadas em nível coletivo, obtendo-se sucesso apenas em ações isoladas.

PERGUNTA: — Então, os sistemas sociais conhecidos como socialismo e comunismo foram iniciativas fracassadas por causa do atraso espiritual da humanidade do atual ciclo evolutivo que está se encerrando?

HERMES: — O socialismo e o comunismo são utopias para a atual humanidade encarnada. Estes são sistemas sociais que somente obterão êxito com a civilização da Nova Era, que já viverá em equilíbrio com os preceitos de Jesus. É fácil avaliar que uma sociedade despreparada para vencer suas paixões inferiores jamais conseguiria atingir o patamar de igualdade social que pregam esses sistemas sociais citados. A humanidade atual, mesquinha, invejosa e sedenta de cobiça jamais iria manter o equilíbrio em uma sociedade em tais moldes. Logo, o capitalismo, que movimenta e gera riquezas a partir do interesse próprio, comportamento típico dos homens atualmente, é o sistema que impulsionou o progresso social no atual ciclo evolutivo que está para encerrar-se na Terra. Portanto, os sociólogos do mundo físico que defendiam o capitalismo como sistema de governo confirmaram suas teses, pois é o único modelo social e econômico capaz de atender ao atual estágio de evolução da Terra. E, dentro desse cenário, o sistema cármico de evolução, onde a dor e o sofrimento substituem o amor e a sabedoria, exerceu o seu justo e sábio processo de educação de almas rebeldes, impondo pobreza extrema e riqueza caprichosa e infantil, em diversas encarnações, até que os espíritos em evolução na Terra aprendessem o caminho do amor ou chegasse o momento do exílio-planetário, período em que já vivemos.

PERGUNTA: — Podemos crer, a partir de tuas palavras, que a Terra do Terceiro Milênio seguirá um sistema que vise a uma verdadeira justiça social para todos os povos?

HERMES: — Sim. O dinheiro não movimentará o mundo, como acontece hoje em dia, porque as almas que reencarnarão na Nova Era terão objetivos superiores ao lucro e à vaidade pessoal. Ao contrário dos atuais habitantes, que em geral são acomodados e só se mobilizam para o trabalho por dinheiro, os eleitos trabalharão nos diversos campos de atuação humana basicamente por ideal, colocando em segundo plano os ganhos financeiros. Obviamente isso será um processo que ocorrerá de modo gradual, à medida que a humanidade for identificando-se com a Nova Era na Terra. O progressivo adequamento social, oferecendo melhores condições de vida a todos, facilitará o entendimento de que esse é o rumo correto a seguir. Além do mais, a sociedade capitalista de mercado, como a conhecemos, entrará em colapso, levando o mundo a graves privações nas próximas décadas, demonstrando ser este um sistema predatório e cruel, que não pode ser mantido indefinidamente. Toda a forma de governo ou sistema social onde alguém deve perder para outros ganharem é transitório. Somente governos que mantenham o equilíbrio e a igualdade entre os povos trarão resultados positivos a longo prazo.

PERGUNTA: — Poderias citar alguns pensadores e/ou idealistas que contribuíram para a transformação social na história da humanidade? Sabemos que preferes centrar-te na mensagem; entretanto, entendemos como é importante tal informação em razão da diversidade de teorias e métodos referentes aos pensamentos sociais.

HERMES: — Para citarmos alguns pensadores, necessitaríamos explanar suas teses e principais idéias; caso contrário, estaríamos atestando plenamente o trabalho realizado por este ou aquele pensador. Como esta obra não possui tal objetivo, não adentraremos em teses específicas de determinados pensadores, pelo fato de estes sociólogos moldarem as suas idéias apenas pelo entendimento humano, desconsiderando a imprescindível abordagem espiritual, que é a única forma de obter-se um real resultado nas questões sociais. Podemos tão-somente defender a forma de pensar do maior dos sociólogos que instruiu a humanidade terrena. Jesus, em seus ensinamentos imorredouros, delineou o maior tratado sociológico da história da humanidade, com a máxima: "Ama ao teu próximo como a ti mesmo!", chave mágica que, caso seguida, acabaria definitivamente com todas as desigualdades sociais da humanidade.

PERGUNTA: — Podemos entender também que a huma-

nidade atual, em sua maioria, não aprecia o trabalho por causa da exploração dos detentores dos meios de produção e das péssimas condições para o trabalho, que ocorrem em muitos casos?

HERMES: — A automação industrial, que permite a execução de diversas atividades de forma mecanizada e sem o esforço humano, foi inspirada pelo Alto para que o homem pudesse ter uma jornada de trabalho reduzida e assim dedicar-se intensamente à sua evolução espiritual. Infelizmente a cobiça dos empresários fez com que optassem pela redução dos postos de trabalho e a conseqüente sobrecarga de atividades aos poucos que ficaram empregados. E, ao invés de dedicar-se ao seu crescimento espiritual, o homem entregou-se cada vez mais a práticas que o distanciam de Deus. Isso realmente gera desgastes emocionais e incertezas para o futuro, principalmente em quem está afastado da sabedoria espiritual. Mas devemos nos lembrar, mais uma vez, que isso faz parte do processo cármico de amadurecimento da atual humanidade.

Uma prova da necessidade do trabalho nesses moldes, que consideras injusto, é o caso de pessoas que ganham na loteria e arruinam as suas vidas por não possuírem equilíbrio para manterem-se livres da força disciplinadora do trabalho.

PERGUNTA: — Fenômenos como a globalização, em que o mercado mundial impõe maior competitividade entre as empresas, talvez tenham conduzido esses detentores dos meios de produção a explorarem os seus empregados para reduzir custos com o objetivo de manterem melhores preços, e assim não perderem o seu mercado consumidor. Não seria assim?

HERMES: — O irônico disso tudo é que a globalização, assim como a automação dos processos produtivos, é um fenômeno em perfeita sintonia com a Nova Era, mas os homens ávidos por poder e riqueza conseguiram deturpar a sua finalidade. A abertura mundial do comércio é uma das transformações que certamente serão vitais para a Nova Era; não com o objetivo de encontrar uma nova "massa humana miserável para consumo", mas sim para atender às necessidades de produção, conforme os moldes da sociedade do Terceiro Milênio. A Terra, como os mundos mais evoluídos, em alguns séculos produzirá de acordo com as necessidades globais e de forma regionalizada.

PERGUNTA: — Poderias esclarecer melhor essa questão?
HERMES: — Por exemplo: enquanto o Brasil alimentará o mundo com a força de sua agricultura, a China se destacará pela fabricação de material têxtil para a confecção de roupas, assim como a Austrália produzirá automóveis e a Coréia reunificada desenvolverá computadores de última geração. As nações do mundo trabalharão em conjunto e sem receio de represálias, fornecendo ao resto do mundo o excedente de sua principal linha de produção, pois não haverá mais o espírito sectário que visa a atender somente aos interesses próprios de uma única nação. Além disso, não haverá mais a preocupação de produzir luxos supérfluos que não sejam identificados como produtos realmente necessários para o conforto e o bem-estar da humanidade. O estúpido ritual das bolsas de valores será somente uma lembrança do passado, quando homens gananciosos movimentavam as suas fortunas entre empresas e até mesmo entre países, exclusivamente para enriquecerem ainda mais. As nefastas pressões mundiais de mercado, com o objetivo de derrubar economicamente uma nação para ganharem com a perda alheia, será uma remota lembrança do despreparo espiritual da humanidade do final do atual ciclo evolutivo da Terra, o famoso "final dos tempos". O futuro reserva aos bem-aventurados que herdarão a Terra nobres tarefas como, por exemplo, promover o bem comum entre os povos e resgatar a dignidade das nações africanas, que não serão mais esse vale das misérias humanas que deveria envergonhar a atual civilização da Terra.

PERGUNTA: — A humanidade do Terceiro Milênio, então, vai voltar-se para a caridade e socorrerá os povos menos desenvolvidos que hoje vivem na miséria, assim como o grande número de pessoas que sobrevivem em um cenário de exclusão social na grande maioria das nações do mundo?
HERMES: — Na verdade, essa é uma tarefa que deveria ser executada pela atual humanidade, mas como os encarnados deste final de ciclo evolutivo se escravizaram aos seus interesses pessoais, essa será uma medida a ser executada pelos eleitos da Nova Era, até que a indiferença e a miséria sejam erradicadas da face da Terra. Mas deve ficar claro que não haverá um assistencialismo pura e simplesmente. Em um primeiro momento os excluídos serão socorridos, mas imediatamente haverá um processo de educação e profissionalização dessas pessoas para que elas possam "caminhar pelas próprias

pernas". Todos somos filhos de Deus com igual potencial; o que falta à humanidade atual é igualdade de oportunidades. Como a humanidade da Nova Era não desejará "escravizar" os mais fracos, mantendo-os na ignorância e na pobreza, teremos um esforço mundial para auxiliar no desenvolvimento e na instrução dos deserdados da sorte, porque todos devem gerar riqueza para o conjunto, e não serem um peso extra. Só assim a Terra terá uma sociedade moderna e desenvolvida como os demais mundos do Universo que já ingressaram nesse futuro estágio em que o nosso planeta está adentrando.

PERGUNTA: — Seria possível chegarmos a esse patamar que citaste, com os espíritos atualmente encarnados na Terra?

HERMES: — Seria difícil, porque teríamos obstáculos nos dois lados em questão. Pelo lado mais forte, segundo a ótica humana, teríamos o desinteresse em relação aos mais pobres, conduta típica do perfil daqueles que ainda não encontraram a Luz do Cristo, e, do outro lado, o lado mais fraco, haveria muitos casos de espíritos rebeldes e desinteressados pelo progresso e pelo seu reerguimento. Neste último grupo, encontramos espíritos relapsos para o estudo e o trabalho e geralmente irresponsáveis, que terminam dificultando ainda mais a sua situação e tornam-se um fardo a ser suportado pelos parentes e pela sociedade. Na Nova Era reencarnarão, nesse segmento social menos favorecido, almas determinadas que transformarão tal cenário, dando melhores condições de vida à sua descendência.

PERGUNTA: — A solução para os problemas sociais do mundo estaria na educação de qualidade para todos?

HERMES: — Para a nova geração de eleitos que em breve estará peregrinando pela Terra essa medida será de vital importância para o rápido progresso nas próximas décadas. Já em relação aos espíritos atualmente encarnados, isso é muito relativo, pois teríamos de estudar a índole destes para ver a forma como utilizariam tal recurso instrutivo. Mas, com certeza, poderíamos afirmar que o mundo e a cultura da Terra seriam bem superior ao que atualmente vemos. Não podemos nos esquecer que da mesma forma que um homem das cavernas se entediaria ouvindo as magníficas composições de Mozart a atual humanidade terrena sentiria saudades e tédio por não poder mais cultivar os seus costumes primitivos.

PERGUNTA: — Pelo que entendemos, as iniciativas que

fossem tomadas para um mundo melhor, antes do atual período, seriam inúteis. Por que, então, há a necessidade de um esforço nesse sentido antes da Nova Era?
HERMES: — Não foi isso que afirmamos. Como já dissemos, muitos espíritos rebeldes e desajustados ainda podem obter o ingresso para colocarem-se à direita do Cristo e reencarnarem na Terra da Nova Era. Caso a humanidade fizesse um esforço e promovesse algum progresso no campo social, cultural, intelectual, e principalmente moral, talvez fornecesse melhores condições para um maior número de irmãos vencerem as suas imperfeições morais e assim se elegerem para a Nova Era. Mas é evidente que o resultado ficaria comprometido pela grande aura negativa que ronda a Terra em decorrência do imenso número de almas anticrísticas em solo terreno.

PERGUNTA: — Disseste há pouco que o assistencialismo não é o caminho a ser seguido, mas sim o trabalho educativo para que os deserdados da sorte comecem a produzir por si só. Poderias aprofundar o tema?
HERMES: — Certamente que sim. O assistencialismo é uma bengala que humilha e exclui ainda mais aqueles que vivem na miséria completa ou necessitando de outrem para se sustentar. Nem mesmo durante este estágio evolutivo que ainda vive a Terra podemos considerá-lo como sendo o caminho para formar uma sociedade melhor ou então para avançar no conceito da caridade. Sustentar alguém ou dar comida para os que passam fome é um gesto nobre e demonstra senso de amor ao próximo e de caridade, mas não é o gesto ideal. Aqueles que procuram realmente praticar a caridade, ou seja, despertar em si o amor que move a vontade à busca efetiva do bem de outrem, devem promover um processo de transformação naquele ser que encontra-se desanimado, desiludido com a vida, e dar-lhe forças e condições para que ele recupere a sua dignidade. Mais vale uma oportunidade de aprendizado, de formação profissional e de emprego, seja o mais humilde que for, do que apenas um prato de comida, de que ele irá necessitar novamente no dia seguinte e talvez não tenha quem o sirva.

PERGUNTA: — Mas pessoas mal alimentadas não possuem condições para aprender nem têm ânimo para se reerguerem. Não será necessária, nesses casos, a caridade assistencialista?
HERMES: — A pergunta foi voltada para uma visão cons-

trutiva e remodeladora da sociedade em que vivemos. Quanto à necessidade de estender um pão ou um prato de comida a quem tem fome, nem discutimos, pois esse é um dever sagrado de todo o filho de Deus. Quem nega comida a quem tem fome comete grave delito segundo as leis divinas. Tanto é assim que Jesus insistiu por diversas vezes sobre a importância desse ato em seus ensinamentos. E este era um preceitos básicos da sociedade essênia que deu suporte à missão do Messias na Terra. Era inaceitável para um essênio negar abrigo ou alimento a quem quer que fosse; poderia ser inclusive um desafeto, como o eram os romanos da época. A nossa resposta anterior visava a ir mais além, pois, após alimentado, o necessitado deve ser recuperado para a sociedade porque é de senso comum que o fundamental é ensinarmos a pescar e não ficarmos fornecendo o peixe todos os dias.

PERGUNTA: — Analisando as tuas respostas e observando a atitude irônica e desrespeitosa ao trabalho espiritual da humanidade atual, que despreza as Verdades Divinas na saúde e corre para um centro espírita como um coelho assustado na doença, terminamos por nos desanimar e ficamos compelidos a apenas aguardar a Nova Era, quando espíritos de bom quilate espiritual serão uma agradável companhia e poderemos juntos construir um mundo melhor. O que tens a dizer a respeito disso?

HERMES: — Todos os encarnados que possuem consciência espiritual do momento que vivemos são espíritos que reencarnaram com a missão de trabalhar para a transição planetária rumo a um novo estágio de evolução. O desânimo e o desinteresse em ajudar aos seus semelhantes, seja qual for o seu nível espiritual, além de ser um desrespeito para com a missão legada pelos planos superiores, é uma perigosa atitude, pois quem possui consciência espiritual também vive a sua última chance de alcançar o amor crístico necessário para colocar-se à direita do Cristo e ser considerado eleito para a Nova Era.

Para a grande maioria da humanidade, basta conquistar o sentimento sincero de amor ao próximo para atingir a meta de evolução estipulada e evitar a ação magnética de atração do astro intruso. Já para os que possuem consciência espiritual, a tarefa é mais complexa, pois precisam corrigir graves equívocos do passado, trabalhando ativamente pelo esclarecimento da humanidade a fim de se redimirem do mau uso de seu conhecimento espiritual no passado. Lembremos aqui as palavras de Jesus: "A quem muito for dado, muito será pedido!"

PERGUNTA: — *E quanto à questão da reforma agrária? A luta pela terra, em que um grande número de homens do campo lutam por um pedaço de chão, enquanto poucos possuem extensos latifúndios? Como avaliar essa questão segundo a ótica da Nova Era?*

HERMES: — Vede como todas as questões que afligem o ser humano são fruto exclusivamente de seu desinteresse para com a evolução espiritual e o progresso humano! Se o homem houvesse despertado para a realidade de que somos espíritos imortais que passamos um pequeno estágio de nossas vidas infinitas nas encarnações no mundo físico, compreenderia que somos apenas mordomos de Deus, pois a casa, as terras e todo o patrimônio que achamos ser nosso é tão-somente de nosso Pai, o Criador. Da mesma forma que Ele nos dá o direito de administrar o patrimônio de Sua Criação, pode nos subtrair esses bens a qualquer instante da vida física. E até hoje não vimos um espírito sequer que tivesse ingressado na Vida Maior carregando os seus pertences materiais. Nem mesmo os faraós do Antigo Egito, que eram enterrados com as suas riquezas, conseguiram carregá-las além das portas da sepultura. Como disse-nos Jesus: "Não guardem riquezas que a traça rói e a ferrugem consome. Guardem riquezas no coração, onde poderão levá-las para todo o Universo."

Mas o descaso para com as leis infinitas da Vida Maior sempre foi comum à grande maioria dos homens da Terra. E, por desconhecerem a Lei do Carma, não compreendem que hoje são os latifundiários e amanhã serão os sem-terra, e vice-versa, até que aprendam a amar ou sejam atraídos para o inevitável exílio planetário. A descrença espiritual, como já falamos no primeiro capítulo deste trabalho, e o desinteresse em encontrar a paz e o amor faz com que o homem imagine que o seu filho vale mais que o do vizinho, sem saber que o descendente do próximo pode ser um espírito que amamos muito desde outras eras.

O homem do campo luta com medo de perdê-lo, pois recorda em sua memória eterna inconsciente que já viveu sem um chão para plantar. E aquele que luta para tomá-la, sente que já viveu em grandes latifúndios e foi tão indiferente como aquele que hoje condena. E assim prosseguem os conflitos na esteira dos séculos, onde o homem, por não amar e respeitar o seu semelhante, seja quem quer que for, continua aprisionado a poderosos laços cármicos que só se rompem com compreensão e o amor.

PERGUNTA: — *Entendemos as tuas colocações, bem como a complexidade da questão da terra, e reconhecemos a razão nos dois lados da controvérsia. Mas nem sempre são grandes latifúndios que são atacados. Às vezes, são pequenos produtores que dependem daquelas terras quem são as vítimas. E ainda temos de avaliar os oportunistas, que nem são agricultores, mas estão infiltrados no movimento para lucrar ganhando alguma porção de terra para depois repassá-la. Pelo outro lado, temos os poderosos agricultores que utilizam também da força para defender os seus interesses. Como agir em meio a um conflito tão difícil?*

HERMES: — O homem deve defender os seus direitos e interesses com equilíbrio e prudência, pelo diálogo cristão. Muitas pessoas perdem a vida por tomarem atitudes raivosas. É possível constatar isso inclusive no trânsito das grandes cidades, local onde é comum vermos motoristas se digladiando nas avenidas e causando tragédias pelo simples desejo de fazer valer a sua opinião, por meio da força e agressão. Os conflitos da posse da terra também não podem ser vistos de forma diferente. A agressividade jamais será defendida por nós, mas sim o bom senso e a busca sensata dos direitos que cabe a cada um. Quanto aos oportunistas e os que promovem o mal ao seu próximo, caso a justiça dos homens não solucione o problema, tende certeza de que da Justiça de Deus é impossível escapar!

PERGUNTA: — *Falaste em defender os direitos com moderação e equilíbrio, mas também afirmaste que a terra não é do homem, e sim de Deus. Essas informações não são contraditórias?*

HERMES: — A terra é tão-somente de Deus, mas o homem é o seu mordomo, ou caseiro, para bem cuidá-la. Jamais os homens devem intitular-se os "donos da terra", mas devem zelá-la para que produza frutos e alimente o mundo. Eis mais um motivo para que a humanidade se una para gerar alimentos e permitir melhores condições de vida aos seus semelhantes. Defender a terra somente para considerar-se dono de extensas propriedades é uma atitude tão infantil quanto a de uma criança que não quer dividir os seus brinquedos com o irmãozinho. Eis mais um motivo para o homem defender o direito à terra com moderação e sensatez, pois cabe somente ao Pai a sua real propriedade.

PERGUNTA: — *Os anos que se passaram nos mostram que o conflito da terra não se resolveu com o diálogo, pois os governos responsáveis por essa redistribuição das áreas para a produção agrícola não se interessaram em afrontar os interesses dos latifundiários, que é certamente o grupo mais forte. Como manter-se em uma atitude moderada e serena se ela não demonstra resultado?*

HERMES: — É fundamental lutarmos pelos nossos interesses de forma pacífica e inteligente, jamais promovendo a violência. Como exemplo de resultados positivos obtidos dessa forma, podemos citar a bela missão de Mahatma Gandhi, que libertou a Índia do domínio inglês pela prática da não-violência.

Já faz muitos milênios que a humanidade se libertou da irracionalidade. Podemos compreender a falta de amor no atual estágio em que vive a Terra, agora a falta de capacidade de raciocínio para encontrar soluções sem o uso da violência é inconcebível nos dias atuais. Ademais, devemos compreender que os espíritos que estão encarnados na Terra são ainda aprisionados a dolorosos carmas. É importante lutarmos pelo que acreditamos ser o melhor, mas não convém pagar qualquer preço para isso, porque somente Deus sabe o que é realmente correto e justo para os Seus filhos.

Gostaríamos de reproduzir aqui neste espaço a filosofia de não-violência de Mahatma Gandhi:

    Não realizar violência material a ninguém, matando ou ferindo.

    Abster-se de qualquer violência verbal, evitando falar mal daqueles que consideramos inimigos.

    Não permitir a violência mental, pensando mal daqueles que consideramos inimigos.

    Não abrigar no coração resquícios de violência emocional, guardando ódio secreto.

PERGUNTA: — *É uma pena, mas infelizmente a humanidade encarnada apenas acha essas palavras bonitas, mas jamais aceita aplicá-las em sua rotina diária. Não haveria outra forma de conscientização para a paz e o amor?*

HERMES: — Lamentamos, mas a lição é clara e cristalina como a água corrente de uma cascata. O estágio de evolução em que vive a Terra exige que o homem se autoconscientize, compreendendo que o amor é o caminho para a libertação espiritual. Inclusive, a filosofia de Gandhi deveria ser estudada nas escolas como forma de solução pacífica para os conflitos políticos e sociais.

Vede a importância da educação, da prática do amor e do resgate dos valores humanos na formação espiritual dos encarnados! A ausência desses conceitos afasta a humanidade do caminho da Luz e demonstra claramente o motivo pelo qual esse imenso número de espíritos está sendo encaminhado para o planeta-exílio.

PERGUNTA: — É certo que a humanidade do Terceiro Milênio vencerá essa etapa dos conflitos da terra e da redistribuição das riquezas do mundo?
HERMES: — Não tenhais dúvida! O grande mal da atual humanidade é se aprisionar aos laços mesquinhos de sangue, achando que somente a sua parentela merece usufruir dos bens adquiridos. Quando o homem trabalhar para o bem comum e não para os seus interesses sectários, haverá profundas transformações sociais no mundo. O conceito de herança será abolido e somente poderá usufruir de conforto e bem-estar aquele que colaborar para o bem comum de toda a sociedade, não importando a sua atividade profissional ou posição hierárquica nas organizações. É claro que as profissões que exijam mais serão melhor recompensadas, mas sem esse abismo colossal que existe na sociedade atual, onde trabalhadores esforçados recebem um salário irrisório e estrelas da mídia ganham fortunas com a exposição de sua imagem e de seu trabalho, muitas vezes de conteúdo contestável e que não engrandece a sociedade.

Os filhos da Nova Era serão formados desde cedo para contribuírem com a sociedade, sendo que os casos de rebeldia e desinteresse pelo trabalho, que serão raros, terão acompanhamento médico-psiquiátrico para tentar identificar o trauma, nesta ou em vida passada, que cause tal anomalia. Devemos nos lembrar que na Nova Era a medicina e todas as áreas científicas estarão associadas aos conceitos e métodos espirituais.

PERGUNTA: — Essa transformação social, com um perfil semelhante ao que entendemos hoje por socialismo, reduzirá

até eliminar a iniciativa privada que visa somente ao lucro? Teremos, então, uma presença mais forte do Estado para regular as atividades humanas e a economia?
HERMES: — O problema do controle do Estado nas atuais sociedades pelo mundo é a corrupção que impera nesses organismos. Por ser um patrimônio de todos, o controle se torna mais difícil e a máquina pública termina inchando com a quantidade de funcionários e de tarefas que já não agregam mais valor, em razão da readequação de atividades e necessidades. Além do mais, temos os desvios de verbas com interesses escusos, para financiar as campanhas políticas típicas de sociedades atrasadas.

Na Nova Era, como já dissemos anteriormente, o interesse não estará no lucro, mas no bem-estar social e no progresso da coletividade. O que causou o fracasso do comunismo e do socialismo na humanidade atual foi o desinteresse produtivo, por falta de estímulo financeiro, e as idéias intransigentes de almas ainda imperfeitas. Paradoxalmente, esse será o elemento que alimentará e dará força à humanidade da Nova Era. O que os estimulará a produzir e obter sempre melhores resultados será a satisfação de observar o progresso em si e o resgate da cidadania nos deserdados e excluídos. Por tratar-se de uma "sociedade de irmãos e para irmãos", e não uma sociedade gananciosa como a atual, todo o retorno financeiro excedente nas relações comerciais ficará nas mãos do Estado para promover o desenvolvimento social conjunto, acabando com a exclusão social e promovendo o bem comum. Áreas como saúde e alimentação, assim como segurança, que ainda será necessária nas primeiras décadas, receberão grandes investimentos, tornando o mundo a cada dia um lugar melhor para se viver. Além do mais, haverá um total respeito à liberdade individual e estímulo ao crescimento em todas as áreas de atuação humana.

É por esse motivo que incentivamos os espíritos que estão encarnados na Terra atualmente para que não percam a oportunidade de obter o ingresso para a Nova Era por meio do amor e das virtudes cristãs que Jesus nos ensinou. Irmãos, o Terceiro Milênio na Terra será uma preparação para o paraíso! Um reino de amor, paz e felicidade para todos. Será o fim da violência, do mal e de todos os inconvenientes de uma sociedade distanciada do Cristo.

PERGUNTA: — Essas tuas informações nos levam a

crer em um mundo dos nossos sonhos, que nos parece até mesmo uma utopia. Assim como na questão das religiões, abordada em capítulo anterior, nos é difícil crer, observando o mundo a nossa volta, que essas transformações ocorrerão. Analisando o contexto mundial, vemos somente uma busca por interesses exclusivistas, pela imposição da força. Se fôssemos divulgar essas tuas afirmações em uma assembléia da Organização das Nações Unidas (ONU) certamente seríamos ridicularizados. O que nos dizes a esse respeito?

HERMES: — Esse é o preço que os médiuns pagam pelo compromisso assumido no Além para com as Verdades Espirituais, permitindo-se servirem como instrumentos de divulgação das informações destinadas ao novo ciclo evolutivo na Terra. Com o passar das décadas, ficareis gratificados por terdes participado deste nobre trabalho de Luz.

PERGUNTA: — Essas tuas afirmações são realmente animadoras. No entanto, vários críticos as contestarão, pois é fácil discuti-las na teoria, mas na prática aplicá-las seria quase impossível, em virtude da complexidade de uma sociedade com um grande número de habitantes, como o planeta Terra. O que nos dizes a respeito?

HERMES: — Entendemos as vossas preocupações, mas lembramos que temos mais mundos no Universo do que o número de grãos de areia na bela costa do litoral brasileiro, e o Criador os administra com perfeição, de forma que "nenhum fio de cabelo cai da cabeça de um homem sem que Ele o saiba!" O Cristo Planetário, entidade espiritual representante de Deus na Terra, é onipresente, a tudo vê e tudo sabe. Portanto, pode-se ter uma idéia da capacidade administrativa do Mundo Maior e de como quanto mais evoluído somos, naturalmente mais capacidade em todos os campos teremos. Como os eleitos realizarão uma "invasão de paz" no mundo físico, em breve habitarão a Terra profissionais exemplares que promoverão um mutirão conjunto para atingir as metas que citastes como "quase impossíveis".

PERGUNTA: — Mesmo aceitando a idéia de que a humanidade do Terceiro Milênio será bem mais evoluída, fica a dúvida de que haverá ou não empregos para todos. Acreditamos que a automação dos processos produtivos chegará a um ponto em que a intervenção humana será desnecessária. O que podes nos dizer a respeito?

HERMES: — Isso é muito bom! A humanidade está ingressando em um estágio de desenvolvimento superior, onde o trabalho mecânico e repetitivo já não será mais necessário para educar e disciplinar espíritos primários. Os habitantes da Terra da Nova Era deverão estar livres do trabalho monótono e repetitivo para aperfeiçoarem-se em funções criativas, tanto no campo artístico como no científico. Logo o trabalho humano será substituído, gradualmente, até mesmo nas tarefas mais complexas, que serão executadas por andróides em um futuro não muito distante.

PERGUNTA: — Analisando pela nossa visão atual, de uma sociedade imperfeita e atrasada moralmente, como ainda somos, fica difícil crer que isso não gerará uma grande massa de desempregados e uma profunda exploração dos poucos que se manterão em atividade. Podes esclarecer-nos sobre essa nossa dúvida?
HERMES: — É como já dissemos! Os integrantes da sociedade da Nova Era saberão que foram eleitos para um novo período de evolução planetária e que devem amar e respeitar os seus semelhantes. Ademais, se os responsáveis por todo esse sistema somente se utilizassem de máquinas, desempregando todo o resto, quem teria condições de consumir os produtos, já que não haveria renda? O que ocorrerá é que essas atividades produtivas não gerarão custos, como se entende hoje em dia, por causa do método de produção automatizada. Ademais, os insumos serão arcados pelo sistema econômico do Estado. Portanto, os produtos de necessidade básica serão fornecidos gratuitamente pelo Estado. Já os supérfluos, farão parte de um sistema de transação em que os habitantes os comercializarão com a renda obtida por meio das "atividades criativas" que executarão no futuro.

PERGUNTA: — É difícil imaginar uma sociedade assim. Milhões de pessoas sem trabalhar diretamente nas atividades produtivas e vivendo do lazer e de "atividades criativas". Podes nos dar mais detalhes?
HERMES: — Compreendemos a dificuldade para aceitar essa organização social, pois se isso acontecesse hoje em dia, com a "sociedade dos exilados", certamente teríamos um colapso social, em razão da perigosa rotina ociosa de uma sociedade viciada. Provavelmente haveria uma intensificação no consumo

de drogas e bebidas alcoólicas e muitas tragédias por termos mentes primitivas em total ócio, sem uma atividade repetitiva que as ocupe. Como diz o ditado: "Mente ociosa é oficina do diabo!" E o ditado está certo para a atual civilização, mas não para os homens da Terra do Terceiro Milênio, que serão almas em busca da evolução espiritual, voltadas plenamente para o progresso. Ao invés de se entorpecerem com drogas ou aproveitarem o tempo livre para atividades que não agregam valor para a evolução espiritual, os habitantes da Nova Era aproveitarão o tempo disponível, que não será mais utilizado para o trabalho mecânico, para desenvolverem-se em todas as áreas do conhecimento espiritual e humano e para realizarem atividades físicas e de lazer que lhes tragam felicidade e harmonia. Até mesmo as "atividades criativas", que poderiam ser encaradas como um trabalho, como o conheceis, terão a finalidade única de engrandecer a alma e gerar um sentimento de realização, pois a satisfação financeira será algo completamente desprezível para os habitantes da Nova Era.

PERGUNTA: — Mas isso ocorrerá somente daqui a muitas décadas?
HERMES: — Como estamos explicando desde o início deste trabalho, essas são transformações que ocorrerão gradualmente, à medida que a Terra venha a ser povoada completamente pelos espíritos eleitos do Senhor, ou seja, pelos bem-aventurados que forem mansos e pacíficos, pois estes serão os que herdarão a Terra da Nova Era!

PERGUNTA: — As tuas afirmações nos passam a idéia de que os espíritos da Nova Era estarão muito à frente de nossa atual humanidade. Acreditamos que as almas bem-intencionadas da atualidade, mas simples, não estarão à altura do novo estágio de evolução. Estamos certo?
HERMES: — Estais enganados! Pelo contrário, o que o Cristo espera de seus irmãos menores é que atinjam a meta do atual estágio de evolução na Terra: o Amor Crístico, como já vos falamos por diversas vezes neste trabalho. É mais provável que um simples camponês que ama e respeita o seu semelhante obtenha o ingresso para a Nova era, do que o cientista, intelectual, mas arrogante.

Essas almas simples, mas generosas, reencarnando na Terra do Terceiro Milênio possuirão um amplo espectro de atuação para desenvolverem-se no campo do progresso em todas as áreas do conhecimento humano. Já os cientistas e intelectuais, que desprezam a dor alheia e exploram os seus irmãos, provavelmente farão parte das agremiações de magos negros do planeta absinto, onde irão fixar residência após o exílio planetário. Por isso, guardai a mensagem: "Mais vale cultivar o amor incondicional no atual estágio evolutivo na Terra, do que a arrogância e a prepotência intelectual!"

PERGUNTA: — *Mas há irmãos que se desenvolvem tanto no campo do amor e da moral cristã, como no campo intelectual. Estamos certos?*
HERMES: — É evidente que sim! Esses espíritos, que além do desenvolvimento moral e intelectual associam as suas ações à sabedoria espiritual, serão certamente os grandes responsáveis por liderar os avanços para a Nova Era. Aquele que desenvolve as duas asas do "anjo", ou seja, o amor e a sabedoria, consegue alçar vôos mais altos!

PERGUNTA: — *No livro "A História de um Anjo" disseste que a tendência para a Nova Era é aumentar o número de habitantes em nosso planeta. Analisando a fome no mundo, a provável escassez de água potável e a falta de saneamento básico nas regiões mais pobres, entendemos que milhões de pessoas morrerão por falta de infra-estrutura para esse aumento populacional. O que dizer a respeito disso?*
HERMES: — O período de "final dos tempos" será uma época de caos, como já havia sido profetizado por Jesus e pelo apóstolo João. Portanto, não podemos esperar outras conseqüências da falta de amor, caridade e espírito de fraternidade entre os homens. O mundo estaria inserido em um outro cenário caso a humanidade houvesse aproveitado a oportunidade de evolução espiritual que lhe foi ofertada. Agora, a humanidade terrena, povoada de futuros exilados, colhe o que plantou nos séculos passados. Cabe aos que possuem consciência da atual situação de transição planetária aproveitar o momento para colocarem-se definitivamente entre os eleitos do Cristo. E quando o astro intruso cruzar pelos céus da Terra, iniciar-se-á o processo de regeneração de nosso mundo. Pouco a pouco a "casa será reorganizada", recuperando-se os estragos causados pelos da "esquerda" do Cristo que já não mais reencarnarão em solo terreno. Os eleitos aplacarão a fome do mundo e recupera-

rão os recursos hídricos, desenvolvendo tecnologia para tornar potável a água em qualquer estado, inclusive a dos mares, em grande escala. Haverá um trabalho de reciclagem do lixo, inclusive o nuclear, que já causou graves tragédias pela inaptidão humana, e serão desenvolvidas técnicas de geração de energia não poluentes, em um trabalho organizado para recuperar o combalido planeta Terra, assim como é necessário limpar um salão de festas após o tumulto dos baderneiros.

Concluída a higienização física e astral do planeta Terra, os eleitos para a Nova Era criarão uma estrutura social que permitirá triplicar a atual população do planeta sem que haja fome, sede e desconforto para os cidadãos.

PERGUNTA: — É difícil crer que uma população de dezoito bilhões de habitantes não gere um caos social e uma poluição desenfreada do meio ambiente. O que tens a dizer?

HERMES: — Entendemos a dificuldade em crer nessa nova realidade. A atual humanidade, de forma geral, é como uma criança que não sabe alimentar-se e brincar sem fazer sujeira. Poluem para produzir e poluem para saciar os seus vícios. Como crer em um mundo organizado e sem poluição se o homem não respeita nem mesmo os seus semelhantes, pois infecta o ar em recintos fechados somente para praticar o estúpido vício de fumar?

PERGUNTA: — Poderias trazer mais alguns esclarecimentos sobre as conseqüências do vício de fumar?

HERMES: — Já falamos sobre esse tema em nossos trabalhos anteriores, mas aprofundaremos a questão em capítulo próprio no decorrer desta obra.

PERGUNTA: — No contexto mundial, o que poderias nos dizer sobre os conflitos entre a cultura ocidental e a árabe?

HERMES: — Como já vos dissemos, não há harmonia onde não existe amor e respeito mútuo. Na atual sociedade imperfeita dos prováveis exilados, é muito difícil conciliar interesses, ainda mais se estes são voltados para si próprios e não para o bem comum. As nações tentam impor as suas culturas e ambições umas sobre as outras, desrespeitando o direito à liberdade de seus irmãos. Esse tipo de comportamento sempre semeia ódio, rancor e desejo de vingança. Como os povos ocidentais, capitaneados pelos Estados Unidos, possuem poder financeiro e tecnológico, a forma insensata que os povos árabes encontraram para se contrapor à imposição ocidental é a utilização da guerra do terror, que não exige grandes recursos e tecnologia. Além do mais, basta esconder-se para não sofrer uma represália direta.

PERGUNTA: — *E o que podes nos dizer sobre as conseqüências desses conflitos?*
HERMES: — A Lei Divina é uma só para todas as situações. Assim como o homem que agride o seu semelhante fica enredado nas perigosas teias cármicas, as nações que se agridem mutuamente serão regidas pelas mesmas leis de Causa e Efeito: a Lei do Carma. Logo, espíritos afins reencarnam dentro da nação, ou estado, que se afina com o seu perfil ideológico, salvo raras exceções que são missionários em trabalho de aperfeiçoamento espiritual. Quando as guerras e tragédias ocorrem, os carmas coletivos são acionados fazendo com que determinado grupo "colha de acordo com o que semeou no passado".

PERGUNTA: — *Poderias nos dar um exemplo disso?*
HERMES: — Os judeus que foram mortos nas câmaras de gás durante a insana tragédia promovida pelos nazistas eram os mesmos soldados dos reis Salomão e Davi, que quase três milênios antes executaram sem piedade todos os homens dos povos que conquistaram, para que eles não tivessem descendência. Da mesma forma, os japoneses que sofreram as atrocidades de Hiroshima e Nagasaki eram os mesmos grupos revolucionários atlantes que haviam se apropriado indevidamente da energia Vril e causado graves explosões "magnéticas" na trágica guerra das "Duas Raças", ocorrida alguns anos antes da submersão do famoso continente, há doze mil anos.

PERGUNTA: — *E esses espíritos ficaram todo esse tempo sem reeencarnar, aguardando o momento do acerto de contas com a "Lei de Ação e Reação"?*
HERMES: — Obviamente não! O Pai é magnânimo e não um carrasco cruel. Esses espíritos tiveram dezenas de oportunidades para saldar pelo amor o seu débito com os irmãos aos quais infligiram dor. Mas, como ocorre normalmente com espíritos endurecidos no ódio, eles renegaram essa oferta de Luz, promovendo sempre a vingança, o rancor e o ódio. Até que a Lei Divina cessa de oferecer oportunidades pacíficas e faz o espírito imortal sentir "na pele" o mal causado no passa-

do, para que assim haja um despertamento psíquico pela dor. Um exemplo do que aqui estamos afirmando é o conflito entre judeus e palestinos, que apesar de todas as oportunidades de reconciliação terminará por desencadear uma ação mais enérgica por parte dos "Senhores do Carma", que são os espíritos coordenadores da evolução da comunidade terrena e encarregados de promover esses processos de resgate coletivo.

PERGUNTA: — E com relação à política americana de imposição de seu estilo de vida ao mundo por meio da força, tanto econômica como militar?

HERMES: — O objetivo de nosso trabalho não é vaticinar sobre o destino alheio. Estamos aqui simplesmente para interpretar a Lei de Evolução de Deus nos milhares de mundos do Universo e tentar conscientizar o homem sobre a importância do amor e da evolução espiritual. A Lei é clara: colhemos o que plantamos! E somente o amor liberta! Qualquer procedimento que vise a prejudicar os seus semelhantes e que desencadeie ódio e rancor trará uma reação na mesma medida da ação de origem. Portanto, lembrai-vos sempre de praticar o bem para corrigir uma ação insana.

Mas, retornando ao exemplo dos judeus e nazistas, podemos afirmar que assim como os soldados do rei Davi libertaram-se de seu carma durante a Segunda Grande Guerra, os alemães semearam o deles ao apoiar as idéias lunáticas de Hitler. Esse grupo de almas agora luta para corrigir sua falha e resgatar pelo amor o mal cometido no passado. Uma boa parte desses irmãos já está reencarnando junto a outros grupos cármicos nos Estados Unidos. Esperamos que vençam a tendência negativa despertada na era Hitler para evitar o exílio planetário e a ocorrência de algum carma coletivo durante o delicado período de transição planetária que estamos vivendo.

Jamais esqueçais: "As vítimas de hoje são os algozes do passado. Não existe equívoco na Justiça Divina!"

PERGUNTA: — Poderias ser mais claro?
HERMES: Infelizmente não podemos atender a esse pedido. Assim estaríamos influindo no processo evolutivo de almas em peregrinação pela vida física. Como já dissemos: o importante é aprender a amar! E jamais duvidar da Justiça e do Amor de Deus.

PERGUNTA: — Certamente a passagem desse astro intru-

so pela órbita terrestre irá causar algumas catástrofes em nosso mundo. Essa aproximação tão grande com a Terra não causará problemas ao nosso planeta?

HERMES: — Todos os processos de transição planetária causam alguns desequilíbrios na rotina milenar dos orbes. Com a Terra, nesta mudança de estágio evolutivo, não será diferente. O importante é a humanidade encarnada aproveitar este momento para demonstrar solidariedade e grandeza de espírito. Essa atitude, para alguns, pode ser o fator determinante para manterem-se na escola evolutiva da Terra nas encarnações futuras.

PERGUNTA: — Um único gesto poderia ser suficiente para identificar-nos como o joio ou o trigo, os lobos ou as ovelhas, no processo de seleção espiritual para a Nova Era?

HERMES: — Não um único gesto, mas a ação definitiva para aqueles que estão indefinidos entre os dois lados: o lado do Cristo e o lado das Trevas. É claro que a fórmula para a escolha dos eleitos não é tão simples. Ela envolve séculos de reencarnações e o aproveitamento do espírito nesse período.

PERGUNTA: — Gostaríamos de retornar à questão dos alimentos transgênicos. Se a produção de alimentos por meio de aperfeiçoamento genético auxiliará na debelação da fome no mundo, os ativistas que procuram proibir o uso dessa tecnologia revolucionária estão prejudicando o avanço planejado pelo Alto?

HERMES: — Muito pelo contrário! Eles estão exercendo uma função controladora para que os grandes grupos econômicos que desenvolvem essa tecnologia sejam rigorosos em seus testes e experiências para comprovar que o produto não fará mal à saúde da humanidade. Tal ação coercitiva auxilia diretamente no programa de controle e pesquisa dos transgênicos e evita que o povo seja vítima da ganância da atual humanidade terrena.

PERGUNTA: — O que nos parece falta de controle de Deus, na verdade é falta de entendimento de nossa parte sobre o Plano Divino. Se o homem compreendesse todo esse mecanismo evolutivo, se tranqüilizaria e auxiliaria no processo de transição para a Nova Era. Estamos certos?

HERMES: — O homem em geral ainda não possui capacidade para compreender, acreditar e aceitar a "forma de pensar" da Mente Divina. Percebemos isso nos mais simples exemplos.

O homem infeliz diz que "não pediu para nascer" e que "Deus não existe", pois o Criador não permitiria tanto sofrimento na humanidade. Ao mesmo tempo, semeia ódio, egoísmo, orgulho, vingança e cultiva hábitos detestáveis como o fumo e o consumo de bebidas alcoólicas e de drogas alucinógenas. Certamente ele não está preparado para entender o mecanismo evolutivo das leis de Deus, mesmo porque se interessa mais por assuntos fúteis ou exclusivamente materialistas. Esse nosso trabalho tem a finalidade de estimular os encarnados que já estão preparados para as mudanças e esclarecer os futuros eleitos para a Nova Era. Sabemos que esta obra terá uma aceitação bem menor que as telenovelas decadentes e os livros eróticos, mas, no futuro, será de grande utilidade para a humanidade dos eleitos do Cristo.

Assim como Galileu Galilei e Mozart foram desprezados por seus contemporâneos, tal era a pobreza de espírito dos homens da época, também assim será em relação a todos os trabalhos da Alta Espiritualidade no atual momento de transição planetária que vivemos.

PERGUNTA: — Poderias nos falar sobre o conceito de igualdade entre os homens?

HERMES: — A igualdade significa direitos e oportunidades idênticas a todos os filhos de Deus. A Lei do Criador é um exemplo de igualdade perfeita. Todos os Seus filhos nascem simples e ignorantes e terminam atingindo a evolução de acordo com os seus méritos, ao seu próprio tempo, no decorrer das múltiplas existências nos mundos físicos. Alguns estão mais à frente, outros mais atrás, mas todos possuem as mesmas oportunidades, direitos e deveres para alcançar a Luz. Seria injustiça de Deus colocar alguns de Seus filhos na condição de "anjos iluminados" e outros peregrinando na vida física para vencer as suas imperfeições morais. Logo, o anjo de hoje foi o homem de ontem, e o homem de hoje será o anjo de amanhã, assim como o anjo de hoje continuará evoluindo a níveis superiores, atingindo a graduação de arcanjo. E assim infinitamente, sem privilégios, sem desigualdades. Enquanto o mundo físico reger a sua sociedade sob o guante perverso do poder financeiro, e não pelos valores espirituais conquistados a partir da igualdade de oportunidades, teremos esse padrão social corrompido que vigora atualmente na Terra.

PERGUNTA: — Para isso acontecer, seria necessário que

A Nova Era 161

tivéssemos um grande líder mundial, com autoridade moral para orientar a humanidade?

HERMES: — Os homens não necessitam de "gurus" para orientarem as suas vidas, mas sim de uma renovação interior com o objetivo de compreender que já é tempo de transformarem-se para a Luz do Cristo. Quando Jesus desceu das altas esferas espirituais do Mundo Maior para iluminar a civilização terrena, terminou em uma cruz infame. Tal é o desrespeito dos homens para com as Verdades Eternas. O que a humanidade precisa compreender é que as transformações virão de "dentro para fora", e não impostas por um único líder que conduzirá um rebanho dócil e carente.

PERGUNTA: — Na obra "A História de um Anjo", não foi assim que entendemos. Tanto que Gabriel, o protagonista do enredo, apresenta-se como um líder transformador. O que dizes a respeito disso?

HERMES: — Em "A História de um Anjo" procuramos centrar na figura de Gabriel as transformações necessárias para a Nova Era, pois ele será realmente um desses grandes líderes. Mas não vos iludais; uma só pessoa não transforma o mundo! Tanto que haveis de lembrar que nesse livro informamos que junto com ele reencarnariam trezentos e dezoito eleitos para auxiliá-lo no processo de renovação espiritual da humanidade. Tal será o empenho da Alta Espiritualidade que, inclusive, talvez Gabriel nem se destaque tanto em meio a esse grande grupo de trabalhadores do Cristo, tão qualificados quanto ele. Ademais, contamos com o apoio de todos que se contagiarem pela bela mensagem dessa obra e se engajarem naturalmente ao processo de renovação espiritual da humanidade. Estaremos sempre junto dos homens de boa vontade que transformarem as suas vidas em um sustentáculo das forças divinas.

PERGUNTA: — Temos algumas dúvidas sobre o sucesso desse grupo no trabalho de esclarecimento da humanidade. Caminhando pelas ruas vemos somente rostos alienados, escravos de seus vícios do corpo e da alma. O que podes nos dizer sobre isso?

HERMES: — Esse grupo especial de eleitos que preparará a humanidade da Nova Era sofrerá reveses para esclarecer a humanidade, assim como o beija-flor se asfixiaria para descer aos pântanos e tentar explicar a beleza das flores aos sapos.

Mas, lembramos mais uma vez neste trabalho que a reencarnação gradual dos eleitos modificará significativamente esse cenário nas próximas décadas.

PERGUNTA: — *Como interpretarias o lema "Liberdade, Igualdade e Fraternidade" da Revolução Francesa? E de que maneira Saint Germain, o novo governador espiritual da Terra, contribuiu nesse importante movimento social que modificou profundamente a sociedade européia da época?*[1]

HERMES: — A Revolução Francesa pôs fim à sociedade feudal abrindo caminho para a modernidade, podendo ser considerada como o mais importante acontecimento político e social da história contemporânea. A revolução de 1789 inaugurou uma nova era, um período em que não se aceitaria mais a imposição da nobreza, nem privilégios baseados nos critérios de casta, que são determinados pelo nascimento. Foi o fim da monarquia e os primórdios da sociedade republicana, onde os líderes são legitimados pelo voto.

O lema "Liberdade, Igualdade e Fraternidade", proferido inicialmente por Robespierre, foi influência dos pensadores iluministas do século anterior e rememorado nesse período por *Saint Germain*, que tinha como missão principal impedir que a Revolução Francesa tivesse um desfecho sangrento. A missão do conde de *Saint Germain* era aconselhar o rei Luiz XVI e sua esposa, Maria Antonieta, para que efetuassem uma transição pacífica da monarquia para a república. Infelizmente, o rei da França não percebeu os ventos da mudança democrática que se avizinhavam. Após diversas tentativas frustradas de demover os monarcas franceses, o povo rebelou-se e tomou a prisão-fortaleza, símbolo do poder monárquico, conhecida como Bastilha. Enquanto os pensadores, inspirados nos ideais de *Saint Germain*, redigiam a Declaração dos Direitos do Homem e do Cidadão, os rebeldes executavam na guilhotina e na forca os antigos detentores do poder.

Saint Germain colaborou também no progresso da ciência, estabeleceu os princípios do pensamento religioso não-dogmático e teve importante influência no processo de independên-

---

[1] Instigantes detalhes sobre os bastidores da Revolução Francesa, conduzida do Plano Espiritual pelo Conde de *Saint Germain*, o leitor poderá conhecer na obra *A Flor de Lys*, de Roger Feraudy, publicado pela **EDITORA DO CONHECIMENTO**. Ali, a espiritualidade revela as origens do carma coletivo de um grupo de espíritos originários da Atlântida, verdadeiros trabalhadores da Nova Era, sintonizados com o sonho de "Liberdade, Igualdade e Fraternidade".

cia da América. Mas, infelizmente, não conseguiu atingir um dos seus mais importantes objetivos: criar os Estados Unidos da Europa, fato que está se concretizando hoje em dia com a União Européia.

A sua tentativa final de unir a Europa foi o apoio dado a Napoleão Bonaparte, que apenas aproveitou-se dos conhecimentos de *Saint Germain* para interesse próprio, sem aperceber-se dos sábios aconselhamentos que lhe eram fornecidos para que se tornasse um importante e bem-sucedido líder do mundo moderno.

PERGUNTA: — Poderias falar-nos mais sobre esse transformador lema: "Liberdade, Igualdade e Fraternidade"?

HERMES: — Eis nesse lema a pedra angular para uma sociedade mais justa! A liberdade é o direito de conquistar a verdade por seus próprios passos, sem imposições, mas sempre trilhando o caminho da virtude, vencendo os vícios e as paixões destrutivas; caso contrário, de nada valeria tê-la, pois liberdade sem consciência é poder sem direção. Já a igualdade é o respeito à individualidade básica de todos os seres e aos seus direitos. A liberdade e a igualdade estão intimamente ligadas, pois para haver igualdade é necessária a liberdade, mas a liberdade jamais poderá tornar-se motivo para gerar desigualdades futuras. O homem ciente de suas responsabilidades jamais utiliza-se da liberdade para destacar-se em prejuízo de seu semelhante. Nesse ponto encontramos a sustentação dessa trindade: a fraternidade, que é considerada o complemento da liberdade individual e da igualdade espiritual. Somente o sentimento de irmandade entre os homens permitirá que sejam livres e iguais, construindo juntos uma sociedade com verdadeiros valores humanos. Fato que ainda não ocorreu pela falta de fraternidade entre os homens.

PERGUNTA: — E o que poderias falar-nos sobre a Revolução Popular de outubro de 1917, na Rússia?[2]

HERMES: — Todos os movimentos sociais que pretenderam construir uma sociedade justa e igualitária foram louváveis em sua essência. Mas como a teoria muitas vezes é

---

[2] No livro *A Teia*, de J. W. Rochester, psicografado por Vera Kryzhanovskaia, publicado pela **EDITORA DO CONHECIMENTO**, o autor descreve com riqueza de detalhes o delicado momento político que precedeu a Revolução Bolchevista de 1917 na Rússia czarista. O leitor poderá conhecer mais de perto no que resultou a desigualdade social e econômica entre a poderosa nobreza russa e a imensa massa de camponeses daquele país lendo esta instigante obra.

bem diferente da prática, essas revoluções apenas refletiram o anseio de determinada parcela da sociedade. Além do mais, tanto a Revolução Francesa como a Revolução Russa foram maculadas pelo sangue da intolerância, em virtude da intransigência dos rebeldes revolucionários e daqueles que detinham o poder. *Saint Germain* a isso tentou evitar em Paris, mas os homens da época, como os de hoje, não estavam preparados para uma revolução pacífica.

A imposição de qualquer idéia jamais poderá conduzir a humanidade para o caminho da paz e da prosperidade. Somente na Nova Era, quando os homens compreenderem definitivamente conceitos como "Liberdade, Igualdade e Fraternidade" é que ideologias que visam a igualdade social serão implantadas com sucesso e promoverão o bem comum.

PERGUNTA: — E quanto aos religiosos que se envolvem com política, o que tens a dizer? A cada nova legislatura cresce a presença de segmentos religiosos no Congresso Nacional e nas Assembléias Legislativas dos estados brasileiros, formando fortes bancadas que votam de acordo com os interesses de suas crenças ou em proveito de seus líderes.

HERMES: — Durante todo este trabalho afirmamos a importância de buscar atender a interesses universais, e não sectários. Obviamente que esse comportamento que citastes é condenável, pois visa a servir exclusivamente a um determinado grupo. Eis o motivo pelo qual os líderes espirituais do futuro serão chamados de espiritualistas, e não de religiosos! O verdadeiro espiritualista universalista pensará o mundo buscando atender aos interesses coletivos à luz das Verdades Espirituais, jamais conformando-se em atender a crenças sectárias.

No futuro, a política terá uma forte presença dos espiritualistas, pois a vida humana jamais deve ser separada da vida espiritual. É necessário que o homem moderno pense nas questões do mundo de forma espiritualizada, sem preconceitos, e não de forma religiosa-sectária, assim como vivemos durante os mil anos de atraso da Idade Média. Apesar de ser um limite muito tênue entre esses dois conceitos, jamais devemos crer que os espiritualistas devam ficar à margem das decisões políticas da sociedade, porque se assim for o homem caminhará eternamente pela via do materialismo. Já afirmamos neste trabalho que as civilizações anteriores à atual possuíam grandes avanços por associarem a visão espiritual a todos os pormeno-

A Nova Era

res da vida humana.

PERGUNTA: — Quais seriam as tuas últimas considerações sobre o tema deste capítulo?

HERMES: — As transformações sociais para a Nova Era talvez sejam o maior indicador do início dos Novos Tempos na Terra. Quando os homens perceberem os sinais de que a humanidade está se reorganizando socialmente, socorrendo os seus irmãos excluídos e permitindo melhores condições de vida aos seus semelhantes, significará que os eleitos já estão tomando os postos de controle da sociedade humana e promovendo as inadiáveis transformações segundo a vontade de Deus. Para muitos será uma mudança silenciosa, para outros estará escrito nas estrelas que a Nova Era está surgindo nos céus do mundo. Esperamos que o leitor amigo, que aprecia estas nossas singelas colocações, possa estar engajado neste projeto de Luz e consciente das transformações, pois este será um espetáculo de Luz, cor e amor para as almas com sensibilidade para percebê-las!

9
Os vícios do corpo

PERGUNTA: — Quais são as conseqüências dos vícios do corpo em relação a esse processo de transição para um novo estágio de evolução espiritual na Terra?

HERMES: — Existem os vícios que qualificamos como espirituais e que correspondem à má conduta espiritual. Por outro lado, temos aqueles que devem ser considerados como vícios materiais ou desencadeados por uma subjugação física. Nesse grupo, enquadramos todas as dependências que dizem respeito ao servilismo do espírito aos caprichos do corpo físico, como, por exemplo, o cigarro, as bebidas alcoólicas,[1] a dependência de drogas consideradas ilícitas, como a maconha, a cocaína, o LSD, entre outras. Citamos também no grupo dos vícios do corpo a dependência sexual e as consideradas brandas, como a glutonice e a alimentação carnívora.

Como estamos para ingressar em uma nova etapa evolutiva é fundamental que o homem consiga vencer esses comportamentos degradantes que demonstram que a humanidade ainda não compreendeu que o corpo deve servir ao espírito, e não o contrário. Continuar cultivando esses vícios, de forma incontrolável, pode significar o fracasso definitivo na tentativa de manter-se na Terra da Nova Era, como já vos explicamos em capítulos anteriores.

PERGUNTA: — Se o fumante aparentemente não está fazendo mal ao seu próximo, por que o vício de fumar pode influenciar tanto na questão de ser eleito para a Nova Era?

HERMES: — Na verdade, o fumante faz mal a si próprio e ao seu semelhante. Quando ele fuma, pratica o suicídio compulsório, abreviando diversos anos de sua vida por envenenar-se

---
[1] Nos capítulos 2 e 3 da obra *Fisiologia da Alma*, de Ramatís, psicografado por Hercílio Maes, publicado pela **EDITORA DO CONHECIMENTO**, o autor analisa sob a ótica do Mundo Oculto importantes aspectos da atuação do fumo e do álcool, como agentes patogênicos, nos corpos energético e físico, bem como as conseqüências que se seguem à morte física e o processo simbiótico dos "canecos vivos".

com as substâncias tóxicas do cigarro que afetam diretamente o aparelho fisiológico humano. O fumo reduz o fluxo do "fluido vital" encarregado de manter a vida física pelo prazo estipulado pela Alta Espiritualidade. Além disso, o cigarro também faz mal ao seu semelhante, que torna-se um "fumante passivo" dos resíduos expelidos pelo fumante quando pratica esse ato típico das tribos mais atrasadas do planeta. Fumar até pode ser admissível entre estes povos, mas é inaceitável em uma sociedade civilizada que conhece os malefícios desse hábito nefasto.

Além do mais, o mau hábito de fumar arregimenta uma falange de espíritos obsessores que desencarnaram escravos do mesmo vício. Após ingressarem no "mundo dos mortos", eles necessitam de uma "piteira viva", como diz o nosso querido irmão Ramatís, para saciarem o vício que não aprenderam a dominar quando ainda estavam na dimensão física. A vampirização de desencarnados viciados é um dos exemplos mais comuns de obsessão espiritual. Os irmãos, pelo que foi estudado no capítulo dois, já devem saber que um espírito obsessor que não é satisfeito em seus caprichos infantis torna-se um inimigo perigoso, feroz e vingativo. O obsessor, ao ver que o seu vício não está sendo mais atendido, após estabelecida a sintonia entre ambos, torna-se um elemento revoltado que não mede esforços para que o seu apelo por mais um cigarro seja atendido. Estudamos esse tema com bastante critério em nossas obras anteriores: *Sob o Signo de Aquário - Narrações sobre viagens astrais* e *A História de um Anjo*.

PERGUNTA: — Quais podem ser as conseqüências de o homem viciado não atender aos apelos de seu obsessor?

HERMES: — Tanto no cigarro, como no vício do álcool, ou então entre as destruidoras drogas consideradas ilícitas, o processo é o mesmo. O espírito desencarnado viciado não está preocupado com os meios para atingir o seu fim; portanto, induzir ao roubo, a matar, a enganar e a prejudicar ao próximo são recursos comuns para obter de qualquer forma o elemento alucinógeno que o escraviza.

Por isso afirmamos ser muito difícil que um servo dos vícios ingresse na Terra da Nova Era. No futuro estágio evolutivo da humanidade será inadmissível esse tipo de comportamento entre os eleitos.

PERGUNTA: — Entendemos que os vícios causam desequi-

líbrios, mas acreditamos que as drogas ilícitas, como a maconha e a cocaína, sejam piores, pois realmente levam o viciado a roubar e até a matar para saciar-se. O que dizes a respeito?

HERMES: — No fundo, todos os vícios são iguais! O que os diferencia é a dificuldade para obtê-los, por causa do preço ou por ser uma droga ilícita que não é vendida no supermercado ou na tabacaria da esquina. Se o cigarro fosse caro e de difícil acesso, certamente ele causaria danos morais semelhantes para adquiri-lo, em razão da dependência que a nicotina exerce no cérebro dos viciados, que chega a ser maior que a influência da substância psicoativa da maconha.

PERGUNTA: — *Por que o homem escraviza-se ao consumo de drogas?*

HERMES: — São dois os motivos básicos: o primeiro é a crença de que as drogas são um estimulante para melhorar o rendimento físico e mental, e o segundo, que elas são uma porta para a fuga da realidade em razão das alterações de consciência que propiciam aos viciados.

No primeiro caso, no início, as drogas oferecem aos trabalhadores mais estímulo para as rotinas diárias estressantes, e para os jovens ociosos fornecem uma resistência adicional para "curtir" as festas noturnas; mas esse efeito é transitório e fugaz. Mais tarde, esses drogados, ficando dependentes do vício, reduzem a sua capacidade física e mental, tornando-se menos capazes do que antes de ingressarem no vício.

No segundo caso, encontramos a busca pela droga para esquecer os problemas ou para vencer os obstáculos e contrariedades da vida. A droga torna-se, então, uma válvula de escape para o mundo das ilusões. Com a alteração de consciência causada pelo consumo do álcool, da maconha, da cocaína e de drogas similares, o encarnado liberta-se dos dramas que vive e que são frutos das cargas cármicas geradas nesta ou em encarnações anteriores. Nas primeiras experiências, o alcoólatra ou o drogado convencional, e até mesmo o viciado em tabaco, acredita encontrar o entusiasmo e a força para vencer os obstáculos da vida, mas após viciar-se ele perde o ânimo para conquistar a vitória ante os mesmos desafios, muitas vezes sendo arrastado ao fracasso e à total dependência do vício. Os estados de subjugação mais graves levam o viciado à máxima apatia e depressão, o que estimula, em alguns casos, o dependente das drogas a cometer o ato insano do suicídio.

PERGUNTA: — Entendemos que seja assim em relação à maconha, à cocaína e até mesmo ao álcool excessivo, mas isso ocorre também com o fumo? Apesar de acreditarmos ser este um vício nefasto, temos dificuldade em entender a gravidade do caso. Poderias nos esclarecer?

HERMES: — Como já dissemos, o cigarro é facilmente encontrado e ainda não sofre uma restrição severa da sociedade, como ocorre com as demais drogas que são consideradas ilícitas. Mas já é possível perceber cada vez mais que a sociedade despreza e exclui quem fuma, causando angústia e apreensão nesses viciados que antes eram tolerados e tratados normalmente. Quando o fumo do tabaco for considerado tal qual as drogas ilícitas, e isso irá ocorrer nas próximas décadas, acarretará um desvio de comportamento com as mesmas conseqüências que vemos, por exemplo, nos viciados em maconha, cocaína e álcool. E, como já afirmamos, a dependência química da maconha é inferior à do cigarro; logo, os viciados em tabaco padecerão desequilíbrios ainda maiores para saciarem-se em meio a uma sociedade que os restringirá com severas punições, tanto em relação aos que consumirem quanto aos que traficarem cigarros de tabaco.

Além do mais, temos de analisar as conseqüências do cigarro e demais drogas no campo mental e emocional do corpo espiritual, que agregam essas toxinas à sua delicada contextura, acarretando graves padecimentos no Plano Astral, onde não é possível saciar esses vícios diretamente. A dependência de drogas é, portanto, o drama de um triste espetáculo em que espíritos tentam "vampirizar" os encarnados para saciarem os vícios adquiridos durante a existência física. Às vezes, almas justas e que jamais aceitariam prejudicar o seu próximo são impelidas a exercerem o ato doentio da vampirização porque não conseguiram se controlar quando ainda peregrinavam pelo plano material.

Em nossas jornadas de amparo espiritual já presenciamos casos de almas resolutas na prática do bem, mas que perderam o equilíbrio por causa do vício ao cigarro. É uma situação realmente lamentável ter de resgatar um irmão banhado em lágrimas pelo remorso, enquanto suga, enojado de si mesmo, a essência do fumo em um pobre mendigo de rua por não conseguir conter o vício atroz que lhe corrói a alma.

PERGUNTA: — Poderias nos falar mais sobre a dependên-

cia dos vícios no Mundo Espiritual, após a morte física?

HERMES: — Todo o comportamento que cultivamos durante a nossa vida física se reflete em nossa alma imortal. Não é porque abandonamos o mundo material que nossos vícios deixarão de existir. Após despir-se do veículo físico, o espírito continua a sofrer todas as impressões que antes cultivava. A incapacidade de poder alimentar o vício, por estar em outra dimensão, causa um sentimento de pânico e desequilíbrio, ampliando em até cinco vezes o desejo desesperado para obter a droga. Esses irmãos infelizes necessitam ser internados em clínicas de recuperação e contenção de drogados no Mundo Espiritual. Infelizmente, muitos não conseguem se controlar e fogem do amparo divino para utilizarem-se do único meio que os sacia: obsidiando encarnados viciados nas mesmas drogas ou candidatando-se a servos para a realização de trabalhos espirituais do mal, em que recebem como pagamento a essência etérea da bebida alcoólica, de charutos e, inclusive, algumas vezes, de cocaína, craque e maconha nos despachos dos trabalhos espirituais de baixa vibração espiritual, nas esquinas das ruas ou em casas de magia negra.

PERGUNTA: — *Queres dizer que além do viciado depredar o seu maior patrimônio, que é o corpo físico doado por Deus, ainda há o problema de estar maculando o seu corpo espiritual e gerando uma dependência extrafísica?*

HERMES: — Exatamente! A vida física possui a finalidade de educar a alma, e não de adquirir vícios. Mas a humanidade caprichosa, desequilibrada e infantil da Terra preocupa-se mais em satisfazer os seus caprichos do que em adquirir bagagem espiritual para a sua evolução. Assim sendo, todos "colhemos aquilo que plantamos". Quem planta amor colhe amor, quem planta uma vida de consumo de drogas só poderá colher o drama dos viciados. A Lei de Deus é perfeita e justa; basta que abandonemos o "mundo dos sonhos materiais", que o homem ainda cultua na Terra, e busquemos analisar e compreender a lógica espiritual dos ensinamentos divinos. Só assim perceberemos qual o caminho a seguir e quanto tempo foi desperdiçado dedicando atenção a assuntos e hábitos fúteis.

PERGUNTA: — *Algumas pessoas defendem que a maconha causa menos dependência do que o fumo e, além do mais, ela seria menos cancerígena. Esses apologistas das dro-*

gas usam tais argumentos para defenderem a legalização da maconha. O que dizes a respeito?

HERMES: — Eis um comportamento típico da atual sociedade alienada da Terra e de grupos que certamente farão parte do contingente de exilados no mundo inferior! Além de acharem o cigarro perfeitamente justo, ainda tentam legalizar outras drogas que só causam malefícios ao homem.

Realmente, a maconha causa menos dependência que o cigarro; mas, por pouco tempo. Os espíritos responsáveis pela evolução planetária na Europa já nos informaram que alguns magos das Sombras estão inspirando cientistas afastados do amor de Deus a realizarem experiências de engenharia genética para aumentar a intensidade da substância psicoativa da maconha, com o objetivo de aumentar o seu potencial de dependência. Como já havíamos informado no capítulo sobre a engenharia genética, nos primeiros anos essa técnica poderia vir a ser utilizada para a prática do mal. Aqui temos um claro exemplo disso.

Quanto à informação da maconha ser menos cancerígena, basta fazer uma simples análise. Se ela for consumida em grande escala pela humanidade, tanto quanto o cigarro, trará os mesmos índices alarmantes de câncer de pulmão, entre outros.

PERGUNTA: — E qual é o destino dos traficantes e de quem faz apologia às drogas?

HERMES: — O padecimento dessas almas no Plano Astral é atroz. Além de todas as máculas que se agregam aos seus corpos espirituais, ainda há a perseguição desesperada de suas vítimas, que desejam vingança por terem perdido as suas vidas e as oportunidades de progresso, por causa do vício das drogas. Mas, infelizmente, raros são os traficantes que assimilam essa lição da Lei de Ação e Reação no Plano Espiritual. Na maioria das vezes, eles terminam se associando a líderes do mal e acabam recebendo uma proteção relativa contra o assédio das vítimas, e, quando retornam ao mundo físico, voltam a praticar o mesmo ato nefasto do passado, tornando-se agentes daqueles espíritos do mal que os protegeram, demonstrando que a Luz não obteve guarida em suas almas. No passado, eram traficantes de ópio; hoje em dia, aliciam jovens ingênuos a consumir comprimidos de *ecstasy*.

Mas eis a última chance na Terra para esses irmãos que desrespeitam as leis de Amor e Paz do Criador, porque em breve o astro intruso atrairá as suas almas chumbadas ao solo para uma existência em que a dor e o ranger de dentes será uma constante. Lá, no planeta absinto, o sofrimento e as privações extremas serão um convite para a reflexão da alma.

PERGUNTA: — *Acreditamos que os traficantes também são fruto do meio em que vivem. As favelas brasileiras, onde o tráfico impera, são um bom exemplo disso. O que achas?*

HERMES: — Mais uma vez afirmamos: não existe injustiça na elaboração do Plano Divino. Quem reencarna em meio à criminalidade é porque semeou essa situação no passado, e agora necessita vencer os impulsos daninhos de sua alma em meio ao mesmo cenário em que foram gerados. Certamente, o ambiente seduz e estimula ao crime, mas as palavras divinas dos "operários" do Cristo sempre foram propagadas aos quatro cantos do mundo com o objetivo de auxiliar aos encarnados em sua libertação do mal, por meio de todas as religiões do planeta. Mas, infelizmente, a porta das virtudes é estreita e exige sacrifícios, enquanto a que leva ao mal é larga e de fácil acesso.

PERGUNTA: — *De acordo com o Instituto Nacional do Câncer, noventa por cento dos casos dessa enfermidade no Brasil e no mundo estão associados ao vício do fumo. Encontramos nessa informação uma contradição ao que afirmaste em capítulo anterior, quando disseste que o câncer é conseqüência das mazelas da alma. O que dizes a respeito?*

HERMES: — O câncer é fruto das toxinas espirituais da alma, mas o consumo de cigarros é também um detonador de origem material dessa doença. Ao contrário da prática do amor, que purifica a alma, o cigarro promove a intoxicação do corpo e da alma, agravando o câncer que futuramente se desencadearia pela prática anticrística, ou pela intoxicação do aparelho fisiológico com as substâncias venenosas. Como já dissemos no capítulo citado, as doenças podem ser fruto das toxinas da alma, como também derivadas da intoxicação do organismo, pela má alimentação ou cultivo nefasto de vícios, como o fumo ou a bebida. Já as drogas pesadas como a cocaína, o craque, a heroína, o LSD, o *ecstasy*, entre outras, possuem um efeito devastador, levando o indivíduo a uma rápida degeneração cerebral e ao desencarne prematuro.

PERGUNTA: — *Queres dizer que as substâncias tóxicas*

do cigarro apenas agravam o câncer, que possui origem espiritual e se desencadearia naturalmente?

HERMES: — Sim. Apesar de o vício de fumar ser extremamente prejudicial à saúde física e espiritual, existem mecanismos astrais que intensificam ou regridem a ação das células cancerígenas. Por esse motivo, vemos pessoas que fumam intensamente até os noventa anos e morrem sem serem vítimas do câncer, apesar de o seu corpo físico se assemelhar a um cinzeiro. Nesses casos, tais espíritos não possuíam as toxinas espirituais que desencadeariam o câncer ou então são boas almas que sublimam as próprias cargas negativas que assimilam com o fumo. Sem nem ao menos saber, esses irmãos conseguem diluir o elemento tóxico do cigarro pelo mecanismo purificador do amor. Mas esse é um procedimento pouco comum que somente obtém resultado em almas simples, com vida regrada e que praticam intensamente o amor aos seus semelhantes.

Como já citamos antes, também há os casos de criaturas más que acumulam essas toxinas para o desencadeamento em futura encarnação na matéria.

PERGUNTA: — Já nos casos de almas desequilibradas e que possuem toxinas para serem drenadas ao corpo espiritual, concluímos que o cigarro intensificará essa drenagem tóxica. Estamos certos?

HERMES: — Sim. Espíritos que possuem toxinas perispirituais a serem drenadas para o corpo físico e que não movimentam-se um centímetro em direção ao amor ao próximo e à busca da harmonia espiritual, ao fumar terminam agregando ainda mais toxinas para serem drenadas. O fumo, então, tornará o câncer ainda mais devastador e ele se manifestará mais cedo do que o planejado pela Alta Espiritualidade. Como já dissemos, o cigarro é um veneno que promove um suicídio compulsório. A cada nova tragada o indivíduo abrevia em alguns dias o prazo traçado para a sua atual encarnação.

PERGUNTA: — Além do drama do vício incontrolável após o desencarne, o fumante, o alcoólatra e os drogados de todos os tipos ainda terão de responder pelo suicídio indireto cometido?

HERMES: — Certamente! A Justiça de Deus é igual para todos. Os irmãos que se comprazem no vício estão semeando somente dor e tristeza para o futuro. É inevitável que venham a sofrer a dor atroz causada pelo vício não saciado e também por terem abreviado o tempo de suas vidas.

Milhares de espíritos aguardam ansiosos a oportunidade de retornarem à vida física para resgatarem os seus erros, enquanto os encarnados desprezam a existência da vida imortal e ainda abreviam o seu ciclo vital cultivando vícios deploráveis.

PERGUNTA: — Voltamos a lembrar que os encarnados não possuem consciência dessa realidade que aqui elucidas com clareza e lógica. Talvez se os meios de comunicação alardeassem essas informações teríamos, menos casos nesse sentido. O que nos dizes a respeito?

HERMES: — Como já afirmamos no primeiro capítulo, a descrença espiritual da humanidade é que a afasta dessas informações que as esferas superiores trazem à luz do mundo. As sábias orientações do Mundo Maior sempre estiveram presentes na face do planeta, mas o homem imprevidente sempre as desprezou e crê ser fruto de mentes alucinadas. Até mesmo o mais simplório dos homens da Terra sabe que o cigarro e as demais drogas causam prejuízos e são contrários às leis divinas. As religiões sempre condenaram esses vícios, mas o homem faz-se de surdo para não ter de vencer as suas imperfeições. Portanto, a desculpa de desconhecer essas verdades não pode ser aceita, assim como o homem não pode alegar que desconhece a lei em um tribunal da justiça humana.

PERGUNTA: — Alguns estudiosos defendem que o efeito psicoativo das drogas que causam a alteração de consciência são importantes em alguns tratamentos para a depressão, para o estresse e para aliviar as tensões do cotidiano. O que dizes a respeito?

HERMES: — Realmente, os desequilíbrios psíquicos gerados a partir da lembrança inconsciente dos erros cometidos em encarnações passadas causam alguns distúrbios emocionais que podem ser amenizados pelo efeito alucinógeno das drogas. Mas esse tipo de tratamento deve ser ministrado e acompanhado por médicos responsáveis e competentes, pois o uso indiscriminado das drogas para "aliviar as tensões" é tão perigoso como o uso da morfina para aliviar as dores de um paciente.

Inclusive, na Idade Média, usávamos algumas plantas com poderes psicoativos para tratar pacientes que necessitavam desse recurso. Naquela época, todo o cuidado era pouco, pois essas práticas médicas eram entendidas como "coisas do demônio" pelas mentes estreitas, e não era raro os médicos da época serem condenados à fogueira por esses tratamentos nada convencionais. As bruxas da época medieval nada mais eram do que competentes curandeiras, principalmente as de origem celta, que utilizavam os poderes das plantas e dos elementais da natureza para tratar os seus pacientes.

Mas, hoje em dia, a medicina avançou muito e esses métodos do passado podem ser substituídos por técnicas modernas, sendo, em alguns casos, até mais eficazes, apesar de os médicos atuais ainda desconhecerem certos recursos astrais insubstituíveis que são muito usados por aqueles que realizam tratamentos espirituais.

Ao contrário do que se pensa, o tabaco, a maconha, a papoula, o álcool e outros elementos psicotrópicos não serão eliminados da Terra na Nova Era; serão estudados métodos para separar o efeito medicinal do efeito psicoativo dessas drogas para a sua utilização na medicina do futuro.

PERGUNTA: — E o que poderias nos informar sobre o desejo sexual incontrolável? Ele também pode ser entendido como um vício?

HERMES: — Sem dúvida! Todo o comportamento humano que causa uma dependência e um descontrole para ser satisfeito deve ser entendido como um vício. O indivíduo que se utiliza do ato sexual como base para uma séria e responsável união conjugal e para a procriação de novos seres, com respeito e equilíbrio, age de forma divina, mas aquele que só pensa no sexo para satisfazer o seu desejo hipnótico e incontrolável, certamente encontra-se viciado e escravizado a essas forças. Assim como o fumante, o alcoólatra e o drogado, o sexólatra está subjugado a uma força que possui dificuldades em controlar. Tanto como nos demais vícios, o sexólatra é um doente que necessita de tratamento, pois vive escravizado ao desejo sexual e, na maioria das vezes, esse é o único pensamento que habita a sua mente.

PERGUNTA: — Comparando com o fumo, a bebida alcoólica e as demais drogas, como poderíamos entender o papel do sexo entre os vícios do corpo?

HERMES: — O sexo possui função desencadeadora, pois os demais vícios citados geralmente têm a finalidade de melhorar o interesse e a *performance* sexual, ou então de criar um clima propício para a busca desse prazer. Logo, não podemos desprezar a ação impositiva desse vício na derrocada evolutiva do indivíduo. Em toda a história da humanidade não são poucos os casos de sofrimento e tragédias causados pelo desvario sexual. Muitas famílias foram destruídas pelo ardor sexual dos homens, que não conseguiam manter um relacionamento exclusivo com suas esposas, e, outras tantas, pela traição das mulheres, que se entregaram à sedução ilícita, maculando o santuário do lar.

Os espíritos do atual ciclo evolutivo da Terra, ainda apegados a seus caprichos egocêntricos e interesses infantis, agravaram os seus carmas e semearam tristeza por onde passaram em diversas existências por causa do ardor sexual. Ainda hoje, colhem sistematicamente os frutos causados pelo descontrole sexual de longa data.

PERGUNTA: — *Devemos entender o sexo então como um pecado e um vício abominável?*

HERMES: — Nem de uma forma nem de outra. O pecado significa fazer aos nossos semelhantes aquilo que não gostaríamos que nos fizessem, desrespeitando as leis divinas, ou seja, se o cônjuge e a sociedade atual entendem que a união matrimonial deve ser monogâmica, nesse caso manter um relacionamento fora do casamento é um ato pecaminoso. Mas, no Antigo Egito, como estudamos no livro "Akhenaton — A Revolução Espiritual do Antigo Egito", era normal os homens se casarem com mais de uma mulher. E as esposas em geral não se sentiam ofendidas por isso, pois esse era um comportamento cultural aceito pela sociedade.

A poligamia é uma atitude atrasada espiritualmente, mas fazia parte do contexto evolutivo daquela época. Portanto, pecado é magoar, desrespeitar, infligir dor e sofrimento, dentro dos preceitos evolutivos da sociedade em que estamos inseridos.

Quanto ao sexo ser um vício, isso só é verdade para aqueles que desrespeitam esse ato e se tornam escravos dele, assim como o álcool que pode ser muito saudável quando bebido com moderação, como nos ensina a medicina atual sobre os efeitos benéficos do vinho tinto para a saúde.

PERGUNTA: — *Não entendemos a explicação sobre o pecado. Queres dizer que se um casal definir que ambos terão um relacionamento aberto, podendo manter relações sexuais com outros parceiros, e, caso isso não os magoe, podemos crer que não é um pecado?*

HERMES: — O pecado deve ser entendido como uma ofensa aos semelhantes e à Lei de Deus. A Lei Divina é imutável, mas adapta-se a cada época, de acordo com a evolução da humanidade. Como dissemos anteriormente, no Egito e entre os demais povos antigos era importante procriar para perpetuar a espécie e permitir a reencarnação sistemática de espíritos, ainda mais se avaliarmos que o índice de mortalidade infantil era alto. A poligamia para aquela época era aceita cultural e espiritualmente. Já hoje em dia, temos leis morais atualizadas que entendem ser este um ato promíscuo e prejudicial à formação familiar, que é o núcleo principal de evolução para a humanidade atual. Apesar de um casal moderno definir que o seu relacionamento é aberto, esse ato é considerado um pecado aos olhos da Alta Espiritualidade da Terra, pois certamente essa decisão tem a exclusiva finalidade de permitir a ambos entregarem-se a uma prática sexual liberal e descontrolada, que prejudicará o seu processo evolutivo.

PERGUNTA: — Entendemos que o desejo sexual é o vício mais difícil de ser controlado. O fumo, a bebida e as drogas são vícios típicos de espíritos pouco esclarecidos. Mas o desejo sexual, por mais que se conheça as Verdades Espirituais, é de dificílimo domínio. O que tens a dizer?

HERMES: — O desejo sexual é fruto de tendências espirituais milenares. Além do mais, o encarnado sofre toda a carga hormonal da máquina física que foi orientada a perpetuar a espécie desde o princípio de sua criação. Em alguns casos, essa tendência biológica se faz mais presente, necessitando ser administrada e controlada com convicção. Algumas pessoas não possuem dificuldades em conter a libido, mas outras, ao contrário, vivem um verdadeiro martírio para dominar o desejo sexual incontrolável; em certos casos, em razão do seu mau uso em encarnações passadas. Eis, então, mais uma arma dos magos negros do Astral Inferior, que reconhecem com freqüência essa fraqueza nos divulgadores das Verdades Espirituais encarnados no mundo físico. Além de utilizarem-se dos mais modernos recursos para obsediar e desequilibrar os trabalhadores do Cristo, eles se utilizam de técnicas de inversão das forças do chacra básico para atiçar impiedosamente o desejo sexual entre aqueles que estão convictos na prática do bem, mas que ainda são frágeis à sedução do sexo oposto.

Entre os grandes missionários da Terra, temos relatos sobre a tentativa do Astral Inferior de utilizar-se do desejo sexual para tentar prejudicar os sagrados projetos do Alto. Jesus foi tentado no deserto e Maria Madalena foi utilizada pelos magos negros do Astral Inferior para desvirtuá-lo. O sábio Rabi da Galiléia transformou esses dois fatos em uma inesquecível demonstração de força espiritual sobre os desejos perecíveis da carne. Já Francisco de Assis jogou-se sobre espinhos para expulsar essa força persuasiva que tentava dominá-lo e comprometer o seu sagrado ministério de Luz, que exigia o celibato pleno para atingir integralmente o seu objetivo na Terra.

O sexo é uma força belíssima que une as almas enamoradas em um profundo sentimento de amor, bem-estar e respeito, ensinando-as a amarem-se mutuamente com o objetivo de evoluir e constituir novos grupos familiares, onde espíritos reencarnarão e serão recebidos com amor e alegria. Aqueles que souberem valorizar e respeitar a beleza da energia sexual e sua função procriativa serão sempre felizes e libertos da força escravizadora que o sexo impõe às almas irresponsáveis.

PERGUNTA: — Talvez fosse mais simples se os meios de comunicação e a sociedade não apelassem tanto para o sexo. Em todo o lugar, vemos um culto exagerado à prática sexual e à nudez, dificultando esse autocontrole. Como proceder ante essa carga de informações sexuais?

HERMES: — O homem não pode isolar-se em um mosteiro, pois de nada adianta fugir às tentações. É necessário vencê-las, porque só assim estaremos verdadeiramente libertos de sua influência sedutora. O espírito encarnado deve procurar dominar os seus desequilíbrios e taras de um passado remoto, conscientizando-se da real finalidade do ato genésico e voltando as suas energias sexuais para nobres ideais de progresso e crescimento espiritual. Somente assim o homem açoitado pelo desejo sexual incontrolável triunfará sobre as influências negativas que terminam escravizando-o ao sexo e que promovem a sua derrocada tanto material como espiritual.

PERGUNTA: — Poderias nos trazer esclarecimentos sobre as conseqüências do desvario sexual após a morte do corpo físico?

HERMES: — Assim como os demais vícios, o sexo impõe

ao espírito recém-liberto da matéria as mais cruéis provações. O desejo sexual se quintuplica e a mente dessas pobres almas entra em um estado de hipnose contínua, que os faz pensar somente em sexo durante todo o tempo. Eles vivem sonhando com os prazeres sexuais e procuram relacionar-se uns com os outros a todo instante. A exemplo dos demais vícios, somente um verdadeiro contato físico poderá saciá-los; portanto, eles se infiltram na dimensão dos homens para vampirizarem os sexólatras encarnados e assim satisfazerem, finalmente, o desejo que os enlouquece.

PERGUNTA: — Queres dizer que quando estamos nos relacionando sexualmente com nossas esposas ou maridos estamos sendo assediados por essas almas infelizes?

HERMES: — Como já explicamos no segundo capítulo deste trabalho, toda a obsessão espiritual exige sintonia entre algoz e vítima. Portanto, somente almas viciadas em sexo e com vida desvirtuada poderão sofrer esse assédio. Jamais a Alta Espiritualidade da Terra permitiria o desrespeito ao ato divino de almas que se uniram para uma vida conjunta séria e responsável. Além do mais, o ato sexual tem como função principal procriar novos corpos físicos para a reencarnação de espíritos. Sendo assim, essas famílias honestas e cientes de suas responsabilidades recebem imensa assistência espiritual dos planos superiores, que protegem o santuário do lar contra qualquer investida das Trevas.

PERGUNTA: — O que ocorre com os espíritos viciados desencarnados que não conseguem saciar-se, obsediando os vivos?

HERMES: — Os que se predispõem ao esforço hercúleo de vencer o vício, seja qual for, são amparados por equipes de assistência espiritual que os auxiliam a vencer o terrível tormento. Já aqueles que procuram saciar-se, mas não conseguem, terminam ingressando em uma espécie de "coma espiritual". Eles dormem, algumas vezes por anos, até que a força subjugadora do vício esmoreça. Existem hospitais espirituais no Mundo Maior que mais parecem "museus de cera", dado o estado de apatia dessas almas. Em nosso primeiro trabalho "A História de um Anjo" fizemos uma breve narrativa sobre essa triste situação.

PERGUNTA: — *Pelo que nos informas, parece que a força coercitiva dos vícios após a morte é quase impossível de ser vencida. Como fazer, então, para resolver essa situação dramática?*

HERMES: — A imposição do vício após a morte é cruel, mas não impossível de ser vencida. Obviamente, vencer os vícios em vida é o método infinitamente mais fácil; cabe aos encarnados conscientizarem-se disso.

Lembremos as sábias palavras do apóstolo Pedro: "Tudo que ligares na Terra será ligado no Céu, e tudo que desligares na Terra será desligado também no Céu." É uma ilusão acreditar que ao desencarnarmos estaremos libertos das amarras tanto físicas como espirituais que nos chumbam ao solo. É imprescindível trabalhar pela libertação dos vícios do corpo que terminam por escravizar a alma.

Já estamos vivendo o período do "final dos tempos", o "juízo final", como vos explicamos no terceiro capítulo deste trabalho; portanto, é imprescindível retornar ao Mundo Maior liberto de vícios para não ser atraído pela aura magnética do astro intruso.

PERGUNTA: — *Entendemos o desvio sexual como o maior dos vícios, porque é um desequilíbrio que afeta toda a sociedade e não é visto como algo que deva ser recriminado, apesar dos efeitos devastadores dentro de um grupo familiar. O que tens a dizer?*

HERMES: — Mais uma vez lembramos a importância da crença e do estudo das Verdades Espirituais. O homem afirma crer em Deus, mas despreza e desrespeita as Suas leis. Caso a humanidade realmente acreditasse na Inteligência Suprema estaria procurando viver conforme as Suas leis, e não cultuando o mundo materialista que tanto a fascina. Já afirmamos que o importante é o equilíbrio e ninguém necessita abster-se fanaticamente dos atrativos da vida humana, mas escravizar-se a eles pode ser o passaporte definitivo para o exílio planetário.

A Terra do Terceiro Milênio não poderá mais abrigar criaturas que tremem desesperadamente por um copo de cachaça, por um cigarro após o famigerado cafezinho, ou pior, por cultuar a seringa descartável que conduz a mortal droga alucinógena que ceifa tantas vidas; nem mesmo permitir o hábito estúpido de sugar fumaça tóxica para os pulmões ou abrigar a sintonia desequilibrada daqueles que só vêem no sexo o objetivo de suas vidas. Irmãos, refleti enquanto ainda há tempo!

PERGUNTA: — Analisando as tuas afirmações, entendemos que o ato sexual, em sua essência, só deve ser realizado para a procriação, ou seja, para a geração de filhos. Então, devemos crer que a proibição do uso de preservativos sexuais pela Igreja Católica é correta?

HERMES: — O sexo possui função procriativa, mas a grande maioria dos espíritos em evolução na Terra ainda é incapaz de se restringir ao ato sexual somente com essa finalidade. E, além do mais, há uma boa parcela da humanidade que faz sexo de forma promíscua, mesmo sabendo que é um ato equivocado segundo as leis espirituais. Portanto, entendemos que os preservativos sexuais devem ser divulgados e aceitos, pois mais vale uma vida salva para que prossiga com a sua experiência evolutiva na matéria do que tentar impor uma santidade que ainda é impossível para algumas almas. Proibir os preservativos, justificando tal atitude com a tese de que o homem não deve ser promíscuo, é o mesmo que proibir a alimentação carnívora no mundo atual. Os dois casos são procedimentos incorretos segundo as leis superiores; porém, o homem ainda não se encontra preparado para a vivência superior da Nova Era. Tanto o desequilíbrio sexual, como a alimentação carnívora são fatores que o homem deve procurar corrigir paulatinamente, pois a proibição pura e simplesmente jamais trará um resultado positivo.

PERGUNTA: — Poderias nos trazer maiores esclarecimentos sobre a prática sexual correta, ou seja, como agir sexualmente para não prejudicar o nosso processo de evolução espiritual?

HERMES: — O despertar da libido possui a finalidade de atrair os espíritos que necessitam constituir família para evoluírem em conjunto. Como os atuais habitantes da Terra ainda possuem dificuldade para valorizar as características espirituais de seus semelhantes, eles são atraídos para constituir matrimônio por meio do interesse sexual. Tanto que em alguns casos observamos a união de almas baseada exclusivamente no desejo carnal, causando graves dissabores no decorrer dos anos, quando a vida em conjunto exige companheirismo e compreensão. O verdadeiro amor é doação, e não a satisfação doentia dos interesses sexuais ou de caprichos pessoais. Logo, a prática sexual com a finalidade de constituir família, permitindo o ingresso de novos espíritos na matéria, é bastante louvável aos olhos espirituais. Aqueles que assim agem estão perfeitamente corretos e protegidos do assédio de espíritos do Além viciados em sexo.

A união sexual entre duas almas pelos laços do compromisso de vida em comum também é aceita, pelo respeito e pela troca honesta e afetuosa de energias, mesmo quando a função procriativa não é o objetivo. Mas, indiscutivelmente, a principal função do ato sexual é a constituição de um novo conjunto familiar.

Em meio à família, encontramos o maior laboratório evolutivo para os espíritos no atual estágio da Terra, pois os pais se disciplinam e trabalham para propiciar mais conforto aos filhos, tendo a importante missão de os educar tanto no campo espiritual como material.

PERGUNTA: — *Se o ato sexual tem a finalidade procriativa, o que tens a dizer sobre a união de homossexuais, tanto masculinos como femininos?*

HERMES: — Como já dissemos, a união sexual possui finalidade reprodutiva, algo impossível de ser realizado entre dois indivíduos do mesmo sexo. Caso ocorra a amizade profunda entre dois espíritos que na atual encarnação possuem o mesmo sexo, eles devem estreitar os laços de amizade, trabalhar por um ideal conjunto e respeitarem-se mutuamente, jamais unindo-se sexualmente, pois essa é uma anomalia que deve ser vencida. O desejo sexual entre dois indivíduos do mesmo sexo deve ser canalizado para ideais superiores, com o objetivo de vencer esse obstáculo que se impõe como uma provação espiritual.

PERGUNTA: — *Essa tua afirmação pode ser interpretada como um pensamento antiquado e preconceituoso. O que dizes a respeito?*

HERMES: — Não podemos fugir às leis divinas para atender aos anseios da atual geração encarnada que vive em conflito de identidade. Podemos assegurar-lhes que os eleitos para a Nova Era serão aqueles espíritos que procuram vencer o conflito homossexual em seu processo evolutivo. Caso atestássemos ser perfeitamente normal a prática homossexual, estaríamos contribuindo para a falência espiritual de diversos irmãos que vivem nessa situação.

Entendemos que o homossexualismo não é nenhuma doença, mas sim uma tendência espiritual desencadeada por conflitos do passado. Inclusive, encontramos almas sensíveis e valorosas que sofrem o desequilíbrio homossexual. Eis mais um motivo para não nos furtarmos de esclarecê-las! Ademais, vida em conjunto, cumplicidade e amizade não significam homossexualismo. Questionamos aqui tão-somente o ato sexual entre dois seres do mesmo sexo, assim como as práticas sexuais condenáveis entre heterossexuais.

PERGUNTA: — *Alguns homens e mulheres afirmam que decidiram-se pelo homossexualismo por encontrar mais sinceridade, amizade e paciência com parceiros do mesmo sexo. O que dizes a respeito disso?*

HERMES: — A finalidade da vida conjugal é harmonizar o casal. Somente uma pessoa caprichosa espera encontrar apenas flores em um casamento. As diferenças devem ser dialogadas, pois o casal precisa construir a paz e a harmonia em seu lar, com amor e sabedoria. Infelizmente, a atual humanidade apenas se dedica a interesses sexuais e à rotina materialista da vida humana, preocupando-se exclusivamente em atender aos imediatismos da vida física. Muitos desses irmãos e irmãs terminam acreditando que são mais felizes com parceiros do mesmo sexo, quando na verdade procuram apenas alguém que atenda aos seus anseios e caprichos. Vemos esse problema também entre os heterossexuais que se casam diversas vezes à procura de uma "alma gêmea". Na verdade, estão fugindo das críticas e das contrariedades da vida em comum. O casal vencedor é aquele que triunfa sobre os obstáculos e aprende a amar e a respeitar as suas diferenças. Já os que se separam à primeira contrariedade, somente acumulam mais débitos para encarnações futuras.

PERGUNTA: — *E o que dizes a respeito dos transexuais, ou seja, daqueles irmãos que realizam cirurgias para trocar de sexo por não se conformarem com a sua condição de homem ou mulher nesta encarnação?*

HERMES: — A configuração sexual dos corpos não ocorre por acaso. Nascemos na condição de homens ou mulheres para evoluir nessas determinadas roupagens físicas. Esses irmãos que não se adequam a sua nova existência na condição sexual contrária à desejada, inconscientemente trabalham contra o sentido evolutivo natural que deveriam seguir. Todos encarnamos como homens e mulheres, em sucessivas encarnações, mas somente aqueles que colocam demasiadamente a questão sexual acima de tudo é que sofrem esse sentimento intenso de incompatibilidade sexual. Assim, trabalham mentalmente desde a formação corpórea na fase fetal, provocando uma disfunção hormonal que termina por causar tendências femininas em corpos masculinos e vice-versa. O espírito em evolução na matéria deve manter o foco sempre dirigido ao seu crescimento espiritual, adequando-se à natureza que Deus lhe oferece, jamais colocando os interesses sexuais e humanos em primeiro lugar. Caso lhe seja impossível sentir-se bem na união com o sexo oposto, poderá optar pelo celibato, opção sexual que quando bem dirigida para objetivos superiores permite um grande avanço evolutivo.

PERGUNTA: — Mas deves concordar que algumas pessoas são vítimas de anomalias congênitas, ou seja, já nascem com órgãos sexuais masculinos e femininos, necessitando de uma cirurgia corretiva.

HERMES: — Como afirmamos na resposta anterior, nesses casos, durante a formação do futuro corpo físico na fase fetal, ocorre um processo de irradiação mental do espírito reencarnante no sentido de rebelar-se contra a formação sexual indesejada. Esse comportamento gera uma alteração na quota hormonal necessária para a perfeita configuração física masculina ou feminina, pela atuação anormal dos hormônios testosterona e progesterona, gerando a anomalia citada na pergunta.

A cirurgia é válida para restabelecer a identidade sexual programada pelo Alto, mas jamais para atender a desejos sexuais provenientes de encarnações anteriores. O espírito encarnado, nessa situação, deve ater-se a sua ventura espiritual, utilizando a vida humana como uma escola de aprendizado ao amor fraterno e ao equilíbrio espiritual, e jamais lutar contra a natureza alimentando tendências sexuais contrárias ao seu plano reencarnatório.

PERGUNTA: — Os homossexuais correm o risco de serem exilados?

HERMES: — O astro intruso atrairá basicamente a dois grupos: aqueles que praticam o mal aos seus semelhantes, causando-lhes prejuízo, e os que estão escravizados a algum vício incontrolável em desacordo com as leis divinas. Acreditamos que o homossexual que for exilado não o será pela sua opção sexual, mas sim pelo mal que possa cometer ao seu semelhante ou por ser escravo do sexo ou dos demais vícios já citados. Aqueles que optaram por uma vida a dois com pessoas do mesmo sexo, concretizando a união sexual de forma honesta e respeitosa, terão de corrigir esse comportamento no futuro, mas jamais serão exilados por essa atitude.[2]

PERGUNTA: — E o que poderias nos dizer a respeito daqueles que condenam os homossexuais?

HERMES: — O mais sábio dos homens, Jesus, disse-nos que não deveríamos julgar para não sermos julgados. Logo, entendemos que é um grave erro julgar pessoas, mas também jamais devemos nos omitir de divulgar o comportamento crístico que deve ser seguido para alcançarmos a Luz. Julgar pessoas é um ato infeliz que desmascara os próprios erros que ainda habitam em nosso coração, mas refletir sobre comportamentos e atos incompatíveis com a busca da Luz sinaliza maturidade espiritual e reencontro com o objetivo principal de nossas vidas.

Jamais devemos condenar e discriminar qualquer irmão, seja qual for o seu ato, mas é obrigação de todo aquele que já se espiritualizou exercer o trabalho de esclarecimento espiritual, sem citar casos específicos e evitando gerar situações antifraternas.

PERGUNTA: — Afirmaste no início deste capítulo que a glutonice, ou seja, o vício de comer, é também um desequilíbrio da alma. O que tens a dizer?

HERMES: — O corpo deve servir ao espírito, e não o contrário. A alimentação deve ter a finalidade de nutrir o corpo físico para que o espírito possa adquirir e manifestar o seu aprendizado na matéria. O que observamos são alguns casos

---

[2] Em *Sob a Luz do Espiritismo*, de Ramatís, psicografado por Hercílio Maes, publicado pela **EDITORA DO CONHECIMENTO**, o autor afirma que a homossexualidade não é uma conduta dolosa perante a Moral Maior, apenas diante da falsa moral humana, pois os legisladores, os psicólogos e os cientistas do mundo físico ainda não puderam resolvê-la. "É assunto que não se soluciona sobre bases científicas materialistas porque só podereis entendê-lo e explicá-lo dentro dos processos de reencarnação", explica o autor, que dedica todo um capítulo a interessantes esclarecimentos sobre o tema.

de culto à mesa, sobrecarregando o organismo de uma alimentação pesada que embota os sentidos espirituais, prejudicando a ascese evolutiva do espírito imortal.

Já é tempo de o homem compreender que a alimentação deve ter a finalidade exclusiva de nutrir o corpo com saúde, e não sobrecarregá-lo de gorduras com alimentos e bebidas tóxicas para o seu bom funcionamento. Nesse caso, enquadramos também a necessidade de uma preparação para o abandono da alimentação carnívora, que será inadmissível quando a sociedade da Nova Era se consolidar, embora não seja fator para eleger ou reprovar os espíritos para o novo estágio de evolução espiritual que está por vir.

PERGUNTA: — A Igreja Católica aponta como graves erros de conduta os chamados "sete pecados capitais", que poderiam ser considerados a origem de todos os demais pecados. Seriam eles a soberba, a avareza, a luxúria, a ira, a gula, a inveja e a preguiça. O que dizes a respeito?

HERMES: — Esse levantamento de atitudes anticrísticas realmente retrata o infeliz caminho para a falência dos espíritos em evolução rumo à Luz em nosso mundo. Eis o motivo pelo qual decidimos dividir esse tema em dois capítulos. Neste, dissertamos sobre os vícios do corpo; no próximo, abordaremos os vícios da alma, fechando o ciclo das atitudes nefastas que comprometem a ascese evolutiva tão imprescindível aos homens neste final de ciclo evolutivo.

PERGUNTA: — Em resumo: o que poderias concluir sobre este capítulo?

HERMES: — Os vícios do corpo bloqueiam a ascese evolutiva dos espíritos que ainda acreditam ser a carne o seu verdadeiro eu. Devemos compreender que o corpo é tão-somente um veículo de manifestação nos mundos físicos. Se servirmos a ele, como um escravo, seremos como um piloto dirigindo um carro desgovernado. É fundamental nos conscientizarmos de quem somos, de onde viemos e para onde devemos seguir. A libertação dos vícios significa o ingresso para uma vida superior. A análise diária da autonomia que temos sobre as nossas vidas é fundamental. A partir do momento em que percebermos que somos dependentes do fumo, do álcool, do sexo e das demais drogas alucinógenas, devemos parar para refletir sobre o rumo pelo qual estamos direcionando as nossas vidas. Pode parecer que não, mas os vícios podem alterar o nosso comportamento, fazendo com que venhamos a cometer graves crimes para atender aos caprichos do corpo.

E, ademais, a interatividade entre corpo físico e corpo espiritual desencadeará desequilíbrios no Além, fazendo com que não tenhamos harmonia e leveza para evitar a inconfundível atração magnética do astro intruso.

PERGUNTA: — Para concluirmos o capítulo, gostaríamos que o irmão expusesse o motivo principal que mobiliza os homens para seguir pelo caminho das drogas e que também faz com que eles não tenham perseverança para livrar-se da influência coercitiva desse mal.

HERMES: — A falta de uma crença superior que esclareça o verdadeiro significado da vida humana é o principal motivo da falência dos homens. Aqueles que acreditam que "vieram do pó e para o pó retornarão" são as vítimas mais fáceis dos vícios, por não encontrarem um motivo superior para viver e crescer a longo prazo. Caso a humanidade realmente procurasse entender e assimilar as Verdades Espirituais compreenderia que todos os filhos de Deus são eternos e estão inseridos dentro de programas evolutivos que devem ser alcançados para a nossa ventura espiritual. Se o homem assim pensasse, as drogas e as desilusões da vida não encontrariam abrigo em suas mentes. Ademais, a falta do cultivo de ideais superiores para a construção de um mundo melhor, a preguiça e o desinteresse para com aqueles que sofrem a dor da nudez, da fome e da miséria tornam as pessoas ociosas e propensas ao assédio das drogas. Como diz o ditado: "Mente ociosa e distanciada de Deus é oficina do diabo!"

O homem espiritualizado compreende melhor o mundo que o cerca e é mais sábio em suas decisões, jamais crendo que as drogas que escravizam o corpo possam ser algo que lhes traga prazer e felicidade. O ignorante é escravo do mundo, o aprendiz compreende que existem leis universais que se forem seguidas conduzem às portas da felicidade, e o sábio escreve nas estrelas; ele conduz a humanidade traçando os roteiros evolutivos para a ascese de todos os filhos de Deus.

10
Os vícios da alma

PERGUNTA: — *Quais são as conseqüências dos vícios da alma em relação ao processo de transição para o novo estágio de evolução espiritual da Terra?*

HERMES: — Solicitamos este capítulo especialmente para alertar os encarnados na vida física sobre os vícios da alma, que são os comportamentos rotineiros contrários às virtudes cristãs. Os vícios da alma são as atitudes daninhas, muitas vezes hipnóticas, que nos levam à ruína espiritual sem nem ao menos percebermos.

O homem atual, vítima de uma sociedade corrompida que alterou os valores morais para extravasar os seus caprichos, vive hoje um dilema de atitudes, muitas vezes justificando o injustificável, como profetizou João Evangelista no "Livro do Apocalipse". No texto sagrado, o apóstolo afirma que chegado o "fim dos tempos" o que é certo passaria a ser considerado errado, e o que é errado passaria a ser considerado certo. Eis um retrato da sociedade humana atual!

PERGUNTA: — *E qual seria o mais comum vício da alma?*

HERMES: — A maledicência é o mais rotineiro vício de conduta da humanidade. Por causa desse veneno sutil, várias vidas são prejudicadas e relacionamentos destruídos com a famigerada "fofoca". Falar da vida alheia, com críticas destrutivas, tornou se um hábito deplorável que rompeu os limites aceitáveis na atual etapa evolutiva da Terra, sendo que hoje em dia chegou-se ao ponto de existirem revistas especializadas em expor de forma negativa a vida de celebridades da sociedade.

A maledicência é uma prova dos recalques milenares das almas encarnadas na Terra que ainda se comprazem com a tragédia alheia e invejam aqueles que alcançam as suas próprias metas ambiciosas. É realmente triste, mas tanto invejados como invejosos são dignos de pena. O invejado é vítima de sua própria arrogância e prepotência, frutos de seu culto exagerado à vida humana materialista e imediatista. Já o invejoso, é uma pobre criatura que sonha em ter uma posição de destaque dentro de uma sociedade ultrapassada e em franca decadência moral.

Os eleitos que se destacarão na Nova Era serão espíritos simples e desprendidos, jamais desejando serem venerados pelo culto exterior, mas sim serem lembrados por sua contribuição na construção de uma sociedade melhor. E os eleitos que não tiverem a mesma projeção social serão almas laboriosas, apenas interessadas no exemplo daqueles que se candidatarem a conduzir a sociedade, por suas aptidões políticas, religiosas, sociais ou artísticas.

PERGUNTA: — A maledicência é um problema antigo. Jesus alertou-nos constantemente sobre esse vício da alma em sua mensagem redentora. O que mais poderias nos dizer sobre esse mau hábito?

HERMES: — A maledicência demonstra como a humanidade atual está distanciada do amor e da caridade, pois ela explicita que não existe carinho e respeito entre os homens. A sociedade perfeita sonhada pela humanidade terrena jamais será alcançada enquanto esse sentimento nefasto for cultivado no coração dos espíritos em evolução na Terra. É por esse motivo que o exílio planetário é inevitável.

O sentimento amargo, rancoroso e recalcado que dá origem à maledicência não habitará no coração dos eleitos. Portanto, é fundamental iniciar imediatamente a luta contra esse vício sutil que se abriga no íntimo dos homens e compromete séculos de evolução sem causar suspeita.

Poderíamos comparar a maledicência ao inseto conhecido como cupim, que instala-se nos móveis de vossas casas, destruindo-os lentamente. Assim como esse inseto, o mau hábito de julgar a vida alheia corrói a alma dos maledicentes sem que eles percebam. Ao final do processo, o estrago é avassalador, levando o invigilante a um longo período de correção espiritual para recuperar-se dos graves danos desencadeados em sua alma imortal, mais propriamente, em seu corpo perispiritual.

PERGUNTA: — A maledicência e a crítica destrutiva seriam o mesmo vício da alma com nomes diferentes?

HERMES: — Sim. A crítica só é aceita quando possui o nítido interesse do bem comum, sem ofender e magoar. Somos todos peregrinos em busca da Luz. Se Jesus, o mais excelso espírito que desceu ao plano terreno, negou-se a julgar e condenar a mulher adúltera, quem somos nós para procedermos de forma diferente?

A crítica destrutiva, assim como a maledicência, tem por objetivo tão-somente agredir, magoar e desestimular os nossos semelhantes ao progresso espiritual. Eis um gesto infeliz, e pelo qual o acusador deverá responder irremediavelmente às leis do Criador!

Jamais devemos avaliar os outros em termos de angelitude ou imoralidade, pois não temos condições de compreender os motivos que muitas vezes rompem as barreiras da atual encarnação e que as levam ao desastre moral. Os pregadores de moral rigorosa geralmente tropeçam nas mesmas situações que condenam com fervor. Ao invés de julgar, procuremos exemplificar as virtudes cristãs. Apenas Deus e seus prepostos mais graduados podem avaliar o íntimo de cada um. Ao verdadeiro espiritualista, imbuído do espírito crístico, cabe orientar fraternalmente, sem julgar-se o dono da verdade absoluta, que reside exclusivamente na essência do Criador.

O erro de nossos semelhantes no dia de hoje talvez seja o nosso erro amanhã, já que na estrada evolutiva da Terra somos ainda portadores das imperfeições humanas. Cabe-nos levantar os caídos, porque não sabemos onde os nossos pés tropeçarão.

PERGUNTA: — É nítido perceber que para vencer os vícios da alma é imprescindível "orar e vigiar" constantemente. Não estamos certos?

HERMES: — Sim. Os atos sociais que não causam espanto e horror são os mais difíceis de serem controlados, pois são tratados com indiferença e complacência por todos. Se é uma atitude comum no meio social, por que surpreender-se? E neste ponto está o maior perigo! A inversão de valores da sociedade atual enaltece a filosofia de "levar vantagem em tudo", sejam quais forem os métodos.

No mundo físico, desde os primeiros anos, a criança já se acostuma com essas práticas nefastas, acreditando estar agindo corretamente. Os pais, que deveriam ser responsáveis por sua educação, muitas vezes tornam-se os piores exemplos, conduzindo os espíritos menos perseverantes no bem à prática constante da maledicência e da intriga. É realmente muito triste observarmos pessoas conversando diariamente e constatarmos que a quase totalidade de suas palavras está impregnada de ódio, recalques, inveja, rancor ou sensualismo. Por isso, advertimos os irmãos, de coração: analisai sinceramente os vossos atos e atitudes diárias à luz da sabedoria espiritual. Se vos observardes com um cigarro na boca, um copo de bebida alcoólica na mão e o coração, a mente e a boca repleta de palavras negativas, derivadas de pensamentos e sentimentos inferiores, então compreendereis as nossas palavras de alerta.

Quem dera os espíritos protetores dos encarnados pudessem gravar e apresentar ao final do dia aos seus pupilos todas as suas ações! Certamente, os invigilantes iriam se chocar com suas próprias atitudes, muitas vezes cruéis e insensíveis para com os seus semelhantes.

PERGUNTA: — A maledicência não seria fruto das dificuldades da vida humana? Será que se o homem vivesse uma vida mais serena, pacífica e sem problemas não seria menos maledicente?

HERMES: — Acreditamos que seria o contrário, pois se os homens tivessem verdadeiros problemas não teriam disposição para criticar a vida alheia e tempo para desperdiçar com conversas improdutivas, que não acrescentam nada a ninguém. Os cristãos que foram perseguidos pelo Império Romano, as vítimas das guerras, da discriminação racial e da fome pelo mundo, estes sim tiveram e têm problemas. Os espíritos atualmente encarnados no cenário brasileiro reclamam da vida, mas vivem em um país pacífico e que oferece oportunidades para o crescimento espiritual de seu povo. Ao invés de dedicarem-se somente ao futebol, ao carnaval e às telenovelas decadentes, os encarnados deveriam buscar realizar uma verdadeira reforma espiritual íntima. As lamúrias apenas atrasam a nossa caminhada e estimulam a preguiça na busca pelas Verdades Espirituais imprescindíveis ao bem viver da sociedade. Eis na preguiça mais um grande vício da alma! Os espíritos comportam-se como crianças mimadas; apresentam-se sempre indispostos ao estudo espiritual que os tornaria pessoas melhores. Todavia, geralmente estão animados para assistirem a programas televisivos decadentes e para falar negativamente da vida alheia.

Irmãos, libertai-vos da hipnose gerada pelo comodismo da vida humana! É necessário modificar a forma de pensar e agir para libertar-se da estagnação evolutiva espiritual.

PERGUNTA: — *Alguns leitores podem afirmar que condenas a crítica e o julgamento, mas na verdade te contradizes, pois estás criticando e condenando os maus hábitos de nossa humanidade atual. O que dizes?*
HERMES: — Há uma grande diferença entre julgar maus hábitos e julgar pessoas. Jesus condenou com autoridade o comportamento imoral e antifraterno da sociedade em que viveu, mas em nenhum momento julgou individualmente os seus semelhantes. É isso que aqui fazemos com o objetivo de esclarecer o homem atual sobre os nefastos vícios de conduta que o escravizam aos ciclos reencarnatórios de expiação e provas.

PERGUNTA: — *O que mais poderias nos aconselhar a respeito da maledicência?*
HERMES: — O melhor exemplo a esse respeito encontramos nos ensinamentos do sábio filósofo grego Sócrates. Ele nos ensina que somente informações que sejam verdadeiras, boas e úteis podem e devem ser proferidas. Todas as informações que porventura forem bloqueadas por esses três filtros devem, portanto, ser desprezadas.

Sendo assim, seremos sábios se guardarmos silêncio, pois tudo que não é bom, útil ou verdadeiro a ninguém engrandece. Com essa prudente prática estaremos libertos da influência sorrateira da maledicência. Lembrai-vos que dominaremos sempre as palavras que não dissermos, mas teremos de nos submeter àquelas que pronunciarmos.

Mas, para exercitarmos esse ensinamento socrático, devemos também nos lembrar de avaliar sempre aquilo que iremos falar ou escrever. Jesus nos recomenda que é importante nos preocuparmos mais com o que sai de nossa boca do que com o que entra. Nesse campo de aprendizado, gostaríamos de recomendar os importantes livros de nosso irmão Miramez: "Horizontes da Mente" e "Horizontes da Fala", ambos psicografados pela mediunidade abençoada de João Nunes Maia. Estes belos trabalhos de renovação interior, quando lidos com atenção e interesse, extirpam a erva daninha da maledicência de nossos corações.

PERGUNTA: — *Poderias nos falar sobre a arrogância e a prepotência?*
HERMES: — Esses sentimentos são típicos de quem não crê em Deus e acredita-se que é melhor do que os seus seme-

lhantes. A humildade é uma das chaves de libertação espiritual, pois quanto mais compreendemos a magnitude e o objetivo da obra do Criador, mais nos aproximamos de sua grandeza. Jesus recomendou aos seus apóstolos que jamais se posicionassem em lugar de destaque, pois "aquele que se exalta será humilhado, e o que se humilha será exaltado". No momento em que acreditamos estar acima do "bem e do mal", perdemos a noção da amplitude da Obra Divina e tornamo-nos semelhantes aos espíritos infantis que sempre dominaram o cenário da vida humana, mas que eram almas pequenas e imperfeitas. Ao vislumbrarmos a grandeza do Universo criado por Deus, vemos como ainda somos insignificantes dentro da regência da vida criada pelo Pai.

PERGUNTA:— Sabemos que as palavras agressivas, o desrespeito e a intolerância são atitudes negativas. Seriam elas também vícios da alma?
HERMES: — Essas atitudes são um reflexo nítido do que caracteriza as almas ainda imperfeitas. Encontramos na perfeição e na beleza espiritual a imagem e semelhança de Deus; logo, é notório que essas atitudes correspondem a uma atitude viciada em relação à nossa real natureza espiritual. O homem não é mau, egoísta, intolerante e vingativo, mas o seu "eu" interior está viciado na prática do mal, do egoísmo, da intolerância e da vingança. Somente a consciência espiritual de que somos muito mais que a máquina física fará com que a humanidade desperte para a sua real natureza. Compreendendo o que aqui afirmamos, os homens entenderão a importância da libertação das atitudes anti-crísticas, por meio de uma educação social voltada para os princípios sagrados do Evangelho do Cristo. Ao obter essa consciência espiritual, perceberão que o seu estilo de vida atual é equivocado e deve ser reavaliado.

PERGUNTA:— A indiferença em relação à miséria alheia também seria um vício da alma?
HERMES: — Sim. Nós fomos criados para somarmos com a sociedade. A partir do momento em que nos isolamos, sem nos preocuparmos com o destino de nossos irmãos, estamos inseridos novamente em um comportamento que não corresponde ao padrão espiritual para o qual fomos criados por Deus. Se fugimos à nossa real natureza, como filhos de Deus, podemos afirmar com certeza que estamos cometendo um vício da alma.

O próprio indivíduo, ao isolar-se, começa a se prejudicar, pois cedo ou tarde necessitará de alguém ou de algo para viver. Fomos criados para interagirmos uns com os outros, e se isso não ocorre assemelhamo-nos à água parada que, com o tempo, começa a apodrecer. O crescimento espiritual se dá por meio da prática convicta de servir ao próximo, e não de desejar ser servido. A história da humanidade é rica em grandes exemplos de almas que trabalharam pelo progresso de toda a civilização. E encontramos também o que há de pior, sempre em personalidades que foram preguiçosas, usurpadoras e que só desejavam que seus caprichos e taras fossem atendidos pela escravização de seus semelhantes. Portanto, devemos trabalhar incansavelmente para construir uma sociedade mais justa e igualitária, promovendo avanços no campo social, espiritual e científico.

PERGUNTA: — A falta da misericórdia entre os homens não seria o reflexo de uma sensação de impotência ante esse mar de deserdados da sorte que habita o nosso mundo?
HERMES: — Se ficássemos esperando as transformações prometidas durante todo este trabalho, para só então arregaçarmos as mangas para a tarefa renovadora, significaria que não estamos à altura de viver na Terra do Terceiro Milênio. O Criador aguarda que Seus filhos mais conscientes iniciem a tarefa que contagiará a humanidade nas próximas décadas. Espelhai-vos na fábula do beija-flor que lutava com convicção para apagar o incêndio na floresta, enquanto o elefante afirmava ser impossível sustar as imensas labaredas. Ou seja, não vos porteis como elefantes ociosos, mas sim como beija-flores laboriosos! Lembrai-vos: "A porta da salvação é estreita, enquanto a das iniquidades é larga!"

PERGUNTA: — O que devemos fazer após vencer um determinado problema?
HERMES: — Devemos aguardar outros, pois o atual estágio evolutivo da Terra exige a higienização cármica de sua humanidade para que ingresse purificada na Nova Era. Não há espaço para comodismos e lamúrias. Quem reclama, apenas agrava as dificuldades do percurso. O homem só alcança o paraíso que persegue quando esquece de si para amar e servir aos seus semelhantes.

PERGUNTA: — O desinteresse pelas questões espirituais

A Nova Era 195

também seria um vício da alma, já que afirmaste que tudo aquilo que contraria a nossa natureza espiritual pode ser entendido assim?

HERMES: — Exatamente! Assim como a maledicência, a falta de fé é um dos maiores vícios da alma, que aprisiona o indivíduo por séculos nas encarnações expiatórias primitivas. A falta de conhecimento espiritual afasta o espírito em evolução das atividades que viriam a estimulá-lo a uma verdadeira reforma moral, espiritual e intelectual, libertando-o definitivamente da forma alienada de compreender a finalidade da vida humana. Antes de reencarnar, todo espírito passa por longos períodos de cursos intensivos para melhor aproveitar a sua nova existência. A importância da crença espiritual e da fé na Vida Maior é abordada insistentemente nesta série de estudos, mas, infelizmente, a grande maioria se deixa seduzir pela "larga porta" da preguiça e dos prazeres humanos.

PERGUNTA: — Os homens provavelmente teriam um outro comportamento se tivessem uma real e palpável comprovação da Vida Imortal e se tivessem consciência da importância de evoluirmos segundo os preceitos trazidos pelos avatares durante toda a história de nossa humanidade. Não seria melhor se pudéssemos recordar as nossas vidas anteriores e a vida espiritual, quando encarnados?

HERMES: — Já abordamos em parte esse assunto no primeiro capítulo deste trabalho. E lá afirmamos que no atual estágio evolutivo da Terra ainda é necessária a conquista da fé e dos valores espirituais para enxergar o mundo invisível aos sentidos físicos. Afirmamos também que quanto mais o homem se aproxima de Deus, mais ele consegue sentir a presença do Criador. Portanto, aqueles que desejam essas comprovações para se mobilizarem, que façam por merecer! Posso garantir-vos que a cada passo em direção a Deus e às Verdades Supremas do Espírito, encontrareis as respostas e as confirmações que buscais. A não ser que essas referências sejam de pessoas que apenas pretendem justificar o seu desinteresse e desestímulo ao progresso espiritual.

PERGUNTA: — Será que esse "vício da alma" da descrença espiritual não é fruto da falta de progresso e modernização das religiões?

HERMES: — Realmente, isso é um empecilho; no entanto, devemos nos lembrar que a humanidade é repleta de crenças que abordam as Verdades Divinas das mais variadas formas. Mas o homem, geralmente indolente para com as questões espirituais, encontra maior interesse nas atividades mundanas do que nas reflexões transcendentais.

PERGUNTA: — Será que esse interesse maior pelas questões humanas não seria por causa da falta de avanço espiritual e intelectual da nossa humanidade? Ou seja, a nossa nítida pequena evolução espiritual?
HERMES: — Concordamos que assim é! Mas os séculos passam, novas encarnações são facultadas aos espíritos em evolução na Terra e o que vemos é o mesmo desinteresse da grande maioria, chegando-se ao ponto de o exílio planetário ser necessário para migrar dois terços da população total do planeta, a fim de que os eleitos possam prosseguir evoluindo. Inclusive, somente agora as religiões estão se modernizando, em decorrência de uma intensificação na reencarnação dos eleitos, pois se dependesse da humanidade atual, que ainda luta para obter o seu ingresso na Nova Era, as mentes humanas continuariam a ser escravizadas para atender aos interesses dos poderosos.

Acreditamos que a Verdade Divina foi bem difundida no plano material, mas o interesse humano por seus caprichos infantis ainda domina almas que já deveriam ter despertado para a Vida Maior há séculos. E assim a humanidade caminha, desinteressada pela busca da auto-realização espiritual, apenas cultuando externamente uma determinada religião que, na verdade, não lhe toca o coração por seu próprio desinteresse nesse sentido.

PERGUNTA: — E o que poderias nos falar sobre os melindres?
HERMES: — Assim como ofender e agredir é um ato desrespeitoso e que deveria ser motivo de reflexão para os encarnados, o sentimento de mágoa, ofensa e escândalo também necessitaria receber a mesma atenção. Se o homem moderno houvesse encontrado a sua Luz interior, se ofenderia menos e não necessitaria exercer o nobre gesto do perdão, nem ao menos se sentiria ofendido para tanto, pois compreenderia as limitações de seu irmão.

PERGUNTA: — Acreditamos que estejas pedindo demais

A Nova Era 197

a nossa limitada humanidade. Se já nos é difícil perdoar os nossos semelhantes, que dirá não se sentir ofendido. O que nos dizes a respeito disso?
HERMES: — Tendes razão! Vede como a humanidade terrena está distanciada das civilizações superiores. Enquanto em mundos adiantados os seus habitantes relevam os equívocos de seus semelhantes ainda embaraçados com conceitos superiores, na Terra o simples gesto de perdoar, mesmo que seja após algum tempo de reflexão, ainda é muito difícil. Inclusive, é comum ver irmãos de sangue, que deveriam amar-se, vivendo longos anos sem trocar uma única palavra, por serem escravos do rancor típico de almas primitivas.

PERGUNTA: — Poderias nos trazer outras considerações acerca do perdão?
HERMES: — O perdão implica a consciência de que somos mais do que a máquina humana, que vivemos uma vida imortal e que somos filhos de um Ser Superior que rege a nossa evolução. Como a humanidade terrena vive distanciada do verdadeiro sentimento religioso, torna-se difícil a prática sincera do perdão. Caso os homens compreendessem que a postura serena dos sábios poderia resolver os problemas humanos sem guerras e violência, o perdão seria amplamente praticado no mundo. Enquanto isso ainda não ocorre, por que a humanidade atual ainda cultua os vícios do corpo e da alma, analisamos com tristeza as notícias de dor, sofrimento e laços cármicos sendo ainda mais estreitados nas sociedades da Terra.

Aqui, é uma criança que é assassinada com uma bala perdida por causa da imprudência dos pais, que ainda se consideram vítimas, mas jamais refletem sobre as suas atitudes irascíveis do cotidiano; acolá, temos o caso de lutas insensatas por posses exclusivamente humanas que causam dor, sofrimento e tristeza. Analisando todo o contexto humano sob a ótica imortal, é possível compreender com clareza a grandeza das palavras de Francisco de Assis em sua oração: "É morrendo para a vida humana que se renasce para a Vida Eterna". Ou seja, aquele que se desliga dos interesses mesquinhos da vida humana, alcança a verdadeira felicidade, imortal e imperecível.

PERGUNTA: — Em determinada noite de estudo, afirmaste que o rancor é mais prejudicial a quem o sente, do que à pessoa que é alvo de tal sentimento. O que poderias nos dizer

a respeito dessa afirmação?
HERMES: — A criatura que se sente ofendida, magoada, entra em um estado de sintonia com o ódio e a revolta por sentir-se injustiçada ou traída. Esse comportamento desencadeia energias interiores que maculam o corpo perispiritual com as manchas astrais que já estudamos neste trabalho. Apesar de a pessoa objeto do sentimento de rancor sofrer as vibrações negativas geradas, o próprio espírito rancoroso sofrerá diversas vezes mais as descargas negativas que está gerando para o seu semelhante. O rancor é um grave elemento gerador de disfunções orgânicas, assim como o ódio intenso, que causa as mais variadas formas de câncer.

PERGUNTA: — *E quanto ao pessimismo? Trata-se também de um vício da alma?*
HERMES: — Deus é a máxima perfeição! A Sua criação universal é um exemplo sábio de que tudo Lhe é possível. Se somos Seus filhos, nada também nos é impossível, desde que avancemos na escalada evolutiva, alicerçados na fé, rumo às esferas superiores. Jesus afirmou que "somos deuses", por sermos a mais perfeita Criação Divina. Allan Kardec assegura-nos em suas obras da codificação do Espiritismo que somos uma centelha divina, ou seja, somos parte do Criador. Com essa análise compreendemos que o pessimismo é um grave vício da alma, pois se somos parte do Criador temos de ser plenamente otimistas e nenhuma meta deve apresentar-se aos nossos olhos como algo impossível. As palavras de Paulo de Tarso aqui devem ser também citadas: "Posso tudo com Aquele que me fortalece!"

PERGUNTA: — *As tuas palavras são belas e cativantes, mas acreditamos que para uma pessoa que passa por diversos problemas e nada parece dar certo elas não surtirão efeito. O que nos dizes a respeito?*
HERMES: — As pessoas pessimistas fracassam em seus mais simples sonhos por não terem fé. Elas acreditam que nada é possível de ser alcançado. O Mestre dos mestres afirmou que a fé do tamanho de um grão de mostarda poderia remover montanhas, mas isso só é possível àqueles que já alcançaram uma capacidade plena de auto-afirmação e confiança em Deus. Assim como o ateu não percebe o Mundo Espiritual por sua descrença, o pessimista não alcança os mais simples resultados por sua falta de fé.

A Nova Era 199

PERGUNTA: — Por que somos vítimas dos vícios? Se possuímos essa natureza divina em nosso ser, por que somos atraídos e dominados por tudo que há de ruim?

HERMES: — Deus cria os Seus filhos simples e ignorantes. A falta de sabedoria nos faz experimentar todas as sensações e impulsos da vida, mas somente almas que tornam-se disciplinadas, lúcidas e convictas no bem conseguem enxergar a beleza e o prazer nas virtudes divinas. Enquanto ainda somos pequenos e não conseguimos perceber a beleza do amor, resvalamos nos equívocos da vida humana e nos atraímos hipnoticamente aos prazeres materiais. Com o passar dos séculos, tomamos gosto somente por aquilo que nossas almas imperfeitas conseguem perceber; assim como o espírito endurecido só experimenta prazer quando bebe a sua cerveja no final de semana, vê mulheres seminuas e assiste a eventos esportivos.

Mas a evolução espiritual é inevitável a todos os filhos de Deus. Com o passar dos milênios, o amor e a sabedoria, ou a dor e o sofrimento, provocam reflexões que nos despertam para a busca dos sentimentos superiores. Nesse estágio, iniciam-se os dramas de consciência e a luta para libertarmo-nos dos vícios do corpo e da alma cultuados por séculos de encarnações em que vivemos à beira da animalidade. A luta é atroz, mas a vitória traz-nos um sentimento indescritível. Eis o estágio que um grande número de espíritos está vivenciando no atual momento evolutivo da Terra e que determinará de que lado estamos: se à esquerda ou à direita do Cristo!

PERGUNTA: — Pelo que entendemos, terminamos nos acomodando no cultivo de maus hábitos e isso torna difícil o caminho de volta à Luz?

HERMES: — Exatamente! Fomos criados em meio à Luz Divina, mas na caminhada rumo ao crescimento espiritual maculamos a pureza de nossa "túnica nupcial". Somente o desejo intenso de retorno pode purificar-nos novamente e isso exige um grande esforço para vencer os hábitos que estão enraizados profundamente em nossas almas por causa de séculos de atitudes viciadas. Eis o porquê é tão fácil ser aliciado para os vícios do corpo e da alma e é tão difícil libertar-se de sua influência nefasta. É tudo uma questão de hábitos milenares.

PERGUNTA: — Poderias nos mostrar um rumo seguro para libertarmo-nos desses vícios de conduta que nos escravi-

zam, assim como fizeste há séculos?

HERMES: — Basta seguir a Lei Áurea de todas as religiões: "Ama ao teu próximo como a ti mesmo" e "Não faças aos outros aquilo que não gostarias que te fizessem". Eis a chave libertadora de todos os vícios da alma!

PERGUNTA: — Parece-nos que esse termo "vícios da alma" nada mais representa do que as atitudes anticrísticas, os pecados da alma, que devemos vencer para evoluirmos. Não seria isso?

HERMES: — Realmente, apenas solicitamos este capítulo com a finalidade de fazer um comparativo com os vícios de natureza física. Assim, os irmãos poderão meditar sobre a força coercitiva dos maus hábitos que cultivamos. É imperiosa a libertação da conduta negativa que se enraizou com profundidade nas almas displicentes em evolução na Terra.

De nada valeria este trabalho que enaltece a chegada da Nova Era, se os homens não tivessem uma oportunidade para conscientizarem-se desses maus hábitos sorrateiros que os escravizam.

Na verdade, a consciência espiritual é a base de tudo e a essência do Todo. Aquele que compreende as leis cósmicas de Evolução Universal aprende a amar e liberta-se do convencionalismo da vida humana. Assim como os vícios do corpo, os vícios da alma devem ser domados para que conquistemos a evolução espiritual necessária para o Terceiro Milênio.

PERGUNTA: — Entendemos que há outros vícios da alma importantes que não foram citados, como, por exemplo, o ciúme e a cobiça; mas, para encerrar este capítulo, gostaríamos que nos falasses sobre os desejos e as paixões humanas. Seria possível?

HERMES: — As paixões e os desejos humanos são um reflexo do atraso espiritual em que se encontra a Terra. Os homens, sempre distanciados da verdadeira vida, escravizam-se aos desejos do mundo das formas, relegando a um segundo plano a inadiável conquista da consciência espiritual. A vida humana é um mundo de ilusões, onde as almas distanciadas do Cristo travam uma batalha incessante para atender aos seus desejos e paixões. Lembramos mais uma vez que a vida material é útil e deve ser entendida como uma escola para adquirirmos elevação espiritual e vivermos integralmente a

A Nova Era 201

Vida Maior.

A existência conduzida com equilíbrio, serenidade, amor e consciência resulta somente em vitórias. Infelizmente, o que vemos são irmãos alienados que não compreendem o objetivo da vida e deixam-se dominar por ela, tornando-se escravos dos vícios do corpo e da alma. Assim, assistimos com tristeza a uma multidão de encarnados sofrendo dores morais intensas por dedicarem atenção demasiada a questões passageiras e de culto ao ego. Desejando encontrar a felicidade de forma egoísta, os encarnados lutam para saciar paixões doentias que geram carmas novelescos. Como disse Jesus, somente no Reino dos Céus encontraremos a felicidade eterna, pois as questões terrenas são transitórias como a vida física. Um dia a felicidade efêmera bate a nossa porta, mas no dia seguinte a escola humana nos convida ao crescimento espiritual, que só conquistamos com amor e sabedoria, ou por meio do guante implacável da dor.

Somente quando o homem entender verdadeiramente o significado da palavra "amor" e adquirir sabedoria para cultivá-la, libertar-se-á do mundo ilusório, deixando de cultuar os desejos humanos para integrar-se nos eternos projetos do Mais Alto. Nesse dia, não haverá mais dor nem sofrimento, somente a felicidade do encontro definitivo com Deus.

11

A mediunidade na Nova Era

PERGUNTA: — *O que poderias nos falar sobre a mediunidade?*

HERMES: — Mediunidade é a capacidade inerente a todos os homens de perceber a Vida Imortal por meio do desenvolvimento dos sentidos e faculdades, tanto espirituais como humanos. O atual estágio de evolução da humanidade terrena ainda exige que o "véu de Ísis", que encobre a visão e os demais sentidos humanos, ainda não seja descerrado para que ocorra a "Grande Revelação". Portanto, somente aqueles que desenvolvem as faculdades mediúnicas conseguem interagir diretamente com a Vida Maior.

PERGUNTA: — *Podemos determinar qual será o tipo de mediunidade mais freqüente no futuro?*

HERMES: — A mediunidade do futuro não estará restrita às casas espiritualistas; fará parte da sociedade como um todo, pois o homem aprenderá a aproveitar os sábios aconselhamentos do Alto em todos os ramos de atuação.

Com o natural avanço espiritual da humanidade no Terceiro Milênio, a mediunidade se tornará uma atividade rotineira no cotidiano dos homens, sendo que a mais freqüente será a intuitiva, por meio da qual os homens percebem as informações espirituais com contato puramente mental. Eis um sinal do aperfeiçoamento da humanidade encarnada, que deixará de ser apenas um instrumento mecânico dos espíritos para tornar-se co-realizadora da obra de edificação de um mundo melhor na Terra!

PERGUNTA: — *Gostaríamos que nos fornecesses mais informações sobre a mediunidade intuitiva.*

HERMES: — A mediunidade intuitiva é aquela em que o espírito comunicante transmite o seu pensamento diretamente à alma do encarnado, sem utilizar-se do corpo físico do médium para materializar as informações do Mundo Maior. Nesse fenômeno mediúnico, é necessário bastante bom senso e critério do médium para saber identificar quais informações são de sua mente e quais são de uma inteligência alheia à sua.

PERGUNTA: — Por que os espíritos não se utilizam somente da mediunidade mecânica, quando dominam o corpo físico do encarnado, transmitindo diretamente o seu pensamento, sem o risco de erros do médium?
HERMES: — Assim como os homens, a mediunidade deve evoluir para o bem e o progresso de todos. O contato mediúnico intuitivo exige um menor esforço do Plano Espiritual e promove um amadurecimento dos espíritos encarnados que, efetivamente, deixarão de ser instrumentos para tornarem-se parceiros atuantes no processo de divulgação espiritual no mundo físico.

A mediunidade intuitiva convida o médium ao estudo e a assumir responsabilidades perante seu compromisso com a Pátria Espiritual, estabelecido antes de reencarnar. Sendo intuitivo, ele terá de responder pelas informações que recebe; ao contrário do médium mecânico, que pode desculpar-se alegando ser apenas "instrumento dos espíritos".

PERGUNTA: — Podemos entender que todos os homens que realizaram grandes obras na história da humanidade foram médiuns intuitivos?
HERMES: — Na grande maioria dos casos, poderíamos chamá-los de "médiuns inspirados", pois na verdade eles não possuíam consciência da intervenção dos espíritos em suas idéias. Mas podemos afirmar que o homem jamais age só. Sempre há espíritos, tanto do bem como do mal, a intuir e inspirar as realizações humanas.

O que diferencia o médium intuitivo do inspirado é a capacidade de ter consciência da comunicação espiritual e saber discernir o que é seu e o que é dos espíritos.

PERGUNTA: — Podemos afirmar, então, que todos os homens são médiuns inspirados?
HERMES: — Certamente! Como já dissemos, a mediunidade é uma faculdade inata do ser humano. O que diferencia cada filho de Deus, nesse aspecto, é a graduação e a consciência que cada um tem do intercâmbio mediúnico. Assim como nos encontramos em diferentes degraus de evolução espiritual

rumo à Luz, também estamos em variados domínios em relação à faculdade mediúnica.

PERGUNTA:— Podemos entender, então, que um médium ostensivo é um espírito adiantado?

HERMES: — Todo espírito adiantado, quando encarnado, possui facilidade no intercâmbio com o Mundo Maior, mas nem todo médium ostensivo é um espírito avançado na caminhada evolutiva. Algumas vezes, espíritos inexperientes são conduzidos à reencarnação com uma grande capacidade mediúnica para cumprir uma provação, resgatando carmas de vidas anteriores, auxiliando a humanidade por meio do mandato mediúnico.

PERGUNTA: — Algumas pessoas apontam a mediunidade como sendo apenas uma doença mental. O que dizes a respeito?

HERMES: — Chegará o dia em que os homens compreenderão que existem mais médiuns do que loucos nos hospícios. Essas criaturas são apenas pobres vítimas do atraso em que ainda vive a medicina psiquiátrica. Caso esses irmãos fossem elucidados sobre a vida espiritual e compreendessem, no início de seu tratamento, que seus dramas mentais são fruto de uma realidade ainda imponderável ao homem comum, veríamos que as unidades de tratamento psiquiátrico ficariam praticamente vazias. Em breve, surgirá uma nova geração de cientistas na área médica que, intuídos mediunicamente pelo Alto, desbravarão os complexos mecanismos da mente humana, analisando-a em comunhão com a realidade espiritual. Nesse futuro que em algumas décadas se descortinará no meio físico, poderemos presenciar a verdadeira face da esquizofrenia, por exemplo, que não passa de uma mediunidade mal orientada e mal compreendida.

PERGUNTA:— Disseste que se os pacientes de clínicas psiquiátricas fossem elucidados sobre a vida espiritual no início do tratamento teríamos menos casos de loucura no mundo. Esse recurso só é válido para pacientes com os primeiros sintomas da enfermidade mental?

HERMES: — No início do drama mental ainda não ocorreram danos definitivos ao cérebro físico. Caso os médicos tratassem a disfunção mental com esclarecimento e recursos espirituais, evitariam, certamente, os danos mentais causados pela exposição contínua do organismo físico a energias mentais desequilibradas e aos medicamentos humanos entorpecentes. Os casos psicóticos muitas vezes são causados por dramas de encarnações anteriores ou pela mediunidade indisciplinada. Eis a origem do problema na maioria dos casos! Com o passar dos anos, os danos na máquina mental física se tornam irreversíveis, assim como o piloto que danifica o motor do automóvel por dirigir de forma incorreta. Nesses casos, pode-se obter um abrandamento da enfermidade mental, mas muito raramente a cura definitiva.

PERGUNTA: — A mediunidade pode abalar a saúde física, acarretando doenças?

HERMES: — Qualquer atividade mental ou física quando executada de forma irregular pode causar danos por se tornar um esforço repetitivo mal executado. É louvável, portanto, a metodologia espírita no exercício da prática mediúnica. Com os estudos iniciados por Allan Kardec nessa área, o homem pôde definir métodos sensatos de executar o intercâmbio entre os dois mundos sem causar-lhe prejuízos. Todo o trabalho mediúnico deve respeitar horários de início e término, além de respeitar a sobrecarga máxima suportada por um médium, já definida por sérios estudos.

O médium, quando em transe, exerce uma atividade mental profunda, sendo que em muitas ocasiões se depara com informações inexistentes no mundo físico, causando-lhe imenso desgaste ao converter esses ensinamentos para a linguagem humana. Um exemplo famoso de mediunidade inconsciente e que ocasionou prejuízos ao veículo físico é o caso do famoso pintor Vincent van Gogh, que vislumbrando os quadros paradisíacos do Além terminou por enlouquecer, tal a sobrecarga mental que sofreu. Se ele tivesse trabalhado as suas informações mediúnicas com critério, sem sobrecarregar o seu cérebro, e com consciência dos limites do intercâmbio entre os dois planos, essa enfermidade mental, que lhe foi fatal, provavelmente não se desencadearia. Exemplo semelhante encontramos no gênio da música Ludwig van Beethoven, que conseguia inclusive ouvir as suas composições belíssimas através dos "ouvidos espirituais", visto ter perdido a audição no início da construção de sua obra musical magnífica.

PERGUNTA: — Por que o médium de efeitos físicos é raro em nosso mundo?

HERMES: — A mediunidade de efeitos físicos é certamente a mais desgastante para o médium e a que mais pode lhe causar danos. O exercício inconseqüente desse tipo de trabalho mediúnico pode, inclusive, causar uma perda drástica de fluido vital, ocasionando um desencarne prematuro. Eis o motivo pelo qual a Alta Espiritualidade reduziu a praticamente zero esse tipo de manifestação mediúnica!

Apesar de a materialização de espíritos ser um dos mais fantásticos meios de se comprovar a existência espiritual, vemos que os homens que a testemunharam, apenas a utilizaram como uma fútil demonstração circense, sem procurar ater-se ao seu único e real objetivo, que é a conscientização espiritual. Infelizmente, a imensa maioria dos encarnados que presenciaram esses fantásticos trabalhos de materialização de espíritos não se detiveram à mensagem de renovação espiritual recomendada nesses mesmos trabalhos e, hoje em dia, vivem da mesma forma que antes, ou seja, transitam pela vida física em completa alienação espiritual.

PERGUNTA: — Podemos crer, então, que a mediunidade de efeitos físicos em breve será um fenômeno ainda mais raro?

HERMES: — Sim, mas surgirão outras formas mais eficazes e modernas para que o encarnado vislumbre a realidade espiritual. A partir do início definitivo da Nova Era na Terra, os eleitos do Cristo serão premiados com um intercâmbio espiritual mais efetivo e de natureza incontestável pelos céticos, fato que ainda não ocorreu por causa da baixa vibração espiritual da humanidade terrena e porque os homens ainda necessitam exercitar a sua crença no Invisível. A fé no Criador e na mensagem de Jesus e dos grandes avatares da Terra é um dos quesitos ainda a serem conquistados para que a humanidade terrena dê o seu grande salto para um mundo melhor. Somente nesse momento o Céu descerá à Terra.

PERGUNTA: — Haveria alguma ligação entre a fisiologia humana e a mediunidade?

HERMES: — Toda a obra de Deus segue um processo lógico e sensato. Os milagres e fatos assombrosos são entendidos como tal em razão do desconhecimento humano sobre a amplitude da Obra Divina. O mecanismo mediúnico, portanto, está intimamente ligado ao funcionamento orgânico do veículo físico. Inclusive, os encarnados já podem detectar com a sua primária aparelhagem médica algumas das alterações ocorridas no veículo físico durante o transe mediúnico, seja ele intenso ou apenas momentos de contato espiritual puramente intuitivo.

PERGUNTA: — *Poderias citar algum exemplo?*
HERMES: — É possível avaliar as alterações nas ondas mentais do médium, quando em transe, pelo eletroencefalograma. Também podemos encontrar variações cardíacas; inclusive, a medicina pode detectar alterações orgânicas pelos exames de sangue e de urina. Sugerimos que os médicos comparem esses exames aos de seus pacientes enquadrados na patologia da esquizofrenia e realizem um estudo mais aprofundado. Certamente encontrarão muitas semelhanças, tanto na avaliação das ondas mentais, quanto na análise das alterações na composição sangüínea.

PERGUNTA: — *A glândula pineal, localizada no centro do cérebro, mais precisamente no diencéfalo, possui alguma função fisiológica para o intercâmbio mediúnico?*
HERMES: — Descartes, filósofo francês, sabiamente afirmou: "a glândula pineal é a sede da alma",[1] pois a epífise, como também é conhecida, é o canal físico de contato com o Mundo Espiritual, o elemento orgânico que estabelece o elo de ligação com o chacra coronário, conhecido entre os orientais como o "lótus de mil pétalas", o mais importante centro de força do corpo psicossomático e aquele que estabelece conexão com a Consciência Superior.
Alguns estudos científicos já detectaram uma atividade eletromagnética mais intensa na epífise de indivíduos com notada capacidade mediúnica, demonstrando aos céticos uma interatividade entre a fisiologia humana e a mediunidade através dessa pequena estrutura semelhante a uma ervilha, mas que possui notável capacidade energética.
Atualmente, a glândula pineal se encontra quase dormente nos homens, mas não foi assim em um passado ainda desconhecido da história da Terra, e não será na humanidade do Terceiro Milênio, que reativará as funções desse órgão tão importante para a esperada futura reintegração do homem com o Mundo Espiritual, na Nova Era.

---

[1] Nota do médium - Com essa afirmação, Descartes quis dizer, em linguagem figurada, que a glândula pineal é a "porta de entrada" para a alma, ou seja, o elemento principal, em nosso corpo físico, de ligação mediúnica com o Mundo Espiritual.

Os leitores poderão obter informações mais amplas no brilhante livro "Missionários da Luz",[2] ditado pelo espírito André Luiz ao médium Chico Xavier.

PERGUNTA: — E quanto ao conteúdo das comunicações mediúnicas? Os próprios mentores nos dizem que o importante é a essência da mensagem. Por que a necessidade de afirmar que foi um espírito "conhecido" que ditou a mensagem?
HERMES: — Não há essa necessidade. Conhecemos a árvore pelos frutos, e não por sua linhagem biológica. Assim é em relação às mensagens e instruções mediúnicas. Os encarnados devem avaliar sempre o conteúdo e dele tirar as suas ilações. Infelizmente, em geral, as mensagens são avaliadas superficialmente, sendo mais interessante o requinte da escrita ou as frases de impacto. Assim, os homens necessitam identificar o espírito para desejar credenciar a mensagem como boa ou ruim. Mas é como dissemos, devemos conhecer a árvore por seus bons frutos. Existem grandes mestres na Espiritualidade que são desconhecidos dos homens e deles poderemos sempre obter importantes mensagens de fundo renovador.

PERGUNTA: — Isso suscita muitos melindres por parte dos médiuns, pois muitos acreditam ser melhores por receberem mensagens de espíritos elevados e reconhecidos pela história religiosa da Terra. O que dizes sobre isso?
HERMES: — É algo lamentável e que nos lembra o triste período medieval, época em que a humanidade estagnou em seu processo evolutivo. Muito nos entristece esse comportamento que, como dizeis, ainda é comum entre os encarnados. Mas podemos garantir-vos que um médium que assim pensa já não está mais em sintonia com o mentor do qual afirma receber comunicações. Os espíritos autorizados pelo Cristo para difundir a revelação espiritual por todo o globo não se coadunam com esse tipo de comportamento vaidoso e contrário a tudo que apregoamos.
A vaidade, assim como os demais vícios da alma, compro-

---
[2] Vide também a obra *Técnica da Mediunidade*, de C. Torres Pastorino, onde o autor afirma que o "corpo pineal" é válvula transmissora-receptora de vibrações do corpo astral, regulando todo o fluxo de emissões do espírito para o corpo físico e vice-versa; daí sua grande importância para a mediunidade. Ramatís também esclarece aspectos ligados ao tema no livro *Elucidações do Além*, e Hercílio Maes, publicado pela **EDITORA DO CONHECIMENTO**, em que dedica amplo capítulo aos centros de forças etéricas" ou "chacras".

A Nova Era

mete o mandato mediúnico, obscurecendo a visão do médium, que deixa de perceber a sua postura equivocada, tornando-se escravo das paixões humanas. Ao invés de trazer mensagens e energias renovadoras para o crescimento espiritual da humanidade, ele passa, então, a cultuar exclusivamente o seu ego e a captar mensagens vazias e inconsistentes.

PERGUNTA: — *O que acontece aos médiuns que dizem receber mensagens de uma entidade e na verdade estão cometendo animismo, ou seja, as informações são fruto de sua imaginação?*

HERMES: — Em verdade, quando encarnados, estamos sempre ligados ao Mundo Espiritual. Ninguém está só! A evolução é uma busca solitária da conscientização espiritual, porém jamais deixamos de estar acompanhados no trajeto a ser percorrido. Como afirmou Allan Kardec: "Somos mais governados por espíritos do que podemos imaginar"; isto é, sofremos diariamente influências positivas e negativas em nossa caminhada. Claro que detemos o livre-arbítrio de seguir ou não esta ou aquela intuição! Portanto, toda comunicação espiritual possui uma quota, negativa ou positiva, oriunda da Pátria Espiritual. O que muitas vezes ocorre é que esses médiuns distorcem as informações segundo os seus interesses e/ou suas limitadas visões de mundo. Eis o perigo! Também encontramos situações em que os mediadores são iludidos pelos espíritos das Sombras e realizam um trabalho negativo na tentativa de fazer o bem. Ocorrem ainda casos em que o médium apenas reproduz com suas palavras a comunicação mental-intuitiva que recebe. Encontramos nessa situação uma comunicação mediúnica fidedigna.

O importante na questão do intercâmbio espiritual é que os médiuns tenham responsabilidade e discernimento para serem intérpretes de espíritos que procuram trazer a Luz ao mundo, e não de espíritos perturbados que procuram semear confusão e informações enganosas. Eis o motivo da importância do estudo sistemático por parte dos médiuns, pois informações equivocadas, além de desmoralizar o médium, comprometem a credibilidade do trabalho espiritual realizado abnegadamente por tantos irmãos dedicados.

PERGUNTA: — *Mas não podemos esquecer os casos em que o excesso de ortodoxia, principalmente por parte das* grandes organizações espíritas do Brasil, leva ao aniquilamento das tentativas de divulgação de informações que fujam às já repetitivas comunicações reproduzidas pelos médiuns tradicionais. O que dizes a respeito?

HERMES: — Realmente, hoje em dia é de senso comum na Pátria Espiritual que existe uma grande dificuldade em divulgar no plano físico informações que fujam aos paradigmas traçados pelas organizações espíritas tradicionais. São raros os médiuns que se libertam dos grilhões ortodoxos, sintonizando-se com os elevados projetos das esferas superiores para trazerem revelações atuais e de suma importância para o processo evolutivo da Terra. O preço pago por essa falta de liberdade e consciência espiritual é a estagnação no processo de divulgação de novos conhecimentos espirituais, gerando a anomalia mediúnica que denominamos de "síndrome das comunicações repetitivas".

Para tudo na vida é necessário equilíbrio. Como diz o adágio popular: "Nem tanto ao mar, nem tanto à terra!" ou "Nem oito, nem oitenta!" Para atingirmos o sucesso em todas as situações, devemos agir com bom senso e liberdade, sem jamais prescindir do estudo necessário para avançarmos com os pés no chão, sem que a caminhada por um terreno desconhecido descambe para o animismo imaginativo.

PERGUNTA: — Como nos certificar da veracidade de uma informação mediúnica?

HERMES: — A mediunidade ainda é exercida de forma empírica, e não utilizando-se de métodos científicos, o que dificulta a aceitação e credibilidade das informações do Além-túmulo. Logo, a melhor forma de trabalhar com informações mediúnicas é utilizando-se de vários médiuns de diversas culturas e após realizar uma filtragem, aproveitando-se as informações de consenso entre eles, assim como fez Allan Kardec na codificação das obras básicas do Espiritismo.

PERGUNTA: — Quais os cuidados que devemos tomar para não sermos enganados mediunicamente por espíritos das Sombras?

HERMES: — O cuidado básico encontra-se na vivência plena do Evangelho do Cristo. Quando afirmamos "vivência" significa viver os ensinamentos, e não apenas adorá-los ou simplesmente crer neles. Já é tempo de a humanidade encarnada compreender que crer ou adorar a Deus não a salvará, pois o homem só se salva por seu próprio esforço renovador em busca da Luz.

Outro ponto fundamental para evitarmos o assédio das Trevas é a responsabilidade, o estudo e a seriedade ao encarar os trabalhos mediúnicos. Os espíritos desvinculados da Luz, geralmente não são persistentes e possuem pouca paciência para concretizar o seu objetivo de desvirtuar médiuns. Via de regra, os que mais fracassam são os médiuns que deixam-se dominar pela vaidade e pelo orgulho, duas largas brechas psíquicas que permitem a obsessão espiritual por parte dos magos das Sombras, que são muito perseverantes em seus objetivos.

Os médiuns vaidosos julgam tudo saber e afirmam que nada mais necessitam aprender; além do mais, raramente tomam para si as lições espirituais que recebem para divulgação. Eis um grave equívoco que contradiz as lições de humildade proferidas por Jesus!

PERGUNTA:— Onde estará o futuro das curas: na mediunidade aprimorada ou na ciência sublimada?
HERMES: — Bela pergunta! A resposta está nos dois pontos. Como já dissemos, o homem vive em grave atraso científico e espiritual por separar esses dois pontos que deveriam estar sempre unidos. A aproximação da ciência com as informações espirituais permitirá a cura definitiva de todos os males da humanidade, preparando a Terra para o estágio evolutivo da Nova Era, em que os carmas físicos não serão mais necessários.

A mediunidade sem ciência é porta para a mistificação e para crendices populares. A medicina sem consciência espiritual é como uma estrada escura repleta de buracos traiçoeiros. Somente a união dessas duas fontes do saber permitirá ao homem ingressar no Todo, libertando-se do ateísmo científico e das superstições que escravizam a humanidade a falsas verdades.

PERGUNTA: — A cura espiritual pode ser considerada uma mediunidade por tratar-se de um processo de energização magnética do próprio médium?
HERMES: — Apesar de o médium utilizar-se de sua energia magnética, sempre haverá a presença de um espírito que estará canalizando energias imponderáveis do Plano Espiritual por um mediador com o objetivo de processar a cura. Como já dissemos, o Mundo Espiritual interpenetra o físico, sendo raros

os momentos em que não existe uma simbiose de ações.

PERGUNTA: — *Jesus também necessitou de auxílio espiritual para realizar as suas curas?*

HERMES: — Não é uma questão de ter ou não necessidade, mas sim de uma predisposição natural dos bons espíritos em ajudar, fortificando a energia do médium para que ele atue melhor e com menor desgaste. Jesus, em todos os momentos de Sua vida messiânica, esteve sob o amparo e a inspiração do Cristo Planetário, entidade arcangélica regente da Terra e que mantém coesas e sintonizadas as forças astrais de nosso mundo. Além do mais, uma falange de elevado quilate espiritual candidatou-se a auxiliar o Divino Mestre durante a sua peregrinação pelo plano físico.

PERGUNTA: — *O que podes nos dizer sobre a faculdade de desdobramento espiritual, ou, como é mais conhecida, a mediunidade de projeção astral, em que o médium sai de seu corpo físico e vivencia diretamente os fatos no Plano Espiritual?*

HERMES: — Como já afirmamos, os médiuns do futuro serão mais parceiros da Espiritualidade e menos instrumentos. Com o avanço natural da humanidade para o Terceiro Milênio, a faculdade de desdobramento espiritual será muito importante para melhorias em diversas áreas da evolução humana. Inclusive, a técnica conhecida como apometria[3] já demonstra um avanço nos trabalhos de cura e de desobsessão espiritual. Nesses procedimentos, o médium liberta-se do seu invólucro físico e avalia o corpo astral do paciente, como se desencarnado estivesse, com o objetivo de diagnosticar e intervir na enfermidade com uma atuação direta nesse corpo intermediário, que termina por desencadear as doenças físicas, como já estudamos no capítulo quatro deste trabalho, que versa sobre as doenças.

A projeção astral permitirá, no futuro, que cientistas encarnados visitem as salas de estudo do Mundo Maior, onde poderão obter informações para o avanço da ciência no plano físico.

---

[3] Nas obras *Apometria para Iniciantes*, de Patrícia Barz e Geraldo Magela, *Apometria Hoje*, coletânea de artigos e a trilogia "Apometria e Umbanda", composta pelas obras: *Evolução no Planeta Azul*, *Jardim dos Orixás* e *Vozes de Aruanda*, de Ramatís, psicografadas por Norberto Peixoto, todas publicadas pela **EDITORA DO CONHECIMENTO**, o leitor poderá conhecer tanto detalhes dessa técnica inovadora, como os resultados que ela tem proporcionado aos pacientes tratados em diversas casas espíritas.

No dia em que a ciência romper o seu "pacto" com o materialismo, haverá um salto de progresso propiciando melhores condições de vida à humanidade encarnada. A projeciologia será certamente uma área da ciência de grande valor nas próximas décadas, e as atividades de intercâmbio espiritual serão em grande parte abordadas por meio desse método mediúnico. Inclusive, os nossos trabalhos com o médium que materializa estas nossas palavras geralmente são realizados por meio de projeção astral, como pôde ser observado no livro *Sob o Signo de Aquário — Narrações sobre viagens astrais*.

PERGUNTA: — *Qual é a melhor mediunidade?*
HERMES: — Aquela que produz melhores frutos. Não importa qual seja, mas sim o bem que o médium realiza por meio dela. A mediunidade de cura pode trazer alívio e uma nova oportunidade de crescimento ao paciente; já a de psicografia, possibilita novas informações para o esclarecimento espiritual da humanidade; a vidência pode comprovar a realidade da Vida Imortal, assim como ainda ocorre com a mediunidade de efeitos físicos. A faculdade de desdobramento permite ao homem ingressar em um novo paradigma de relacionamento com o Mundo Invisível. Mas, certamente, todas elas só terão real valor se forem alicerçadas na prática crística que conhecemos no mundo ocidental pelo código moral do Evangelho de Jesus.

PERGUNTA: — *É lícito o desenvolvimento de determinada mediunidade por pessoas que não nasceram com ela?*
HERMES: — Todos nascemos com todas as mediunidades, o que nos diferencia é o grau de desenvolvimento que possuímos de cada uma delas. Alguns irmãos dominam mais a mediunidade da psicografia, outros a mediunidade de cura, mas isso é apenas fruto do maior interesse em encarnações anteriores ou o desejo de trabalhar mais intensamente com esta ou aquela faculdade mediúnica na encarnação em questão. Há também os casos de mediunidade de prova, em que o médium é estimulado pelos mentores para exercer com maior intensidade determinada modalidade de intercâmbio mediúnico para resgatar erros do passado.

Portanto, todo o desenvolvimento espiritual é lícito, desde que respeitados os métodos saudáveis e coerentes da Doutrina Espírita ou de outros centros de estudos espiritualistas que se dedicam a estudar o intercâmbio entre o plano físico e o Espiritual.

PERGUNTA: — *Quando as demais religiões cristãs aceitarão a comunicação entre encarnados e desencarnados?*

HERMES: — Isso ocorrerá no momento em que os estudos sobre a terapia de vidas passadas, pela regressão de consciência, forem atestados indiscutivelmente pela ciência. Hoje em dia, já temos médicos psiquiatras realizando estudos para defenderem teses em universidades sobre a regressão de consciência a vidas anteriores.[4] Os estudos sobre transcomunicação instrumental também ajudarão a transformar a comunicação interplanos em uma realidade científica no futuro.

Após testificada a crença da reencarnação do espírito, será um simples passo para que as informações dos espíritos sejam aceitas pelas demais religiões cristãs, iniciando-se, definitivamente, o processo de unificação do Cristianismo embasado na crença reencarnacionista, que será o mecanismo intermediário para a futura união global de todas as fraternidades espirituais do planeta.

PERGUNTA: — *Até quando haverá a necessidade de reuniões de desobsessão para esclarecimento de desencarnados?*

HERMES: — O consulente deve estar pensando que será até que o último exilado seja apartado do planeta Terra; mas não será assim! As reuniões de desobsessão espiritual ainda serão necessárias para esclarecer aqueles que, apesar de não serem maus, continuarão a encontrar dificuldades para libertarem-se da vida física, rumo à espiritual. Como exemplo, podemos citar o caso de mães amorosas que desencarnam e não desejam se afastar de seus filhos. Apesar de serem boas almas, terminam realizando uma prejudicial obsessão espiritual aos seus filhos. Somente quando a humanidade ingressar definitivamente na real consciência espiritual não necessitaremos mais de trabalhos de esclarecimento mediúnico aos recém-desencarnados.

PERGUNTA: — *Há uma fórmula específica para obterem-se comunicações mediúnicas fidedignas?*

---

[4] Maria Teodora Guimarães é um desses profissionais. Em suas obras *Viajantes — Histórias que o tempo conta*, *Tempo de Amar — A trajetória de uma alma* e *Os Filhos da Estrelas — Memórias de um capelino*, publicadas pela **EDITORA DO CONHECIMENTO**, a médica psiquiatra relata experiências reais e fascinantes de existências anteriores de pacientes de terapia de vida passada. Segundo a autora, a hipótese da reencarnação é aquela que melhor pode nos ajudar a explicar as nossas mazelas, ensinando-nos que através da compreensão de nossas vidas passadas podemos curar muitas dores atuais.

HERMES: — Da mesma forma que necessitamos de disciplina, determinação e seriedade no cultivo dos valores crísticos para obter a nossa ascese evolutiva, assim devemos proceder em relação à mediunidade, pois ela, como toda faculdade, exige um desenvolvimento sério e sistemático. Assim como o piloto necessita de treinos para dirigir um veículo com perfeição, o médium deve exercitar-se e refletir sobre os seus resultados.

PERGUNTA: — *Se a mediunidade é fruto do desenvolvimento do médium, ele poderia vir a perder essa faculdade?*
HERMES: — Jamais perderemos os valores e faculdades que conquistamos; isso seria contrário à Lei Divina! O que pode ocorrer é um bloqueio exercido pela Alta Espiritualidade para que o médium reflita sobre o mau uso que esteja fazendo de sua mediunidade.

É comum também o afastamento dos mentores de Luz para que o médium avalie a forma como está conduzindo a sua vida. Nesses casos, as portas ficam abertas para os magos das Sombras com o objetivo de fazer com que o médium assimile a lição pela escola da dor, já que negligenciou a lição do amor e da sabedoria.

PERGUNTA:—*A perda da mediunidade não pode ser somente uma temporária quebra na sintonia com os mentores?*
HERMES: — Sim, isso é natural! Mas quando o médium demora um longo tempo para recuperar a sintonia, certamente existe algum problema mais grave. Que esta informação sirva de advertência para os médiuns que se entregam sistematicamente ao desequilíbrio. A estabilidade mediúnica é fundamental para o bom êxito das tarefas de intercâmbio mediúnico. É importante lembrar que um médium bem capacitado geralmente é cobiçado pelos espíritos das Sombras e que o seu esforço para readquirir equilíbrio é a melhor garantia de paz em sua jornada.

Lembramos ainda que a mediunidade algumas vezes é missão, mas em outras é uma prova árdua que exige determinação e vigílias constantes.

PERGUNTA: — *Que últimas considerações desejarias fazer sobre esse tema?*
HERMES: — O tema "mediunidade" é muito complexo para analisarmos com profundidade em um único capítulo.

Portanto, sugerimos a leitura do vasto acervo de obras espíritas sobre este tema.

Neste capítulo, desejamos apenas informar que a mediunidade do futuro será um importante instrumento de desenvolvimento espiritual e humano para as próximas décadas. E a melhor forma de contribuirmos para que esse objetivo seja alcançado em breve é o estudo e a pesquisa sistemática dos fenômenos espíritas. Com a análise científica da mediunidade e sua associação aos estudos de terapia de vidas passadas e à transcomunicação instrumental, teremos nas décadas futuras uma base mais consistente para implantar a comunicação interplanos como verdadeiro mecanismo de desenvolvimento humano. O estudo da Apometria deve ser também aprofundado e associado definitivamente à lida espírita para que alcancemos plenos resultados.

É preciso refletir sobre as divergências que ainda ocorrem no meio físico a respeito das novas técnicas espirituais que refletem o progresso tão estimulado por Allan Kardec. Os retrógrados, além de atravancarem o progresso, terminam minando as suas mais belas realizações.

12
Deus e a evolução

PERGUNTA: — Que definição poderias nos dar de Deus, o Criador Incriado?
HERMES: — Qualquer definição que dermos de Deus O diminuirá, pois a linguagem humana é pobre demais para descrevê-Lo. Mas poderíamos defini-Lo como a Inteligência Suprema, causa primeira de todas as coisas, como é afirmado na codificação do Espiritismo. Para que fique mais claro, dentro do limitado entendimento humano, podemos afirmar que Deus é o fato gerador de tudo o que vemos, sentimos e conhecemos. Sem Deus, nada existiria!

PERGUNTA: — Poderíamos definir Deus como sendo o próprio Universo em toda a sua infinita extensão?
HERMES: — Deus é a causa, e não o efeito. Ele é o Espírito Bom que habita e gera a vida em todas as dimensões do Universo. Assim como o homem não é o seu corpo, mas sim o espírito que lhe dá vida, Deus não é apenas o Universo, mas a essência vital presente em toda a Criação.

PERGUNTA: — Seria possível afirmar que o Universo é o corpo de Deus?
HERMES: — Sim. Como afirmamos há milênios em uma importante encarnação no Egito pré-dinástico, "aquilo que está em cima, é como o que está embaixo". Tudo se corresponde! As mesmas leis que atuam sobre o homem, atuam sobre uma lagarta ou uma estrela, pois refletem nada mais nada menos que o mesmo princípio que rege o corpo de Deus, ou seja, o Universo, o Macrocosmo. Eis o Princípio da Correspondência!

O corpo de Deus com seus planetas, asteróides, estrelas, supernovas, buracos negros, constelações e galáxias, se assemelha ao corpo humano com suas células, órgãos, bactérias, vírus, corrente sangüínea, mente, centros de força e a unidade atômica, com seu núcleo sendo circundado por elétrons em uma incessante órbita elíptica, assim como os planetas o fazem há bilhões de anos em torno das estrelas que lhes irradiam o elemento necessário à vida biológica em todos os seus aspectos e matizes.

O Universo, o corpo de Deus, reflete perfeitamente o sábio, coerente e lógico Programa de Evolução que o Criador traça para o progresso de Seus filhos dentro da eternidade, nas infindáveis escolas planetárias do Cosmo.

PERGUNTA: — *Poderias nos esclarecer mais sobre o corpo humano e o espírito imortal em relação a Deus e ao Universo?*

HERMES: — O corpo físico é um instrumento de manifestação dos espíritos imortais na dimensão física, assim como o Universo que o homem conhece é apenas a manifestação material da Natureza Divina. Como já dissemos, o Criador é a causa, e não o efeito! Jamais poderemos crer seja Deus o Universo físico, quando na verdade o Cosmo é tão-somente o Corpo Divino onde Seus filhos manifestam-se para libertarem-se da animalidade, em busca da evolução espiritual.

Caso identificássemos Deus como sendo o próprio Universo, assim como o homem conhece, estaríamos diminuindo o Criador, pois existem inúmeros "universos paralelos" ainda invisíveis aos olhos humanos que não possuem capacidade nem sequer de vislumbrar o Mundo Espiritual, quanto mais outras dimensões tão sutis. Assim como o médico terreno não consegue identificar as doenças da alma agregadas ao corpo perispiritual, por não aceitar e estudar essa possibilidade, os astrônomos apenas percebem o limitado "universo físico", deixando de vislumbrar as diversas dimensões do Corpo Divino, que se assemelham aos veículos de manifestação de Seus filhos, que se interpenetram nas diversas dimensões da vida invisível.

PERGUNTA: — *Pelo que afirmas, podemos crer na existência de vida em diversos planetas, mas em outras dimensões, o que impossibilitaria a captação desses sinais pela astronomia moderna. Estamos certos?*

HERMES: — Exatamente! A Terra é o único planeta no Sistema Solar que vive na terceira dimensão; mas, em dimensões superiores, podemos afirmar que todos os planetas abrigados pelo Sol possuem vida inteligente, com exceção de Mercúrio, sendo que temos em Saturno e Júpiter o auge da evolução dentro do nosso Sistema Solar.

PERGUNTA: — *Alguns estudiosos espíritas defendem a tese de que quanto mais afastado do Sol, mais evoluído é o planeta com seus habitantes. O que dizes a respeito dessa informação?*

HERMES: — Essa tese possui fundamento se avaliarmos a necessária intensidade de radiação solar para a geração de vida biológica. Quanto mais afastado do Sol, mais quintessenciada deverá ser a vida nesse mundo para que esta possa existir. Mas devemos entender que esse processo evolutivo-biológico deve ser aceito somente até Saturno. Nos planetas seguintes do Sistema Solar temos escolas evolutivas que seguem um processo diferenciado de vida evolutiva não biológica, atendendo a outros propósitos, não se atendo à lógica anteriormente citada. Afirmamos que Júpiter e Saturno são as mais belas e perfeitas escolas evolutivas do Sistema Solar, sendo Saturno o baluarte das artes e Júpiter uma fantástica escola filosófica.[1]
Inclusive, a evolução espiritual não segue a linearidade das disposições planetárias. Os atlantes que evoluíram para um mundo superior, assim como os atuais exilados da Terra, prosseguiram e prosseguirão as suas jornadas em mundos fora do Sistema Solar, comprovando que a tese mencionada nesta pergunta não deve ser seguida literalmente, pois as regras cósmicas do Criador são mais complexas do que a limitada mente humana analítica pode conceber.

PERGUNTA: — *Há alguns anos o planeta Júpiter recebeu o impacto de vários meteoros que, segundo os cientistas, corresponderiam a uma liberação de energia semelhante à explosão de dezenas de bombas nucleares. Como os habitantes daquele mundo receberam essas explosões nucleares? Houve muitas mortes?*

HERMES: — Como já dissemos, esses habitantes vivem em dimensões superiores. O acontecimento que citaste ocorreu no Universo da terceira dimensão; portanto, eles nada sofreram. Mas esse evento foi para eles uma grande oportunidade de estudo. Por meio de avançada aparelhagem, avaliaram o impacto ocorrido para estudos em sua própria dimensão. Ademais, Júpiter é um planeta onde os habitantes dedicam-se muito ao

---

[1] Chico Xavier psicografou, no início de sua atividade mediúnica, o livro *Cartas de uma Morta*, ditado pelo espírito de sua mãe Maria João de Deus, onde o leitor poderá desfrutar de descrições preciosas sobre o magnífico panorama daqueles dois mundos superiores, enviadas do Além por essa irmã.

estudo científico, mas, é claro, em graduação inimaginável aos cientistas da Terra.

É bom ilustrar que ocorrem diversos fenômenos em nosso planeta, em dimensões superiores e até mesmo inferiores, que não são detectados pela astronomia humana por estarem em outra faixa vibratória. Inclusive, as constantes explosões energéticas, geradas pelos pensamentos anticrísticos dos encarnados na Terra, são raramente percebidas por aqueles que não possuem sensibilidade para tal. Desde os primeiros anos da década de sessenta do século passado, os técnicos siderais responsáveis pela evolução da Terra realizam ao menos três grandes trabalhos anuais de higienização do planeta para reduzir a carga tóxica expelida pelas mentes desequilibradas da atual humanidade. Caso essas medidas profiláticas não fossem tomadas, ocorreriam inimagináveis desequilíbrios geológicos e climáticos no ecossistema da Terra e muitas pessoas desencarnariam por causa da saturação da aura do planeta com cargas energéticas excessivamente negativas.

PERGUNTA: — *A teoria dos universos paralelos é muito interessante. Se eles são os corpos de Deus, assim como temos os nossos corpos astrais intermediários, perguntamos: como eles se intercomunicam?*

HERMES: — Os nossos corpos astrais e físicos se intercomunicam pelos centros de forças, mais conhecidos entre os orientais por "chacras", que são discos giratórios localizados no corpo etérico que possuem a finalidade de intercambiar energias entre os nossos diversos corpos intermediários. Mas não vamos aqui nos ater ao assunto, em razão da natureza deste trabalho.

Como já vos explicamos no capítulo que aborda as enfermidades, as energias purificadoras e tóxicas transitam entre o corpo espiritual e o físico através dessas "portas divinas", localizadas sobre os sete principais plexos do corpo físico. Sendo assim, da mesma forma, os universos dimensionais se intercomunicam pelos seus chacras cósmicos, denominados pelos cientistas humanos de "buracos negros" do Universo. Em meio a esses grandiosos centros energéticos do corpo de Deus, principalmente localizados nos centros das galáxias, interpenetram-se poderosas energias que transitam entre os vários universos paralelos. A finalidade desses fantásticos centros de força é a de expandir e concentrar energia, formando a matéria e a anti-matéria, adequando os elementos cósmicos à dimensão em que eles penetrarão.

A ciência humana nos informa que os buracos negros são corpos cósmicos de extrema densidade gravitacional, dos quais nenhuma matéria ou energia, nem mesmo a luz, consegue escapar. O campo gravitacional criado torna-se tão forte que não é possível nenhum tipo de radiação escapar. Como ocorre a absorção de toda a radiação luminosa, é muito difícil a detecção dos buracos negros, pelo fato de a expansão de luz e as ondas magnéticas serem as únicas formas da ciência humana estudar o Universo tridimensional. Portanto, esse processo de compactação e expansão de energia faculta a comunicação entre os diversos universos paralelos. Até mesmo não é novidade que a dimensão física nada mais é do que energia livre condensada. A vida espiritual, tão insólita para os incrédulos, consiste apenas de um universo semelhante ao da vida humana, mas com uma concentração energética menor. As próprias manifestações mediúnicas de materialização espiritual, estudadas no capítulo anterior, seguem a Lei Cósmica de Concentração de Energia para que sejam percebidas pelos limitados cinco sentidos humanos da terceira dimensão.

PERGUNTA: — Com essas tuas afirmações podemos imaginar que aqui mesmo na Terra podem existir diversas civilizações vivendo em variadas dimensões, até mesmo interpenetrando-se. Estamos certos?

HERMES: — Mas não é o que ocorre em relação à vida espiritual?! Estamos juntos neste instante realizando este trabalho de despertamento consciencial, sendo que o médium está na dimensão material e nós na espiritual. Na verdade, ocupamos relativamente o mesmo espaço, mas em dimensões diferentes. Caso os homens escravizados ao convencionalismo da vida humana imaginassem como é comum o trânsito de espíritos, inclusive dentro de suas próprias casas, sem que um tome conhecimento do outro, certamente iriam se impressionar.

PERGUNTA: — Gostaríamos de saber se há na Terra um outro nível dimensional, além do espiritual, evoluindo assim como nós, que somos da terceira dimensão?

HERMES: — O homem de fé impressiona-se com a grandeza de Deus e do Universo criado por Ele e enaltece a Sua grandeza divina em poemas e canções. Com essa limitada reflexão, conclui que nada pode ser maior que Deus. Aqueles que assim pensam estão corretos, mas ainda possuem uma pobre e limitada compreensão da imensidão do Criador, pois Ele não se limita somente a este Universo infinito que assombra a humanidade pelas astronômicas distâncias entre as estrelas. O Onipresente Criador administra e dá vida aos diversos universos paralelos; algo que multiplica indefinidamente essa grandeza tão decantada pelos humanos. Logo, se o homem crê ser ilimitado o poder divino, dentro de suas concepções, pode ele multiplicar indefinidamente o alcance divino por essas diversas dimensões que se interpenetram, demonstrando o poder assombroso da Mente Divina, que é imensamente superior ao Universo físico infinito que o homem consegue compreender.

PERGUNTA: — Desculpe por insistirmos, mas não respondeste a nossa pergunta. Existem outras dimensões evolutivas na Terra?

HERMES: — Como afirmamos no prefácio de nosso terceiro trabalho, "Akhenaton — A Revolução Espiritual do Antigo Egito", viveram na Terra, desde o princípio de sua formação, tanto na dimensão material como na espiritual, desde povos primários até avançadas civilizações. Logo, pode-se entender por dimensão espiritual as diversas faixas vibracionais invisíveis aos olhos físicos.

PERGUNTA: — Como entender esse trânsito em outras dimensões por parte dos espíritos mais evoluídos? É necessário passar também pelos buracos negros para isso?

HERMES: — Os buracos negros são necessários para trocas de energia entre as dimensões, e não para acesso de espíritos. O perispírito interpenetra o corpo físico humano por todos os seus poros, mas o grande fluxo de energias trafega pelos chacras principais; assim ocorre em relação ao corpo de Deus.

Todos os universos são exatamente iguais, mas em dimensões diferentes. Só o que muda é o nível de condensação de energia para formar o que o homem entende por matéria. Na Terra, temos a vida física no nível de condensação energética que o homem chama de terceira dimensão. Já em Júpiter, o nível de condensação é bem inferior, o que resulta em uma vida mais leve e que necessita de uma incidência solar menor. A vida está lá! Muito mais bela e abundante do que na Terra,

A Nova Era 223

mas, infelizmente, o terrícola ainda despreparado para enxergar essa realidade não consegue percebê-la.

PERGUNTA: — Não temes que o leitor creia que essas afirmações sejam fictícias?
HERMES: — Sim, mas é importante que os encarnados tenham uma consciência mais ampla sobre a realidade que os cerca. Não deveis preocupar-vos, pois não desejamos nos aprofundar muito nos temas que ainda não foram bem compreendidos pela humanidade, mesmo porque não é o objetivo desta obra. E também não estamos realizando este trabalho para nos intitularmos os donos da verdade. O leitor possui o direito de fazer o seu juízo sobre as nossas exposições; ele só não pode negar a importância do foco principal deste estudo: alcançar a reforma moral que o Evangelho do Cristo nos ensina, pois essa é uma verdade incontestável para a evolução dos filhos de Deus na Terra.

PERGUNTA: — Já penetraste em outros universos paralelos para estudo, além da dimensão espiritual em que vives?
HERMES: — Sim, mas dentro de nossas limitações. A vida criada por Deus é infinita; temos algum adiantamento em relação ao estágio espiritual que vive a Terra atualmente, mas ainda há estágios infinitamente superiores a serem conquistados. Entendemos a vossa curiosidade sobre esse tema, mas preferimos não nos aprofundar nesse instigante assunto que foge ao foco do presente trabalho. Em estudos fechados nos aprofundaremos, ao seu devido tempo.

PERGUNTA: — Como explicar o contato dos médiuns com a dimensão espiritual?
HERMES: — "Aqueles que tiverem olhos para ver, verão", disse-nos Jesus. As demais dimensões do Universo sempre estiveram ao alcance do homem; ele é que ainda não se qualificou para percebê-las. Os médiuns são os primeiros lampejos dessa conquista. Em breve o homem se reintegrará às demais civilizações do Universo; basta que abandone o seu materialismo doentio, sua falta de fé e, obviamente, adquira as virtudes crísticas que o elegerão a viver na Terra renovada da Nova Era.

PERGUNTA: — Algumas estrelas, em galáxias distantes

da nossa, estão a milhares de anos-luz da Terra. Como será possível interagir com o outro lado do Universo com essas distâncias assombrosas?

HERMES: — A velocidade da luz é entendida pelos cientistas humanos como o meio mais rápido de se viajar no espaço sideral. E eles estão corretos, dentro dos limites físicos. Mas, na realidade espiritual, imortal e imperecível, as viagens interespaciais são realizadas pela velocidade do pensamento, onde tempo e distância não existem.

PERGUNTA: — *Poderias ser mais claro?*
HERMES: — Quanto mais o espírito imortal evoluir rumo ao Criador, maior será o seu potencial mental. Basta a ele mentalizar o planeta ou a estrela do Universo a que deseja deslocar-se e, automaticamente, o seu corpo perispiritual se desmaterializará e, com os elementos do local de destino, reconstruirá um novo veículo de manifestação astral, quando este for necessário. Logo, uma viagem intergaláctica para espíritos com real poder mental não leva mais que alguns poucos segundos.

Mas, voltamos a lembrar: esse procedimento só é possível a espíritos angelizados, os cidadãos do Universo que já venceram a batalha contra a animalidade em que ainda se debate o homem comum nos dias atuais.

PERGUNTA: — *A grandeza do Universo é tamanha que tudo nos parece ficção, tal a magnitude dos números, sempre infinitos. Por exemplo: é difícil crer que Deus jamais teve princípio. A noção de eternidade até é mais fácil de aceitar e entender. Mas como algo pode ter existido por todo o sempre, jamais tendo um momento inicial?*

HERMES: — Eis uma prova de que não conseguimos compreender o que está acima de nossa capacidade evolutiva! Como tudo ao redor dos homens foi criado em determinado momento, fica difícil compreender algo que foge ao padrão de entendimento de seres ainda aprisionados ao conceito de tempo e espaço.

A criatura jamais poderá compreender plenamente o Criador, pois Ele está fora da Criação e de Seus princípios universais, ou seja, as regras para a natureza de Deus estão fora do nosso entendimento limitado. Estamos inseridos num Universo concebido em determinado momento pelo Pai. Já Ele está dentro e fora, acima de tudo e de todos, regendo a Sua obra. Ele é o "Todo", nós somos a "parte". Deus é o arquiteto que concebe a grande construção, nós somos operários que, quando muito, sabemos empilhar tijolos sem imperfeições que comprometam a estrutura completa que desconhecemos.

PERGUNTA: — *E por que Deus nos criou?*
HERMES: — Por amor! O Seu amor e sabedoria incomparáveis identificam com profundidade o sentido da vida, que Ele plasmou na Sua Criação. Deveríamos nos ajoelhar diariamente e agradecer a Deus, de coração, pela oportunidade que Ele nos ofertou de existirmos e podermos contribuir em Sua magnífica obra. O Pai nos ama com real intensidade, mas ainda não temos a mínima capacidade de amá-Lo de forma semelhante. A nossa meta é adquirirmos progresso moral, espiritual e intelectual para realmente sermos dignos de receber o título de "filhos de Deus".

PERGUNTA: — *O que Deus espera de nós?*
HERMES: — Ele cria os Seus filhos puros e ignorantes. Somos uma centelha de Seu magnífico Ser, que em determinado momento da cronologia imortal desprendeu Dele e adquiriu individualidade. Eis o momento de nosso nascimento espiritual! Nesse exato instante, começa a nossa jornada milenar na busca de sabedoria e amor. Mas a inexperiência e a fraqueza de convicções nos leva aos equívocos que desencadeiam os carmas que flagelam os homens. Por longos milênios, ficamos colhendo o desequilíbrio de nossos atos insanos, até que despertamos para a consciência espiritual (objetivo deste trabalho) e nos libertamos dos laços de dor e sofrimento das jornadas físicas. Após essa batalha contra os instintos inferiores, iniciamos o período de felicidade eterna, em que o espírito imortal prossegue a sua evolução como dedicado auxiliar da obra de edificação do amor pelo Universo, nos diversos mundos do Cosmo, em todas as dimensões do "corpo de Deus". Ao adquirirmos consciência espiritual, nos libertamos das encarnações físicas e começamos a trabalhar pela libertação daqueles que, como nós no passado, ainda vivem uma vida mecânica e alienada, pelos mais distantes planetas do Universo. Ao nos aproximarmos da Verdade Divina, compreendemos finalmente o objetivo grandioso de Sua obra e adquirimos, então, finalmente, a sabedoria aliada ao amor: as duas "asas" dos anjos do Senhor.

PERGUNTA: — *Algumas religiões e seitas defendem a idéia de que os arcanjos e anjos são entidades que evoluem em uma linhagem à parte, sem jamais encarnarem no mundo físico. O que dizes a respeito?*

HERMES: — Caso assim fosse, Deus não seria a Suprema Justiça e Sabedoria, pois permitiria condições diferenciadas aos Seus filhos durante a jornada evolutiva. Podemos afirmar com convicção que todos os filhos do Criador seguem exatamente o mesmo processo evolutivo, passando por todos os estágios primários de despertamento espiritual, em que o espírito individualiza-se para as suas primeiras encarnações no reino chamado "hominal". Com o despertar da razão e da emoção, o espírito inicia o seu processo de libertação dos grilhões da animalidade, estágio em que vive a Terra.

A centelha espiritual individualizada no Cosmo surge simples e ignorante para avançar do instinto animal primitivo à conquista da razão e da emoção no mundo dos homens. Após essa vitória, procura adquirir o amor e a sabedoria espiritual para avançar ao estágio dos anjos e, por conseguinte, tornar-se a personificação de Deus, na configuração dos arcanjos, dos técnicos siderais, dos espíritos criadores, responsáveis pela evolução dos mundos do Universo.

Os espíritos iluminados sentem-se honrados por terem evoluído na matéria assim como todos os seus irmãos. Caso contrário, eles seriam tão reprováveis como aqueles que obtêm cargos públicos sem merecimento nas organizações humanas. Inclusive Jesus, o maior espírito a pisar o solo terrestre na dimensão em que viveis, muito valoriza a batalha que realizou para iluminar-se há milhares de anos, em outros mundos.

PERGUNTA: — *Gostaríamos de saber mais sobre a Verdade Divina. Como saber se realmente estamos no rumo correto para alcançarmos a perfeição desejada por nosso Pai? Existem diversas religiões defendendo diversas "verdades"; como identificar a Verdade de Deus?*

HERMES: — A verdade absoluta somente a Deus pertence, os espíritos em evolução na Terra ainda não possuem capacidade para compreendê-la nem mesmo em sua forma mais superficial. Acreditamos que seria um grande choque emocional e racional caso o homem comum acessasse a Verdade Absoluta oriunda do Pai. Para evitar esse desequilíbrio no processo educativo de Seus filhos, o Criador estabelece "diretrizes de crescimento espiritual", onde a verdade relativa adequa-se gradualmente ao progresso das humanidades planetárias.

PERGUNTA: — Poderias ser mais claro?

HERMES: — No passado, Deus era identificado como um ancião de longas barbas brancas sentado sobre as nuvens do céu; hoje em dia, o homem moderno já pode compreendê-lo como a Inteligência Suprema do Universo. Mas será que já chegamos a identificar plenamente a realidade absoluta do Criador e Seus objetivos mais amplos? Certamente que não! Pois jamais a criatura poderá compreender plenamente o Criador, assim como as folhas e os frutos não podem representar as árvores; ou seja, a "parte" jamais poderá definir o "Todo".

Assim sendo, a Verdade Absoluta jamais poderá ser compreendida plenamente, porque a criatura para isso teria de igualar-se ao Criador. O que ocorre é o aperfeiçoamento da criatura que o fará compreender mais e mais a Obra do Criador, alçando-O aos limites da perfeição dentro do universo em que estará inserido. Podemos afirmar que os filhos de Deus podem atingir a perfeição dentro de paradigmas pré-estabelecidos, mas jamais poderão dominar amplamente a Obra de Deus, pois somente Ele é (e sempre será) Absoluto. Nada pára na vida Criada por Deus, pois Ele é movimento, evolução e progresso na mais pura acepção da palavra.

PERGUNTA: — Queres dizer que assim como nós, Deus também está constantemente evoluindo?

HERMES: — Deus é Absoluto, o que é plenamente perfeito não necessita evoluir. O que evolui é o Universo, o corpo de Deus, que está em constante expansão. Por esse motivo, ele é entendido como infinito, até que chegue "a noite de Brahma", momento em que o universo físico se retrai para ser reconstruído em outra dimensão. Para Deus, isso representa apenas um singelo momento da "Respiração Divina", um pequeno intervalo na história eterna da vida universal, mas para os homens encarcerados na matéria representa um assombroso período que compreende bilhões de anos terrenos.

PERGUNTA: — Não poderíamos estar equivocados na busca da Luz, já que não temos noção sobre a Verdade Absoluta e vivemos apenas verdades relativas?

HERMES: — A verdade relativa em que vivem os homens

está sempre sob o controle dos orientadores espirituais da Terra, que a divulgam de acordo com a capacidade evolutiva da humanidade por intermédio de seus representantes no planeta. Eis o trabalho realizado na Terra por Antúlio, Buda, Krishna, Zoroastro, Confúcio, Moisés, Maomé e o maior de todos os avatares, Jesus!

No passado, entre tribos primitivas, o canibalismo era uma virtude, e esta era uma verdade aceita nos planos superiores para esses povos. Tanto que os guerreiros que matavam os seus oponentes e se alimentavam de seus corpos não eram punidos por esse ato. Era uma verdade aceita para aqueles espíritos primários. Hoje em dia, após a mensagem redentora dos sábios iluminados que desceram ao solo físico, já não é mais possível aceitar tal comportamento. Nas sociedades civilizadas que já receberam essas revelações espirituais, as criaturas em evolução que cometerem um ato dessa natureza serão gravemente responsabilizadas.

Logo, podemos entender que novas verdades são estipuladas dentro da capacidade de entendimento dos homens, de acordo com a evolução dos povos, até que o espírito em aprendizado atinja estágios superiores que lhe permitam procurar a verdade por si só.

PERGUNTA: — *Queres dizer que quanto mais compreendermos a Verdade Divina, maior será a nossa responsabilidade?*
HERMES: — É evidente! Aquele que prejudica o seu semelhante tendo consciência do seu ato adquirirá um carma maior do que aquele que é alienado para essas verdades.

PERGUNTA: — *Sendo assim, os homens indiferentes às Verdades Espirituais poderão alegar que desconhecem essas regras divinas ao ingressarem no Mundo Maior, após a sua morte. O que dizes?*
HERMES: — Já respondemos algo sobre esse assunto em capítulo anterior. Aqui estamos apenas afirmando que o espírito consciente de seus erros para com as diretrizes de evolução da Terra é "mais" responsável que o alienado. Isso não isenta os que afirmam ignorá-la de sua responsabilidade, pois as revelações divinas sempre estiveram ao alcance dos homens em toda a história da humanidade, impossibilitando ao homem alegar que as desconhece.

À justiça humana é possível a omissão e o engano; entretanto, aos olhos de Deus nada fica obscuro! Além do mais, a própria consciência falará mais alto àquele que pretende enganar aos outros e a si próprio.

PERGUNTA: — Qual o exemplo, dentro das religiões, que poderias citar sobre essa questão da verdade relativa?
HERMES: — O próprio Espiritismo nos apresenta exemplos da evolução da verdade relativa. Quando Allan Kardec codificou as obras básicas espíritas em meados do século dezenove, afirmou que o perispírito era um corpo vaporoso que servia de ligação entre o espírito e o veículo físico. Hoje, temos várias informações que nos esclarecem ser o veículo astral um corpo muito mais complexo que o de carne. Algumas obras espíritas narram a fisiologia do corpo astral em conjunto com os chacras com uma profundidade inalcançável à mentalidade da sociedade da época de Kardec. Outro exemplo que podemos citar é a própria crença da reencarnação do espírito, aceita hoje em dia por todo espiritualista esclarecido. Jesus, há dois mil anos, teve de abster-se de falar abertamente sobre esse ensinamento por causa dos preconceitos raciais e étnicos da época. Imaginem se um judeu na época de Jesus aceitaria a idéia de reencarnar, em outra existência, na "pele" de um samaritano!

PERGUNTA: — Algumas pessoas poderiam afirmar que a tese da verdade relativa constitui uma falsidade ou até mesmo uma mentira, pois acreditam que a verdade é uma só. O que dizes sobre isso?
HERMES: — A verdade deve ser revelada aos povos gradualmente, de acordo com a sua capacidade de entendimento, senão somente causaria distúrbios e incompreensão. Uma prova da dificuldade de se difundir novas verdades está na ignominiosa crucificação de Jesus. O Mestre dos mestres desceu ao precário plano físico para "atualizar" a verdade da humanidade e foi atacado, condenado e desrespeitado por aqueles que não conseguiram enxergar a beleza de Seus ensinamentos. E, hoje em dia, passados dois mil anos, ainda há aqueles que não compreendem o código libertador do Evangelho de Jesus. É como já vos dissemos: a verdade deve ser revelada gradualmente para que não enlouqueça a humanidade, tal a sua profundidade. Caso Deus autorizasse a divulgação de um nível superior da Verdade Suprema à nossa despreparada humanidade, várias pessoas desencarnariam vítimas de depressão por sentirem-se

incapazes de atingir o novo estágio para o qual não possuiriam equilíbrio espiritual, ou, então, os mais "espertos" tentariam utilizar os recursos superiores para satisfazer as suas paixões e desejos de poder.

PERGUNTA: — *Poderias dar-nos um exemplo mais claro?*

HERMES: — Caso um fumante fosse notificado de que deveria imediatamente abandonar o cigarro por determinação superior, talvez ele entrasse em estado de profundo desequilíbrio por não ter ainda condições de libertar-se desse vício primitivo sem um período gradual de adaptação. Assim ocorreria, se novas Verdades Espirituais fossem precipitadamente estipuladas à atual humanidade da Terra sem um período natural de amadurecimento espiritual. Sendo assim, o exílio planetário é necessário para que os que já estão prontos para um avanço da verdade relativa não fiquem estagnados por causa dos espíritos caprichosos que negam-se a evoluir, pois o tempo de amadurecimento espiritual para o atual estágio evolutivo da Terra já se esgotou.

PERGUNTA: — *E qual é a verdade relativa que atende a nossa capacidade evolutiva atualmente?*

HERMES: — "Ama ao teu próximo como a ti mesmo" e "Não faças a ele aquilo que não gostaria que te fizessem."

PERGUNTA: — *E nos séculos futuros?*

HERMES: — Certamente, os avatares do futuro, sob a orientação do Cristo Planetário e de *Saint Germain*, fornecerão novas metas a serem alcançadas para a Nova Era. Mas tudo deve chegar ao seu tempo! Não devemos informar aqui o que somente no futuro o homem compreenderá.

PERGUNTA: — *Podemos concluir que a evolução infinita é orientada pelo progresso da verdade relativa em direção a Verdade Absoluta do Criador?*

HERMES: — Exatamente! As verdades relativas, como são entendidas pelos diversos povos e agremiações sectárias, buscam intuitivamente a Verdade Absoluta de Deus. Assim são as religiões! Todas caminham em direção a Deus, mas utilizando-se das peculiaridades inerentes à evolução e ao entendimento heterogêneo de cada povo e crença da Terra.

A Nova Era 231

PERGUNTA: — A união das religiões então se dará naturalmente por uma identidade de ideais e maior equilíbrio evolutivo dos futuros eleitos da Terra?
HERMES: — Perfeitamente! Concluístes muito bem. Nada acontece por acaso. Todo efeito possui uma causa. O acaso só existe para as mentes despreparadas.

PERGUNTA: — Falando em acaso, alguns estudiosos materialistas afirmam que o Universo é obra do acaso e que Deus não existe. O que dizes a respeito?
HERMES: — A precária capacidade de compreensão do homem em relação à magnitude da Obra do Criador desperta essas crenças. Assim como o matuto não consegue entender a ciência avançada dos homens, estes são simplórios demais para compreenderem razoavelmente a Obra de Deus, que foge à sua compreensão. Afirmar que o Universo é obra do acaso seria o mesmo que lançar um baralho ao ar e, ao cair, este se dispusesse como um belo castelo de cartas. E como diria o famoso cientista Albert Einstein: "Deus não joga dados", ou seja, o acaso não existe!

A disposição dos astros no Universo é perfeitamente planejada, demonstrando a capacidade assombrosa da Inteligência Suprema. Como já afirmamos, o homem, o microcosmo, é uma cópia perfeita do macrocosmo, o corpo de Deus. Talvez o que intrigue os homens de mente estreita seja o fato de o Criador sempre respeitar as leis naturais do Universo criado por Ele, jamais utilizando-Se de efeitos miraculosos ou assombrosos, que corrompam essas sábias leis universais.

PERGUNTA: — Sim! Talvez a descrença dos homens ocorra por causa da similaridade da Obra Divina com as leis da física, já entendidas e explicadas pelos cientistas. O que achas?
HERMES: — Por que Deus deveria burlar as Suas próprias leis para criar a vida? Isso seria um atestado de mau planejamento! Os homens insistem em querer encontrar fenômenos miraculosos na Obra Divina. Os milagres refletem apenas o desconhecimento dos homens para com as leis de Deus. Jesus foi considerado o mais fabuloso milagreiro da história da humanidade porque manipulou com habilidade as leis criadas por Deus. Em nenhum momento, Ele derrogou as leis da natureza para cumprir a Sua missão; apenas utilizou-Se das forças

universais com maestria. Além disso, alguns fatos ocorridos em Sua messiânica passagem pela Terra foram narrados com excesso de entusiasmo.

PERGUNTA: — Poderíamos dissertar sobre os fenômenos realizados por Jesus?
HERMES: — Não neste trabalho! Esperamos poder abordar a missão de Jesus futuramente, quando o médium estiver mais amadurecido e puder realizar tal tarefa com aprimoramento, sem deixar-se influenciar por sua admiração excessiva e impressionável pela obra do grande Rabi da Galiléia.

PERGUNTA: — No capítulo inicial e no decorrer do trabalho, falaste muito sobre o convencionalismo da vida humana, ou seja, da cegueira espiritual dos espíritos em evolução na Terra. Esse conceito seria o "maya", o mundo das ilusões, termo tão propagado entre as religiões orientais?
HERMES: — O Hinduísmo e o Budismo tratam esse tema com muita profundidade; ao contrário das religiões ocidentais, que parecem estabelecer um pacto com seus fiéis com o objetivo de distanciar as questões sacras da vida profana. A vida humana, quando compreendida a sua finalidade, torna-se instrumento de evolução, mas quando utilizada para atender aos caprichos infantis da humanidade e às impositivas tendências milenares desregradas, torna-se o "maya", o mundo das ilusões, que aprisiona os espíritos em evolução por milênios nas encarnações primitivas de expiações e provas.

PERGUNTA: — Caso o homem compreendesse que ele não é apenas a "máquina física" que lhe serve de veículo, mas sim um espírito imortal em evolução, alcançaria o progresso e a felicidade mais rapidamente?
HERMES: — Naturalmente! Deus criou os Seus filhos para avançarem, crescerem, progredirem, evoluírem. Enquanto o homem alienado escraviza-se à vida física, acreditando que ela é o "Todo", perde grandes oportunidades de tornar-se uma pessoa melhor. Eis o motivo pelo qual abordamos, com convicção, a importância da conquista da consciência espiritual. Como evoluir, se não sabemos como, nem por quê? É notório que só executamos uma tarefa com perfeição quando entendemos a sua finalidade, assim como só conquistamos a fé verdadeira ao compreendermos as sábias leis divinas. Sendo assim,

o homem só evoluirá verdadeiramente quando compreender que é um espírito imortal em peregrinação pela escola da vida física para alcançar o progresso, utilizando-se da vida humana para aproximar-se de Deus, e não para atender aos seus vícios de conduta.

Os espíritos encarnados na Terra devem abandonar as crenças espirituais superficiais e aprofundarem-se verdadeiramente nesses conceitos, sem fanatismos e sem hipocrisia, pois o equilíbrio é tudo.

Os tempos são chegados! É necessário abandonar o mundo das ilusões e compreender definitivamente que a crença espiritual apenas formal ou seu total desprezo são atitudes equivocadas que nos aprisionam por séculos à dor e ao sofrimento das encarnações primárias. Devemos despertar para a verdadeira vida, da qual viemos, pois a existência material é apenas um estágio provisório com vistas ao progresso que será desfrutado na vida eterna. Já é tempo de o homem compreender que o Todo é mental, assim como o Universo, e que a vida humana é apenas um pálido reflexo da Vida Maior.

PERGUNTA: — Há algum tempo esteve em cartaz nos cinemas um filme que aborda uma visão semelhante à teoria do "maya" dos orientais. Nesse filme, chamado "Matrix", os homens estão ligados inconscientemente a uma máquina e vivem uma vida virtual, onde todos os seus sonhos e anseios são reproduzidos em suas mentes como em um filme, sendo que a humanidade vive apenas uma vida vegetativa e ilusória. O que nos dizes a respeito dessa visão?

HERMES: — Acreditamos que tal filme retrata bem a realidade dos homens. Ali, o "maya" é abordado como ficção, mas uma análise apurada dos fatos nos mostra que trata-se de uma grande realidade nos dias de hoje, pois o homem está ligado a uma "grande máquina" (o mundo dos sonhos da vida transitória) e não se dá conta de que essa vida não retrata a finalidade de nossas existências. Assim como, nesse filme, os homens estão entorpecidos em seus casulos vivendo uma existência artificial, distantes e alienados da verdadeira vida, a humanidade atual vive escravizada ao seu "mundo dos sonhos", cultuando alucinadamente o convencionalismo da vida humana e o imediatismo materialista.

A alienação da humanidade é tal que o homem acredita ser o Mundo Espiritual (se é que ele realmente acredita que existe!) um lugar bucólico e com uma entediante névoa a cobrir os pés das "almas penadas". Mas a realidade é bem outra, como já narramos em nosso primeiro trabalho "A História de Um Anjo". Os planos astrais são repletos de beleza e conforto para quem os faz por merecer; além do mais, não é necessário carregar esse pesado fardo físico, que necessita ser alimentado constantemente, e repousar quase o mesmo tempo em que permanece em atividade. Assim como o sujeito rude não consegue perceber a beleza e o perfume das flores, a falta de espiritualidade bloqueia os sentidos inatos do homem para identificar a Vida Imortal que o cerca!

PERGUNTA: — As orações que dirigimos a Deus são percebidas e atendidas por Ele ou estamos muito distantes do Criador para que Ele nos perceba e atenda?

HERMES: — Deus é onipresente em toda a Criação e ouve todas as nossas súplicas auxiliando-nos em nossa caminhada rumo à Luz, conforme for melhor para a nossa evolução. Mas, obviamente, Ele Se utiliza de nossos irmãos "maiores" para nos auxiliar diretamente. Por esse motivo, nossas preces são administradas pelo Cristo Planetário, por Jesus e pelos demais espíritos de alto quilate espiritual de nosso mundo.

Certamente, o Criador está mais próximo de nós do que podemos imaginar! Infelizmente, o homem ainda possui pouca evolução para sentir e compreender a presença de Deus. Os sábios antigos afirmavam que ao chegarmos em determinado estágio de evolução é possível "tocar o rosto de Deus". Eis o estado de contemplação no qual percebemos a força do Princípio Vital do Universo a reger as nossas vidas! Lembrai-vos sempre: sem Deus nada existiria, nem mesmo o vácuo!

PERGUNTA: — Qual seria o melhor método para contatarmos com Deus? Com uma conduta correta ou por meio de uma oração fervorosa?

HERMES: — Como já afirmamos nesta obra, o que importa é a vivência em Deus, e não simplesmente a crença no Criador e na vida imortal. Certamente, a oração é um poderoso instrumento de ligação com o Pai, mas a prática crística é o meio mais perfeito para nos aproximarmos de Deus, por estarmos atendendo ao objetivo da Criação: evoluirmos rumo à perfeição divina!

A oração, quando sincera e sintonizada com o Alto, nos

permite entrar em plena sintonia com os planos de Luz e assim produzirmos atos e pensamentos de acordo com a Vontade Divina. Assim sendo, a oração e a prática crística são meios complementares para a conquista da evolução espiritual, quando realizadas com real interesse de promover o bem comum e atendendo exclusivamente aos desígnios do Criador.

PERGUNTA: — *Qual seria a conclusão para este capítulo?*
HERMES: — Encerramos este capítulo como começamos. Este assunto não se esgotou e não se esgotará jamais! O que talvez tenha-se esgotado é a capacidade de entendimento humano ante alguns conceitos humildemente expostos por nós. Como já foi dito, cada ser encontra-se inserido em determinada verdade relativa estabelecida por sua própria consciência. É natural, portanto, que alguns consigam absorver mais e outros menos sobre os assuntos transcendentais aqui tratados. Os próprios médiuns, transcrevendo mensagens a respeito da natureza de Deus, não conseguem absorver integralmente a sintonia de pensamento do Plano Espiritual. Essas notas servem apenas para engrandecer a visão que cada um possui do Criador, permitindo uma dilatação relativa de consciência e um conseqüente crescimento espiritual.

13

A educação para o Terceiro Milênio

PERGUNTA: — Nos primeiros capítulos deste trabalho, demonstraste grande interesse em ressaltar a importância da educação para a evolução, tanto física como espiritual, da humanidade. O que mais poderias nos dizer sobre esse importante tema?

HERMES: — A educação, em sua definição mais ampla, é o caminho mais curto para a evolução espiritual. É por meio do conhecimento e da reflexão sobre o acervo de verdades legadas pelos grandes educadores na história da humanidade que o espírito encarnado pode adquirir sabedoria e percorrer a sua caminhada evolutiva pelo caminho mais sensato e tranqüilo.

Certamente, os métodos pedagógicos devem ser revistos, libertando o educando da prisão dos conceitos pré-moldados que o impedem de pensar por si mesmo e alcançar a autoconscientização. Atualmente os moldes educacionais estão voltados para métodos mecânicos de acúmulo de conhecimento, sem a necessária reflexão e o real entendimento do conteúdo estudado. A reprodução pura e simples de conhecimento escraviza, enquanto a reflexão sobre ele liberta! É necessário o rompimento com a reprodução mecânica do saber, pois muitas vezes trata-se apenas de "verdades" estabelecidas com a finalidade de exercer poder e dominação. A verdadeira educação está em apresentar o conhecimento e convidar o aluno a pensar sobre ele para que chegue às suas próprias conclusões por meio de uma reflexão sadia. Somente assim a humanidade romperá os paradigmas que limitam o seu potencial há séculos.

É lamentável observarmos as novas gerações apenas memorizando conhecimentos, com a única intenção de serem aprovados nos testes, sem entenderem a finalidade do conteúdo apresentado. Somente o real entendimento da aplicabilidade do conhecimento o torna útil e proveitoso. Enquanto os jovens apenas "decorarem" os conceitos sem refletirem e pensarem sobre o seu conteúdo, teremos uma sociedade alienada e distanciada do progresso em todas as áreas.

PERGUNTA: — *Como explicar, então, o progresso alcançado em praticamente todas as áreas do conhecimento humano, sobretudo durante o século vinte?*

HERMES: — A humanidade realmente evoluiu significativamente nesse período, mas isso só ocorreu por causa da necessidade de preparar o mundo físico para a Nova Era. Nesse período que citaste, a Alta Espiritualidade intensificou a reencarnação de espíritos incomuns para recuperar o atraso desencadeado pela humanidade terrena nos séculos anteriores. Como já afirmamos em outras oportunidades, a civilização da Terra já deveria ter alcançado o atual estágio em que se encontra há muitos séculos. O planeta amargou um longo período de vida extremamente primitiva para os objetivos traçados para a "escola-Terra" por causa da relutância dos espíritos rebeldes em evoluir. Inclusive, parte dessa etapa da História ficou conhecida entre os homens como a "Idade das Trevas", em razão do espantoso atraso da humanidade naquele período.

Infelizmente, os espíritos em evolução em nosso mundo ainda não estão preparados para tal salto tecnológico promovido pelo Alto, o que está gerando diversas dificuldades para mantermos o equilíbrio astral do planeta. Somente com o inevitável exílio planetário haverá uma perfeita compatibilidade nos campos moral, espiritual, tecnológico e intelectual para que a Terra prossiga o seu curso evolutivo.

Por esse motivo, exaltamos neste momento uma mudança emergencial de consciência, a fim de que os eleitos possam reencarnar na Nova Era com um nova base educacional e cultural. Os jovens devem ser instruídos com métodos renovadores de ensino para que possam estabelecer os alicerces básicos da Terra do Terceiro Milênio, que se tornará uma elevada escola evolutiva no seio do Cosmo.

PERGUNTA: — *Qual a razão de tua preocupação com a formação educacional dos jovens?*

HERMES: — Os jovens são a base da transformação de uma sociedade. Eis o momento propício para plantar conceitos novos, libertando as gerações futuras dos vícios comportamentais, culturais e educacionais da atual humanidade, que já vive o seu crepúsculo na história evolutiva de nosso planeta. Podemos afirmar com convicção que será por meio de novos padrões educacionais que a humanidade da Nova Era surgirá na Terra, rompendo com as amarras ideológicas atrasadas que ainda escravizam o homem. Utilizando-se de novos conceitos educacionais, os hábitos culturais retrógrados e a prática anticrística serão banidas do mundo no Terceiro Milênio, pois o maior mal é o da ignorância.

Mentes lúcidas e que encontraram a sabedoria lógica da vida criada por Deus rompem o elo com o crime e com a maldade por compreenderem que o caminho para a felicidade encontra-se no rumo da paz, da harmonia e da espiritualização. Ao compreender que o seu reino não é deste mundo, o homem expande-se em todos os sentidos, encontrando aquilo que sempre procurou, mas jamais achou na vida humana transitória: a paz e a felicidade.

PERGUNTA: — *Não encontraríamos apenas no amor a reforma espiritual para a Nova Era?*
HERMES: — É ilusão pensar assim! O amor é o fundamento para a reforma espiritual, mas sem a sabedoria que a consciência educacional nos propicia seríamos sempre seres incompletos e com reduzida capacidade de atuar em nome do Cristo. O amor nos impulsiona às boas intenções, mas somente com a conquista da sabedoria aliada ao conhecimento atingiremos o progresso que tanto almejamos em todas as áreas, tanto humanas como espirituais. A natural aquisição de conhecimento faz com que o homem se liberte da alienação e do culto materialista e egocêntrico das sociedades atuais. Como disse-nos Jesus: "Conhecereis a verdade e a verdade vos libertará." A reforma educacional das próximas décadas tornará livre o homem moderno da alienação e da ignorância, transformando radicalmente os hábitos e os costumes sociais.

PERGUNTA: — *Podemos entender que o mal é fruto da falta de educação e consciência espiritual?*
HERMES: — Certamente! O homem atual domina parcialmente o saber, mas é frio e distanciado dos valores espirituais que envolvem o conhecimento em um halo de sabedoria que nos conduz ao bem viver. Hoje em dia, o jovem chega à idade adulta com abundância de conhecimento, mas sendo um indigente no quesito sabedoria. Assim, vemos moços diplomados que dominam a ciência terrena, porém comportam-se como feras acorrentadas. Muitas vezes, cometem crimes atrozes e

depois escondem-se atrás do diploma para não responder por seus atos nefastos.

Eis porque insistimos sobre a importância de filosofar sobre o mundo, o homem e a natureza espiritual, com o objetivo de encontrar respostas à luz da verdade. Os jovens apenas decoram os conceitos ensinados por seus mestres, tornando-se indiferentes à reflexão que leva aos verdadeiros valores espirituais. Do que vale deter o conhecimento da fusão nuclear, se não compreendermos as leis que regem tal fenômeno e se não tivermos moral para utilizá-lo para o bem comum? Lembramos aqui as palavras do inigualável cientista Albert Einstein, que disse: "Triste época! É mais fácil desintegrar um átomo do que um preconceito", comprovando com essas sábias palavras que a humanidade vive hoje um estágio evolutivo-espiritual incompatível com o avanço tecnológico conquistado graças às intervenções do Alto.

PERGUNTA: — Entendemos a tua preocupação em promover a reflexão e a análise sobre o conhecimento, mas é notório que os detentores do poder material assim não desejam, pois uma sociedade alienada é mais fácil de ser dominada do que aquela que pensa por si só. O que dizes a respeito?

HERMES: — Realmente, o conhecimento assimilado com consciência é uma ferramenta de libertação que assusta aqueles que dominam as sociedades do mundo. O grande filósofo grego Sócrates pagou alto preço por tentar reformular conceitos. Jesus, o grande sociólogo sideral, foi crucificado mais por estimular profundas reflexões na sociedade da época do que por ter afrontado os princípios religiosos primitivos da sociedade judaica. Mas a sociedade dos eleitos da Nova Era estabelecerá uma nova relação entre os líderes sociais e a comunidade, estimulando o progresso intelectual e libertando o homem comum de seu servilismo hipnótico aos instrumentos manipuladores de massas, como por exemplo os meios de comunicação, mais precisamente a televisão.

PERGUNTA: — O que podes dizer sobre a televisão e os demais meios de comunicação?

HERMES: — Trata-se de um fantástico sistema de propagação do conhecimento em grandes núcleos populacionais, em que milhões de pessoas podem ser atingidas instantaneamente. Infelizmente, assim como em relação a todas as melhorias que o homem conquistou, a televisão tornou-se um instrumento de alienação, estimulando a humanidade a tornar-se a cada dia mais bitolada ante o mundo e a realidade que a cerca. A programação televisiva de massas atrofia a mente e bloqueia a criatividade das pessoas. Podemos dizer que os programas geralmente causam severos danos mentais à humanidade, pois limitam a sua capacidade criativa, bloqueando-lhe o progresso humano e espiritual.

Mas, infelizmente, estamos também diante de uma questão de sintonia, pois encontramos o exemplo do atraso evolutivo dos atuais habitantes da humanidade avaliando o nível de audiência dos programas televisivos, já que quanto mais medíocres e alienantes maior o índice de receptores sintonizados.

PERGUNTA: — *Compreendemos as tuas ponderações, mas é difícil imaginar pessoas humildes e com pouca instrução realizando reflexões profundas como sugeres. Talvez esses programas que citaste sejam exatamente os mais afins à capacidade intelectual e espiritual da atual humanidade. O que dizes?*

HERMES: — Entendemos que o que dizeis é apenas um preconceito, pois o homem é fruto de seu meio e do processo educacional que lhe é oferecido. Certamente, existem espíritos mais ou menos evoluídos que se destacam ou fracassam em relação ao meio por suas características espirituais. Mas, geralmente, os espíritos em evolução na Terra são suscetíveis ao meio em que vivem. Caso esses irmãos humildes que citastes tivessem acesso a uma educação de qualidade e fossem libertos da influência cultural perniciosa de seus antepassados, certamente eles teriam condições semelhantes de refletir e crescer como filhos de Deus. A humanidade, em geral, é um rebanho necessitando de um bom pastor para corrigir-se e transformar-se para melhorar.

PERGUNTA: — *Se o meio influi tanto em nossas vidas, como devemos entender a questão de o homem modificar o contexto social em que vive? O homem opera transformações no meio ou ele é apenas fruto deste? E se o homem é resultado da convivência social, então encontramos uma situação de fatalismo. O que dizes a respeito desse tema?*

HERMES: — Todo filho de Deus é uma individualidade no contexto social em que vive. A maior dádiva que recebemos

A Nova Era 241

do Criador é o direito ao livre-arbítrio, ou seja, somos livres para decidir os rumos de nossas vidas. Caso contrário, seríamos tão-somente robôs teleguiados pela Mente Divina. Mas, certamente, somos influenciados pelo meio em que vivemos. E quanto mais primários formos em relação ao meio, mais sofreremos sua influência, tanto positiva como negativa. Ao passo que quanto mais avançado for o espírito, mais será ele um formador de opinião, o que possibilitará que influa diretamente na consciência coletiva.

Sendo assim, o fatalismo jamais existirá. O que pode ocorrer são situações desencadeadas pelo carma ao qual estamos atrelados, como, por exemplo, os espíritos que reencarnam em famílias sem acesso à educação, dificultando-lhes o contato com o saber. Mas nada impede que venhamos a mudar os nossos destinos com uma atuação perseverante na busca de nossos ideais, rompendo com os laços cármicos que semeamos no passado, pois não existem injustiças na vida criada por Deus.

PERGUNTA: — Mas há formadores de opinião que conduzem as massas populares por caminhos equivocados. Não disseste que eles seriam almas evoluídas?

HERMES: — Afirmamos que os espíritos que influem no meio social são mais avançados, e não angelizados. Trata-se, algumas vezes, de espíritos com personalidade forte e com grande poder mental, mas ainda distanciados da Luz. São irmãos com uma maior bagagem espiritual, em razão de suas diversas vivências que lhe propiciaram maior experiência que os espíritos que ainda engatinham na caminhada evolutiva.

Devemos entender que todo o espírito evoluído geralmente é um formador de opinião, mas nem todos os formadores de opinião são almas angelizadas.

PERGUNTA: — Se é assim tão fácil transformar o homem pela educação, por que a Alta Espiritualidade não providenciou ainda essa renovação educacional para salvar aqueles que futuramente serão exilados por falta de valores crísticos?

HERMES: — Falamos anteriormente que no futuro a fé não necessitará ser provada, pois os fenômenos espirituais serão manifestados claramente a todos. Mas somente aqueles que conquistaram a fé poderão presenciar esse grande momento, por terem sido eleitos para isso. Da mesma forma, a educação plena e satisfatória estará à disposição daqueles que se elegeram para recebê-la no decorrer deste ciclo evolutivo que está se encerrando. Jesus mesmo nos disse: "A cada um será dado segundo as suas obras" e "Não deis pérolas aos porcos". Para termos direito às benesses da Nova Era, é necessário que façamos por merecê-las.

A evolução exige esforço; se assim não fosse, viveríamos conforme a crença de que recebemos "graças divinas". Nós podemos garantir-vos que isso é apenas fruto de mentes que ainda não se conscientizaram de que evoluir significa orientar as nossas vidas para o progresso.

PERGUNTA: — *Se a humanidade fosse educada segundo os preceitos filosóficos que abordam a ampliação incessante da compreensão da realidade teríamos alcançado uma maior elevação moral?*
HERMES: — Sim, assim seria! Moral não se ensina, e sim se convida a refletir sobre ela. Somente uma análise sincera de suas conseqüências para si e para o bem comum é que modifica o homem. A simples palavra perdão e a imposição religiosa para praticá-lo não sensibiliza o homem, mas a reflexão sobre a generosidade e as conseqüências sublimes desse ato envolve e emociona o espírito.

Junto aos estudos científicos, os educadores deveriam sempre despertar nos alunos os valores espirituais para que eles se tornassem sábios, e não apenas máquinas de conhecimento.

PERGUNTA: — *E o que nos dizes sobre as aulas de religião?*
HERMES: — O conhecimento espiritual é muito mais do que apenas aulas dogmáticas de religião. Os educadores deveriam transformar as suas aulas em exposições filosóficas, libertas do sectarismo religioso, aliando o conhecimento amplo das religiões às situações do cotidiano e ao conhecimento humano em geral. Se assim fosse, teríamos uma menor evasão escolar em relação a essa matéria e os jovens seriam mais humanos e fraternos com os seus semelhantes. A sociedade atual exige informações modernas e que evoluam assim como a humanidade está evoluindo. Conceitos como "céu e inferno" e dogmas seculares devem ser repensados e explicados de forma atual e coerente, pois o homem moderno avançou para o conceito de fé raciocinada, jamais aceitando informações que não possuam lógica e coerência.

A Nova Era

PERGUNTA: — *Queres dizer que as aulas religiosas ultrapassadas em nada acrescentam em nossa evolução espiritual atualmente?*

HERMES: — O homem moderno ridiculariza a crença religiosa disciplinada e muitas vezes infantil, mas essa mesma fé medieval espiritualizou muitas almas e inibiu o instinto animal que hoje em dia está a solta escravizando aqueles que se julgam independentes e livres da imposição religiosa antiquada. Certamente o ideal é a liberdade consciencial, pois liberdade sem consciência é poder sem direção. Enquanto o homem não adquire consciência e maturidade espiritual, acreditamos ser melhor que ele se "escravize" a dogmas religiosos, do que manter-se alienado e subjugado ao culto da vida humana, que pode acarretar comportamentos anticrísticos que arrastarão os imprevidentes à "dor e ao ranger de dentes" por longos períodos.

PERGUNTA: — *Entendemos a importância de aliar o conhecimento espiritual ao humano, mas é notório que existe uma idéia no meio pedagógico de que as questões espirituais devem ser separadas do conhecimento técnico e científico. O que dizes?*

HERMES: — Como afirmamos no decorrer deste trabalho, jamais a humanidade evoluirá para os preceitos da Nova Era enquanto mantiver o Mundo Espiritual apartado do físico. Os dois planos fazem parte de um só contexto. Alguns educadores preferem manter o campo espiritual afastado da realidade da vida humana, alegando que religião é uma questão de foro íntimo. Mas não deve ser assim, pois somente a real aceitação da Vida Imortal fará com que o homem rompa os paradigmas que o limitam à vida primitiva que ainda leva. As grandes conquistas da humanidade só serão atingidas quando Deus for colocado à frente das realizações humanas; caso contrário, o mundo perseguirá o destino que vive até os dias de hoje, onde a dor, o atraso determinado pela visão materialista e a alienação são uma rotina há séculos.

Em todas as situações da vida devemos ter equilíbrio e bom senso. Não desejamos aqui defender que todas as questões humanas devem ser impregnadas de conceitos espirituais; apenas sugerimos que se veja as questões humanas com olhos espirituais. O educando que trabalha com ciência não pode fugir ao imperativo da realidade científica, mas também não deve ver o mundo restrito às barreiras físicas; de outro modo, ele será sempre um cientista limitado. Da mesma forma, o espiritualista deve procurar não entorpecer-se demasiadamente com informações espirituais, esquecendo-se da realidade da vida física. O excesso e o radicalismo, em ambos os casos, sempre são improdutivos!

PERGUNTA: — *Mas então como unir ciência e religião?*
HERMES: — Não se trata de uma união com as religiões sectárias, mas sim uma associação com a realidade espiritual e metafísica. Apesar de os cientistas céticos negarem essa possibilidade, é perfeitamente aceitável a avaliação científica dos fenômenos naturais pela ótica espiritual. Não iremos utilizar recursos espirituais empíricos para comprovação científica, mas a "ótica espiritual" será melhor empregada para compreendermos os fenômenos naturais que, na verdade, foram criados por Deus, que é Espírito e Eterno.
Os métodos para alcançar essa interação já estudamos no capítulo que aborda a mediunidade.

PERGUNTA: — *Qual será o primeiro passo para essa integração espiritual na educação escolar?*
HERMES: — O avanço de pesquisas científicas no campo metafísico e sua natural aceitação nas diversas áreas da ciência terrena, aliados à necessidade de integrar valores espirituais à atual humanidade, que encontra-se sem rumo, fará com que os conceitos imortais retornem à sala de aula. Só que, dessa vez, eles retornarão com um profundo caráter filosófico, libertando o homem, ao invés de escravizá-lo, como ocorreu na época medieval.

PERGUNTA: — *Como estimular os jovens a valorizarem e se interessarem pelo ensino tradicional, que é tão importante para a formação profissional?*
HERMES: — Só cremos em Deus verdadeiramente quando realmente compreendemos a magnitude e a beleza da vida criada por Ele. Assim é com tudo na vida! Não existem dois pesos e duas medidas. As leis universais são as mesmas em todas as latitudes do Cosmo e em todas as situações da vida humana e espiritual. Logo, os jovens só se interessam por química, física, matemática e as demais matérias tradicionais quando eles conseguem vislumbrar a sua aplicabilidade. Os professores expõem fórmulas e conceitos na lousa, mas somen-

te quando demonstram esses ensinamentos aplicados na vida humana é que o jovem desperta para a maravilhosa arte de dominar o conhecimento.

Como dissemos na primeira resposta deste capítulo: "A reprodução pura e simples de conhecimento escraviza, enquanto a reflexão sobre ele liberta!" A educação escolar do Terceiro Milênio será orientada para um método pedagógico mais interativo, explicativo e voltado plenamente para a reflexão e aplicabilidade do estudo.

PERGUNTA: — Concordamos com as tuas colocações, mas vários educadores alegam ser muito difícil despertar nos alunos um maior interesse pelo estudo. Nos dias de hoje, em que a sociedade é tão dinâmica e escravizada pela televisão, torna-se difícil estimular os jovens à leitura. O que dizes a respeito?

HERMES: — Sim, hoje em dia os jovens sentem-se pouco estimulados à leitura, que é uma das formas mais importantes de ampliar cultura e adquirir sabedoria. Ademais, os espíritos atualmente encarnados na Terra fazem parte de um grupo pouco familiarizado com a busca do saber. Certamente, a tarefa dos pedagogos é trabalhosa e pouco frutificante, mas não devemos esmorecer, e sim procurar despertar nos jovens o interesse pelo progresso intelectual, espiritual e humano, utilizando uma linguagem moderna e estimulante, pois este é o motivo de nosso viver: trabalhar para nos tornarmos pessoas melhores! Feliz daquele que, ao acordar, a cada novo dia, pode refletir e perceber avanços em sua caminhada, pois, ao vencermos passo a passo as nossas imperfeições, percebemos a beleza do processo de evolução espiritual no qual estamos inseridos.

PERGUNTA: — Diante de tantas verdades relativas, como afirmaste no capítulo anterior, como saber se estamos tendo avanços em nossa caminhada?

HERMES: — A verdade conceitual é relativa, mas a essência divina nos mostra que "o caminho, a verdade e a vida" encontram-se na máxima do Cristo Planetário que nos diz: "Ama ao teu próximo como a ti mesmo!" Se as nossas ações estiverem voltadas para esse sublime ensinamento, estaremos galgando os degraus rumo à Luz de Deus.

PERGUNTA: — Só os jovens podem adquirir essa capacidade de transformação espiritual, com a educação?

HERMES: — Certamente não! Centramos as nossas informações nos jovens por causa da facilidade de adaptação daqueles que ainda não estão aprisionados ao comodismo e à preguiça de mudar. Caso os adultos se predisponham a modificar-se, colherão os mesmos belos frutos dos jovens. Como a nossa tarefa abrange a coletividade da Terra, e entendemos que a vida humana é uma escola, necessitamos mudar a base consciencial da vida encarnada. Sendo assim, é mais fácil que os jovens mudem a mentalidade do mundo do que os idosos, que geralmente empacam nas suas tradições e conceitos, não permitindo um repensar de suas vidas.

Existe um sábio ditado oriental que nos diz que para purificar a água é necessário esvaziar a vasilha; só assim ela poderá receber o líquido renovado. As crianças já são vasilhas vazias prontas para acolher o líquido puro e cristalino da verdade transcendental! Esse é o motivo pelo qual afirmamos que os pais devem ter a responsabilidade de não legarem aos seus filhos os seus maus exemplos, pois pior do que nada de útil ensinar é exemplificar aos filhos vícios e atitudes negativas para a sua formação.

PERGUNTA:— Por tuas palavras, compreendemos a importância da reforma dos processos pedagógicos e, inclusive, já testemunhamos exemplos concretos nesse sentido. É comum vermos esforços na transformação educacional, mas enquanto isso os transmissores do conhecimento, algumas vezes, estão presos às suas vaidades e aos seus paradigmas, tornando-se um obstáculo à difusão de novos conceitos pedagógicos. Logo, o que poderias nos dizer a respeito dos professores?

HERMES: — Realmente, de nada adianta os pesquisadores reformularem conceitos pedagógicos quando os professores, a ponta do sistema, continuarem aprisionados aos seus conceitos antiquados e cultuando o seu ego. É necessário um gesto de humildade dos educadores no sentido de reconhecer que não são os donos da verdade, e que haja também um real interesse em se atualizarem. Em todas as áreas humanas a resistência à mudança é o maior empecilho para que as transformações se efetivem. O leitor deve compreender que, assim como em todas as transformações para a Nova Era, no campo da educação também teremos de aguardar uma modificação gradual para os conceitos que aqui expomos.

PERGUNTA: — O que pensas sobre a utilização de recursos de informática na educação?
HERMES: — A ciência dos computadores já deveria estar difundida entre os homens faz séculos! Mas o atraso evolutivo da humanidade terrena, que citamos anteriormente, assim não permitiu. Logo, somos totalmente favoráveis a utilização da informática para melhor instruir os educandos. Ainda mais que o natural aumento populacional e o avanço tecnológico exigem, cada vez mais, que as máquinas realizem atividades com um grande volume de dados, o que seria extremamente penoso se executado pela mente humana.
O que ressaltamos é que os educadores jamais devem permitir que a excessiva utilização de recursos computacionais venha a desumanizar o ensino. Nada substitui o contato humano, o carinho e a atenção do professor, pois as máquinas não possuem personalidade e não podem legar aos alunos os valores que formam o caráter. Como exemplo disso, podemos citar a frieza e o desrespeito ao próximo de alguns jovens que passam excessivas horas na frente de um "videogame" ou conectados à "Internet". Os crimes jamais são obras do acaso! Quando algo está errado em nosso meio social devemos repensar os nossos métodos de educação escolar, familiar e social.

PERGUNTA: — E o que poderias falar-nos a respeito da educação familiar?
HERMES: — Para os espíritos em processo comum de evolução espiritual nada é mais importante do que bem educar os seus filhos, pois a sua maior missão é formar com dignidade as suas crianças para que elas adquiram valores espirituais, intelectuais e sociais. Assim, na fase adulta, elas poderão contribuir plenamente para um mundo melhor.
Infelizmente, o que ainda vemos com grande intensidade na Terra é o desleixo dos pais que, além de não procurarem corrigir os seus maus hábitos e comportamentos anticrísticos, ainda não promovem uma boa formação familiar, apresentando diariamente às suas indefesas crianças todo tipo de informação e comportamento daninho à formação de seu jovem caráter.

PERGUNTA: — Pelo que afirmas, os pais que negligenciam a educação dos filhos serão severamente responsabilizados quando retornarem ao Plano Espiritual?
HERMES: — A mais importante missão de um espírito

comum é educar os seus filhos, preparando-os para uma vida digna e honrada. Os pais que negligenciam essa sagrada missão serão seriamente responsabilizados no Mundo Maior pelo seu desleixo e imaturidade espiritual.

PERGUNTA: — *O que devemos entender por "espírito comum"?*

HERMES: — Espírito comum é todo aquele que está inserido no padrão mediano de evolução da Terra. Nesse nível, os espíritos ainda estão mais voltados para o seu núcleo familiar do que para a grande família universal. Logo, é missão básica e principal de sua existência propiciar uma boa educação à sua prole.

Já os espíritos que poderíamos determinar como "incomuns", seriam os missionários de todas as áreas que trabalham incansavelmente pelo bem comum, adotando para si, como filhos seus, toda a humanidade. Nada impede que essas almas com consciência superior tenham filhos, mas a sua missão principal encontra-se no trabalho abnegado à evolução da humanidade.

PERGUNTA: — *Como deveria ser o comportamento dos pais para a boa formação de seus filhos?*

HERMES: — É necessária uma libertação definitiva dos conceitos de "laços de sangue", aceitável somente entre os animais, que ainda estão sujeitos à imposição coercitiva do instinto de preservação da espécie. Já os espíritos em evolução na Terra, se enquadram em um processo evolutivo superior que exige a adequação ao conceito de "família universal", onde somos todos irmãos, filhos de um único e soberano Pai. Jamais devemos dar exemplos às nossas crianças de desrespeito e desconsideração com aqueles que não fazem parte de nosso núcleo familiar; e, além disso, devemos formar a consciência de nossos jovens sobre a imortalidade da alma e as sucessivas encarnações na matéria, que demonstram claramente a natureza de nossas relações com o mundo.

Aqueles que desprezamos, por não fazerem parte de nossa família, podem ser irmãos muito amados de encarnações anteriores. Já é tempo de os homens vislumbrarem o mundo com "olhos espirituais", e não como criaturas alienadas em relação ao programa evolutivo criado por Deus.

PERGUNTA: — *Pelo que afirmas, os pais deveriam promover um processo educacional voltado para o cultivo dos valo-*

res espirituais da criança, e não para atender aos caprichos humanos. Estamos certos?
HERMES: — Sim. Os pais, ao invés de atenderem aos caprichos infantis típicos das crianças, devem realizar a função pela qual o Criador lhes legou a orientação espiritual de seus filhos. O verdadeiro e amoroso pai ama e educa, jamais atende a caprichos infantis e daninhos para a formação do caráter de seu próprio filho. Como dissemos anteriormente, o pior mal é a ignorância, pois acarreta dores e tragédias sem que o seu autor tenha consciência do caos que está plantando para o futuro. Quantos pais lamentam a dor pela perda do filho, mas jamais refletem sobre o conjunto de informações educacionais que legaram, ou deixaram de legar, para que seu herdeiro tivesse um comportamento equilibrado diante da vida!

PERGUNTA: — Mas existem filhos rebeldes que os pais não conseguem educar. Como fica a situação desses pais?
HERMES: — O Criador jamais nos oferta uma cruz que não teríamos condições de carregar. Logo, devemos nos esforçar sempre mais, lembrando a todo instante que a maior missão dos espíritos encarnados é a formação de seus filhos. Sempre podemos fazer algo mais. E aqui lembramos a importância de adquirir sabedoria espiritual para melhor atuar na escola da vida. Os homens comumente desprezam as leituras e informações espirituais, mas elas são o copo d'água que poderia saciar-lhes a sede eterna de paz, equilíbrio e felicidade familiar. Após o filho entregar-se às drogas, ou sofrer uma irreversível distorção de caráter, os pais choram e lamentam, muitas vezes maldizendo a Deus por tanta tristeza familiar. Mas poucos são aqueles que procuram espiritualizar-se para melhor atuar no palco da vida humana.

O estudo do Evangelho no lar, uma vez por semana que seja, procurando refletir sobre os ensinamentos do mais sábio psicólogo do mundo à luz dos problemas que vivemos, traz, certamente, resultados espantosos e poderia reverter situações trágicas que vão sendo acumuladas diariamente, até que explodem por falta de unidade familiar e entendimento fraterno.

PERGUNTA: — Se o mal é fruto da falta de educação e consciência espiritual, em que situação se encontram aqueles que, mesmo sendo bem-educados pelos pais e professores, continuam a comportar-se de forma condenável?

HERMES: — Certamente encontram-se em uma situação lamentável! A lei natural nesses casos nos diz: "A quem muito for dado, muito será pedido!" Esses jovens que recebem amor e atenção dos pais e obtêm a oportunidade de estudar com nobres mestres serão gravemente responsabilizados por seu desleixo e indisciplina. A cada um é dado segundo as suas obras e seremos sempre chamados a responder sobre que proveito tiramos e sobre o que fizemos com os "talentos" que recebemos de Deus. O espírito relapso, que despreza as bênçãos divinas, colherá no futuro o descaso e o abandono por não ter tido dignidade para usufruir e agradecer ao Pai pelas oportunidades de crescimento que recebeu.

PERGUNTA: — *Para melhor educar os nossos filhos, seria importante desde cedo instruí-los sobre a realidade espiritual?*
HERMES: — Certamente! Na infância iniciamos a formação de nosso caráter e estamos libertos de preconceitos, o que facilita a assimilação natural de novos conceitos. Caso os pais tivessem a maturidade de abandonar as telenovelas decadentes e sua rotina materialista, dedicando parte de seu tempo livre para conversar com os filhos, ressaltando a importância dos valores morais à luz da consciência espiritual, certamente eles formariam filhos adoráveis, responsáveis e verdadeiramente humanos.

Na fase da infância e da adolescência, o espírito reencarnado ainda está suscetível a mudanças. Nesse período, o seu caráter ainda não está formado e suas tendências negativas de vidas passadas ainda não afloraram. Então é o melhor momento para a educação e formação de caráter!

PERGUNTA: — *Isso se aplicaria mesmo em casos de espíritos extremamente atrasados que viessem a reencarnar em um grupo familiar?*
HERMES: — Cada caso tem a sua peculiaridade. Mas, certamente, a boa formação educacional poderia gerar um fantástico avanço em qualquer caso. Em espíritos já próximos da Luz, permitiria uma melhor base para a realização de sua missão no mundo físico, e nos casos de irmãos ainda muito atrasados lhes permitiria um sensível avanço em direção às esferas superiores. O melhor ou pior resultado depende tanto da perseverança e dedicação dos pais quanto do quilate espiritual do futuro filho que receberão em seus braços.

PERGUNTA: — *Compreendemos a lógica e a beleza de tuas palavras, mas infelizmente vemos que os homens em sua quase totalidade ainda são plenamente escravos da matéria e do culto à vida humana. O que dizes a respeito?*
HERMES: — Não existe uma conseqüência sem uma ação geradora! O mundo vive o caos social que presenciamos em decorrência do que afirmaste na pergunta. Enquanto se aborda o porquê de tanta maldade e tanta desgraça no mundo, o homem não se apercebe de que o seu comportamento do dia-a-dia e a forma como conduz a sua vida são energias que alimentam essa egrégora do mal.

Aqui, é um empresário que só pensa em seus lucros e em propiciar exclusivamente luxo e conforto material aos seus filhos, sem educá-los para valores espirituais; ali, é a dona de casa orgulhosa que acredita que seus filhos são melhores que os outros jovens da mesma idade; mais adiante, encontramos os pais que ensinam seus filhos a levarem vantagem em tudo, mesmo que isso cause dor e sofrimento às vítimas de seus atos. Por fim, a união de todos esses comportamentos anticrísticos retorna em poderosas "ondas" de desgraças em razão do acúmulo cármico-social gerado pela sociedade.

Quanto mais calamidades surgirem, mais devemos refletir sobre como estamos conduzindo as nossas vidas, pois os dramas diários são instrumentos de educação espiritual por meio da dor. Como já afirmamos, poderíamos evoluir pelo caminho do amor e da sabedoria, mas cabe a cada um decidir qual estrada deseja percorrer: a estrada da Luz ou das Trevas!

Em breve chegará o dia em que o comportamento alienado e materialista de hoje será visto como uma triste página do passado.

PERGUNTA: — *É possível realizar a educação dos sentimentos?*
HERMES: — Jamais outrem poderá educar os nossos sentimentos, porque nesse caso o processo é de auto-educação, cabendo a nós mesmos sermos mestres e aprendizes. Grandes exemplos podem nos mostrar o caminho, como o fez Jesus, mas somente uma reforma íntima poderá educar os nossos próprios sentimentos, que, como diz a própria palavra, devem ser sentidos! A teoria apenas esclarece, mas não faz assimilar esse conhecimento da alma. O sábio aprende com o ensinamento que recebe e com a reflexão sobre o seu conteúdo; portanto,

para educar os sentimentos, ou seja, realizarmos uma verdadeira reforma íntima, devemos estudar sinceramente o inigualável código moral do Evangelho do Cristo e aplicá-lo no dia-a-dia, em todos os instantes da vida.

PERGUNTA: — *Entendemos que para ingressar na Nova Era a humanidade deverá realizar uma verdadeira revolução em seus hábitos e costumes. Não estamos certos?*

HERMES: — Realmente os futuros eleitos construirão uma sociedade que nas gerações futuras será bem diferente do que vemos atualmente. A natural reencarnação sistemática de eleitos imprimirá às sociedades dos diversos países do mundo uma gradual transformação nos costumes de seus povos. Hoje em dia, já é possível presenciar uma quebra nas tradições e nos costumes típicos de civilizações primitivas. Inclusive, os cultos e festividades serão substituídos por outros que se coadunem com os reais valores espirituais a serem cultivados na Nova Era.

PERGUNTA: — *O que poderias nos falar sobre o Natal, que hoje em dia é cultuado como uma festa exclusivamente materialista?*

HERMES: — Infelizmente, o dia comemorativo do nascimento de Jesus foi deturpado para atender aos interesses comerciais. Em vez de o homem utilizar essa data sagrada nos planos superiores para religar-se ao Cristo, ele aproveita para cultuar lendas primitivas com fins comerciais. É realmente muito triste termos de assistir a figura fictícia do "Papai Noel" substituir a imagem inesquecível de Jesus nos lares do mundo ocidental.

PERGUNTA: — *O irmão acha uma aberração o culto ao "Papai Noel"?*

HERMES: — Não diríamos uma aberração, mas é lamentável que os homens substituam a mais importante mensagem da história da humanidade por um conto de fadas. Seria irônico, se não fosse triste, o fato de o homem trocar o nascimento de Jesus pelo culto ao "Papai Noel" e seu retorno ao Mundo Maior pelo "Coelhinho da Páscoa".

Vemos nessa prática uma fuga do compromisso de educar as crianças sobre os valores imortais, pois se a mensagem de Jesus é substituída por tais lendas, nota-se claramente o quanto a humanidade estagnou em seu processo evolutivo e quanto o desinteresse sobre as reflexões transcendentais contagiou o homem ocidental. Se Jesus fosse convidado pelos pais a entrar nos lares e nos corações das crianças do mundo, certamente a criminalidade e a marginalidade seriam bem menores nos dias atuais.

PERGUNTA: — Que outros costumes e tradições deixarão de existir na Nova Era?

HERMES: — Seriam muitos a serem citados, além dos diversos que são específicos a cada povo. Todas as tradições que não engrandeçam o homem no campo moral, espiritual e intelectual serão gradualmente abandonadas pela sociedade da Nova Era. Um rápido exemplo que podemos citar são as festividades que impõem torturas a animais indefesos. Jamais a sociedade dos eleitos aceitará qualquer tipo de agressão aos nossos irmãos menores. Somente a atual humanidade, que ainda é desumana, pactua com essas práticas cruéis e infelizes.

PERGUNTA: — Algumas pessoas podem alegar que um número infinitamente maior de animais são sacrificados nos matadouros para a alimentação dos homens. O que dizes a respeito?

HERMES: — É de senso comum que a alimentação carnívora é condenada pela Alta Espiritualidade da Terra, sendo aceita somente até os dias atuais por causa do baixo padrão vibratório dos atuais espíritos em evolução que peregrinam pela vida física. Obviamente, na Nova Era esse cenário se modificará, pois os espíritos eleitos possuirão uma contextura periespiritual mais refinada que os fará naturalmente desprezar a zoofagia. Inclusive, o ecossistema do planeta respirará aliviado pelo fim da indústria da carne, que é tão prejudicial quanto a indústria petroleira que também encerrará as suas atividades definitivamente nas gerações futuras.

PERGUNTA: — O nível educacional, cultural, intelectual e espiritual da humanidade como um todo é realmente muito baixo. Só podemos aceitar as transformações que sugeres com a justificativa do exílio planetário e da conseqüente reencarnação dos eleitos do Cristo na Nova Era. Poderias dissertar a respeito disso?

HERMES: — Como afirmamos durante todo o decorrer deste livro, as transformações para a Nova Era proceder-se-ão gradualmente, a partir do nascimento das novas gerações. Já estão encarnados em solo físico os primeiros trabalhadores da "renovação", mas as transformações acontecerão a partir da definitiva mudança de inquilinos da Terra. Aqueles que adquirirem o "selo crístico" reencarnarão na Terra renovada do Terceiro Milênio. Já os que possuírem a "marca da besta", serão transladados para um novo mundo, onde deverão corrigir as imperfeições espirituais que negligenciaram na Terra.

O atual momento do plano físico da Terra é de caos e de uma concentração muito grande de espíritos que estão obtendo a última chance para tentarem se eleger para a Nova Era. A grande maioria desses espíritos encarnados que pactuam com o mal já se encontra reprovada; portanto, inconscientemente, se rebelam contra tudo o que é belo e nobre, desestimulando os encarnados de boa vontade a crerem no mundo melhor que certamente nascerá no futuro da humanidade nas próximas décadas. Façamos a nossa parte na construção desse novo mundo e creiamos nas palavras do Cristo que diz: "Aquele que crer em Mim, jamais perecerá."

PERGUNTA: — Informaste neste capítulo que a educação do Terceiro Milênio será bem diferente da atual. Nela não haverá espaço para as tolas crendices atuais e as festas primitivas que ainda cultuamos; citamos o carnaval como mais um exemplo. No futuro, a ênfase estará basicamente no intelecto e no desenvolvimento espiritual, associado à vida humana. Sendo assim, como faremos para que nossos irmãos creiam que nesse novo período da história da humanidade teremos alegrias, festas, diversões etc., ou seja, como convencer os nossos irmãos de que na Era de Aquário poderemos brincar e sorrir despretensiosamente, sendo plenamente felizes?

HERMES: — Amados irmãos, será na Nova Era que a alegria e a felicidade estarão presentes com plena força! Quanto mais evoluímos, mais sentimos a vida em uma plenitude superior. Evoluir é ótimo, pois faz com que nos sintamos cada vez mais leves e livres dos fardos típicos da vida humana primitiva. Por estarmos libertos dos carmas que acarretam dor e sofrimento, a felicidade envolverá o nosso ser, trazendo nos paz e harmonia eternas. Hoje em dia, os homens são muito sisudos e maliciosos. Geralmente riem de coisas que denominaríamos de "humor das Sombras", ao contrário dos "anjos" que riem por bondade e amor.

Queridos irmãos, se evoluir e atingir novas esferas fosse

A Nova Era

ruim, os espíritos de Luz não retornariam persistentemente para propagar aos quatro cantos do mundo a beleza do "Reino dos Céus", que chega a ser inexplicável na precária linguagem humana. Atualmente é muito difícil para os encarnados, ainda aprisionados ao "maya" da vida física, compreenderem isso, tal a sua hipnose pelo mundo das formas. Mas busquemos em nosso íntimo situações em que nos sentiríamos muito alegres, radiantes, de forma que a nossa felicidade não ofenda e prejudique a nada e a ninguém. Eis aí, com essa reflexão íntima e sincera, uma pequena amostra de como será a Nova Era, a Era de Aquário!

14

O código moral do Evangelho de Jesus

PERGUNTA: — *Afirmaste neste trabalho que o Evangelho de Jesus é o código moral mais perfeito da humanidade. Poderias nos trazer maiores esclarecimentos sobre a sua importância para a nossa ascese evolutiva?*

HERMES: — O Evangelho de Jesus é o Grande Projeto de Edificação Espiritual da humanidade terrena. Um fantástico trabalho de preparação foi realizado para que há dois mil anos descesse à Terra o Governador Espiritual de nosso planeta, neste ciclo que está se encerrando. Antúlio, Buda, Krishna, Zoroastro, Akhenaton, Moisés e tantos outros avatares vieram antes do sublime Jesus preparando o terreno entre diversos povos para que o Código do Amor Divino fosse ofertado aos homens de forma perfeita e clara. Inclusive, narramos o projeto de preparação para a reencarnação de Jesus entre os egípcios no livro "Akhenaton — A Revolução Espiritual do Antigo Egito". Infelizmente, a terra de Kemi não esteve à altura para receber essa dádiva, fazendo com que esse plano divino se transferisse para o povo de Israel, que assimilou a crença no Deus Único pelos ensinamentos de Moisés.

O Evangelho de Jesus, portanto, é a síntese de todos os ensinamentos que o antecederam, sendo elaborado de forma clara e fácil para atender ao povo simples; ao mesmo tempo, trata-se de um código moral com fantásticos ensinamentos secretos que deslumbram os estudiosos espiritualistas modernos, tal a amplitude das singelas parábolas e máximas de Jesus. Em suas sublimes fábulas, o Rabi da Galiléia ensina ao povo como alcançar o Reino de Deus e, aos sábios espiritualistas de todas as épocas, elucida o resumo das leis espirituais irrevogáveis para se adquirir uma eficaz evolução espiritual, pelos caminhos do amor e da sabedoria, libertando-se dos carmas corretivos que escravizam os incautos.

O Evangelho de Jesus é certamente o código moral mais adaptável a todas as culturas do mundo e aos diversos níveis de esclarecimento dos filhos de Deus em evolução na Terra. Os ensinamentos do Cristo-Jesus possuem o poder transformador para angelizar definitivamente a humanidade terrena preparando-a para ingressar na Nova Era que já surge no horizonte da vida humana.

PERGUNTA: — Não é o que nos parece, pois a humanidade a cada dia se encontra mais distanciada do Evangelho de Jesus. Isso quando não ocorre ao contrário: o fanatismo doentio de certas crenças. O que nos dizes a esse respeito?

HERMES: — Já afirmamos que bilhões de espíritos eleitos pelos princípios do Evangelho de Jesus aguardam a chegada da Nova Era para reencarnar na Terra e prosseguir em sua jornada evolutiva. E também defendemos o equilíbrio em todas as situações da vida. A descrença espiritual, assim como o fanatismo religioso, são dois extremos da mesma situação: a falência espiritual.

O homem sensato que sentar-se à mesa de estudos com o real interesse de compreender a mensagem de Jesus, irá surpreender-se, pois ali encontrará um perfeito código moral para a libertação dos males da Terra. A sabedoria espiritual, a tolerância, o amor, a indulgência, a paz, a confiança, o respeito e as demais virtudes enaltecidas pelo Mestre dos mestres transformaria a Terra em um oásis de bem-aventuranças, caso o homem aceitasse essas simples diretrizes de conduta. Mas não é o que ocorre com a grande maioria dos homens até este limiar da Nova Era, em razão de sua insensatez.

PERGUNTA: — Mas alguns seguidores de outras religiões poderiam questionar essa superioridade dos ensinamentos de Jesus sobre os dos demais avatares. O que dizes a respeito?

HERMES: — Cada Grande Mestre da história da humanidade adaptou os seus ensinamentos à cultura em que viveu. Ademais, podemos afirmar que eles estiveram mais intimamente ligados ao padrão evolutivo da época em que peregrinaram pela Terra em missão. Moisés, por exemplo, apresentou ao seu povo um Deus Jeová, guerreiro e impiedoso, pois esse era o nível de evolução da humanidade naquela época. Buda e Krishna foram filósofos que dissertaram sobre importantes princípios espirituais a serem seguidos, mas dentro dos limites suportáveis pela politeísta cultura oriental em que estavam inseridos. Já Jesus, rompeu os preceitos sociais e religiosos de sua época, promovendo uma revolução de conceitos na sociedade judaica que terminou por desencadear sua repulsiva crucificação. Ao contrário dos demais avatares, Ele não foi adorado por todos, mas sim rejeitado por aqueles que perderiam privilégios em decorrência de seu Evangelho, que exigia igualdade entre os homens e conduta digna. O mais sábio dos homens realizou a mais árdua tarefa: a renovação do espírito guerreiro e arrogante para o espírito do amor e da paz! Em sua mensagem, Jesus sintetizou todos os sábios ensinamentos dos que o precederam e viveu-os integralmente, desde o seu nascimento até seu retorno ao Mundo Maior.

No Evangelho de Jesus encontramos o resumo da Lei Cósmica de Deus em todas as latitudes do Universo e um código libertador definitivo para a evolução humana no atual estágio evolutivo da Terra. Sem dúvida, temos na mensagem do Cristo-Jesus o mais perfeito código moral a ser seguido na Terra. Ele realmente é o caminho, a verdade e a vida e todos que o seguirem chegarão ao Pai.

PERGUNTA: — Poderias esclarecer-nos melhor a respeito da superioridade dos ensinamentos de Jesus sobre os dos demais instrutores espirituais da humanidade?

HERMES: — Gostaríamos de esclarecer que não encaramos essa questão da superioridade do Evangelho sobre os demais códigos morais da humanidade como se fosse uma competição. Na verdade, todos os emissários do Cristo que desceram à crosta terrestre fizeram parte de um Grande Plano Divino. Cada um foi responsável por determinada tarefa. Jesus, como o espírito mais excelso, foi eleito para a realização do papel principal, enquanto os seus demais irmãos e colaboradores vibraram intensamente pelo Seu sucesso e realizaram com amor e responsabilidade as suas tarefas; ao contrário do que vemos entre os homens, que se comportam de forma mesquinha e invejosa.

Como dissemos na resposta anterior, Moisés comportou-se algumas vezes de forma cruel, pois esse era o seu papel: educar o povo rebelde que estava sob a sua responsabilidade. Krishna teve de adequar os seus ensinamentos à cultura politeísta e à injusta estrutura social da Índia. E assim ocorreu, também, com os demais instrutores do Mundo Maior. Jesus, no entanto, realizou uma tarefa que superou a missão de apenas instruir a humanidade. Ele, na verdade, a libertou dos laços da animalidade com um roteiro transformador que abalou os alicerces culturais e religiosos da época. Cabe ao homem descobrir esse divino tesouro que está ao alcance de todos aqueles que possuem boa vontade.

PERGUNTA: — Gostaríamos de saber se a humanidade já compreendeu integralmente a mensagem trazida pelo Cristo-Jesus?
HERMES: — A mensagem de Jesus é um código libertador de almas. Trata-se de ensinamentos que a cada novo estágio evolutivo se apresentam com novas nuances. O estilo inconfundível de Jesus convida à reflexão e a um novo entendimento a cada leitura. Por esse motivo, recomendamos que o Evangelho de Jesus seja lido diariamente, pois a cada nova fase de nossas vidas encontramos um nova compreensão para as imorredouras palavras do inigualável Rabi da Galiléia.

Podemos afirmar, portanto, que o homem ainda não compreendeu integralmente a mensagem do Cristo. O homem comum apenas se consola com as magníficas mensagens do Cristo sem absorvê-las. E os estudiosos e iniciados ainda descobrirão, nas décadas futuras, novos ensinamentos implícitos nas singelas parábolas do Evangelho. Fato que os maravilhará e os fará crer ainda mais na mensagem do Divino Instrutor da Terra.

PERGUNTA: — Poderíamos saber como é a tua relação com o nosso Mestre amado Jesus?
HERMES: — Certamente! É uma relação de admiração e agradecimento por Ele ter-nos permitido colaborar em Sua obra de redenção espiritual da humanidade terrena. Recebemos sempre com grande alegria os convites para nos confraternizarmos com o Inigualável Irmão. E, em Sua augusta presença, nos envolvemos em um sentimento magnífico de bem-estar e paz e nos sentimos plenamente capazes de realizar as mais belas obras. Eis o motivo pelo qual os Seus discípulos a tudo largaram para segui-Lo, pois Seu magnetismo envolve qualquer ser em nobres ideais. Mesmo Pôncio Pilatos impressionou-se com essa energia nos momentos que antecederam a ignominiosa crucificação do mais excelso espírito que já desceu à Terra.

Quanto mais evoluímos em amor e sabedoria, maior é nosso carinho por aquele que é certamente o mais nobre filho de Deus que já encarnou na face de nosso planeta. E Lhe somos eternamente gratos pelo auxílio espiritual que Ele jamais nega a quem Lhe estende os braços, pedindo o Seu amparo divino. Esperamos poder servir sempre com amor e dedicação Àquele a quem devemos denominar como sendo o mais perfeito exemplo a ser seguido pela humanidade.

PERGUNTA: — *Se a mensagem de Jesus possui tal força, por que a humanidade, como um todo, despreza os ensinamentos do Evangelho e/ou mantém apenas uma crença falsa e superficial?*

HERMES: — Evolução espiritual é algo que se conquista, e não uma dádiva divina. Somente o esforço incessante em busca da Luz faz com que lapidemos nossa consciência rumo a um entendimento superior da vida; motivo pelo qual a humanidade em evolução na Terra ainda não compreendeu a mensagem de Jesus.

Mas não devemos nos esquecer de que um terço da humanidade planetária, que corresponde ao grupo de encarnados e desencarnados, se elegerá para continuar na Terra do Terceiro Milênio. Isso comprova-nos que a evolução espiritual é alcançada pelos humildes, ou seja, aqueles que não ostentam e não são "grandes" na vida humana. Como nos diz Francisco de Assis: "É morrendo para a vida humana que renascemos para a Vida Eterna". E Jesus nos alerta: "Os humildes serão exaltados e os exaltados serão humilhados."

Essas almas discretas, no decorrer dos séculos, assimilaram as virtudes crísticas necessárias para encontrar a felicidade e a paz. Hoje, elas apenas aguardam que seus irmãos que se encontram na Terra para a sua última chance antes do exílio planetário acordem para a mensagem renovadora de Jesus e "salvem" as suas próprias almas do expurgo inevitável que já está se processando neste período de transição planetária para a Nova Era.

PERGUNTA: — *Gostaríamos que expusesses alguns ensinamentos do Evangelho que testificam ser este o código libertador da humanidade. Poderias atender-nos?*

HERMES: — Em breve, o Evangelho deixará de ser apenas um livro sagrado sobre conceitos que todos deveríamos seguir para tornar-se uma fonte libertadora que irá saciar a sede de toda a humanidade. Infelizmente, nos dias atuais, muitos ainda insistem em encontrar desculpas para não adequarem-se aos inesquecíveis ensinamentos legados por Jesus.

Temos convicção de que o homem não vive o Evangelho principalmente por não ter uma real consciência de sua importância e aplicabilidade no dia-a-dia. A educação espiritual, que estudamos no capítulo anterior, é fundamental para uma transformação a valores superiores, meta tão perseguida pela humanidade atual na tentativa de encontrar paz. Somente quando o homem descobrir o tesouro que é o Evangelho de Jesus encontrará a felicidade que tanto procura! Só nesse instante ele libertar-se-á das dores e sofrimentos gerados por uma vida distanciada da Luz. As parábolas do "tesouro escondido e da pérola" são uma prova do que afirmamos. O homem sonolento que lê essas belas fábulas entedia-se; já o que procura a Luz, renova-se!

Muitos irmãos nossos, no decorrer dos séculos, comoveram-se ao ler esses contos singelos e galgaram a Luz. Hoje, aguardam a Nova Era para continuar o seu processo evolutivo na Terra. Os atuais encarnados são considerados os "trabalhadores da última hora", citados na parábola de Jesus que narra sobre "os trabalhadores e as diversas horas de trabalho". Vivem hoje as suas últimas encarnações antes do Grande Juízo, a fim de tentarem se enquadrar no grupo dos "mansos e pacíficos que herdarão a Terra", ou, se forem reprovados, reunirem-se no grupo dos "lobos", do "joio" e dos "esquerdistas" do Cristo.

Vede que apenas abordando algumas questões fundamentais para a evolução espiritual já dissertamos sobre diversos ensinamentos libertadores do Evangelho de Jesus!

PERGUNTA: — E o que podes nos dizer sobre a máxima "Conhecereis a Verdade e a Verdade vos libertará"? Qual é a força dessa frase?

HERMES: — Dissestes bem! Não se trata apenas de uma frase, mas de um mantra libertador. O espírito esclarecido ao ouvir essa máxima sente no fundo da alma o convite do Mestre dos mestres para a libertação do mundo das ilusões em busca da real finalidade da vida. O indivíduo, quando sintoniza-se com a Verdade Eterna em todas as situações do cotidiano, torna-se uma alma emancipada, pois, na verdade, o homem nada sabe, mas é chamado a tudo conhecer. E quando assim procede, os limites da vida material deixam de existir e ele se desprende das amarras do convencionalismo da vida humana, obtendo a sua definitiva alforria espiritual.

A frase de Francisco de Assis que citamos há pouco ("É morrendo para a vida humana que se renasce para a vida eterna") ainda é incompreendida pelos homens, mas ela é a porta para essa liberdade, pois faz com que o homem não lute mais pelos interesses pequenos das paixões humanas e comece a dedicar-se ao próximo e à sua evolução como filho de Deus. Essa sentença nos convida a sufocar as nossas paixões e permite que "nasça" o anjo que vive dentro de nós.

Já é tempo de a humanidade compreender que deve realizar uma evolução consciencial. Os espíritos em evolução na Terra estão ingressando em um estágio que naturalmente se distanciará do comportamento animal primitivo que levaram nos séculos passados. A cada nova década a humanidade conquistará uma maior capacidade mental, avançando em terrenos menos materiais, que poderíamos chamar até mesmo de "virtuais". As próprias atividades profissionais humanas serão menos braçais e muito mais mentais. O domínio das faculdades intelectuais permitirá um grande avanço aos filhos da Era de Aquário, que já terão conquistado o estágio do "ama ao teu próximo como a ti mesmo"!

Irmãos, entrai na sintonia transformadora desta mágica máxima: "Conhecereis a Verdade e ela vos libertará!"

PERGUNTA: — Na parábola "do joio e do trigo", Jesus nos narra que, após a seleção espiritual, o trigo, ou seja, aqueles que fossem bons, seriam encaminhados ao celeiro de Deus, e o joio, aqueles que fossem maus, seriam queimados na fornalha. Algumas pessoas não identificam nesse ensinamento uma alusão ao exílio planetário. O que dizes a respeito disso?

HERMES: — Já afirmamos que Jesus não pôde falar mais claramente em sua passagem pelo mundo por causa dos preconceitos e da falta de entendimento da época. Como estudamos antes, a verdade relativa deveria ser apenas a seguinte: os bons seriam recebidos no Céu pelo Pai e os maus queimados no fogo eterno! Jesus não podia fugir demasiadamente da crença vigente entre os hebreus, pois eles não compreenderiam conceitos muito aprofundados.

Mas as informações espirituais de todas as latitudes do globo informam que a Terra já está ingressando em um novo estágio evolutivo e que somente aqueles que forem "o trigo" da semeadura de Jesus continuarão na Terra, enquanto "o joio" será exilado para o mundo onde "a dor e o ranger de dentes" será uma constante.

PERGUNTA: — *Podes trazer-nos maiores esclarecimentos sobre o ensinamento "orar e vigiar"?*

HERMES: — Quando Jesus alertou os seus discípulos sobre a importância de orar e vigiar, legou à humanidade um código de sintonia com os planos espirituais superiores. Orando, estamos sintonizados com o Alto e envoltos em Luz. Com a prece no coração não há espaço para o pessimismo e a depressão, pois estamos em sintonia com Deus. Já a recomendação da vigília, significa a meditação e a reflexão sobre os nossos atos do cotidiano com o objetivo de identificarmos se não estamos abrindo "brechas psíquicas" que irão permitir o assédio de espíritos ainda escravizados ao mal.

Com o ensinamento evangélico de orar e vigiar estaremos certamente livres de influências espirituais obsessivas e poderemos atestar que os nossos atos e pensamentos ou são influenciados pelos sábios mentores espirituais que nos acompanham ou são frutos de nosso próprio livre-arbítrio.

PERGUNTA: — *E o que podes nos dizer a respeito da máxima: "Não te preocupes com o cisco no olho de teu semelhante, mas vê a trave no teu"?*

HERMES: — Esse é mais um belo ensinamento de Jesus que nos faz uma séria advertência sobre o "vício da alma", conhecido como maledicência. Os homens invigilantes costumam condenar as atitudes alheias, mas raramente avaliam as suas próprias falhas de comportamento. Com essa máxima marcante, Jesus complementou outro importante ensinamento: "Não julgueis para não serdes julgados". Somente a Deus cabe a tarefa de avaliar os nossos atos.

Como abordamos no capítulo sobre os "vícios da alma", eis um dos comportamentos anticrísticos mais comuns entre os homens e que acarreta muitas tragédias e carmas entre a humanidade ainda escrava do "mundo das formas".

PERGUNTA: — *Mas a justiça dos homens necessita julgar e condenar os criminosos, senão haverá um caos na ordem social. Não estamos certos?*

HERMES: — Antes de julgar é necessário educar! Certamente, irmãos ainda sintonizados com o crime devem ser afastados do convívio social para o devido reequilíbrio. Mas o grande problema é que as sociedades distanciadas da sabedoria espiritual não conseguem reeducar os seus criminosos, intensificando ainda mais em seus cárceres o estímulo à prática do crime. De nada adianta aprisionar sem efetuar um real e fraterno programa de reabilitação e sem oferecer melhores oportunidades de vida e trabalho àqueles que são marginalizados nas sociedades da Terra. Podemos garantir-lhes que boa parte dos criminosos de toda a história da humanidade seriam reformados moralmente com uma honesta e sincera prática e exemplificação cristã. O próprio Jesus, que viveu integralmente as suas lições sublimes, recuperou vários criminosos na época em que iluminou as Trevas do mundo com sua extraordinária sabedoria espiritual. Jamais obteremos bons resultados se não vivermos os ensinamentos que defendemos!

PERGUNTA: — *Queres dizer, então, que se tivessem encarnado na Terra mais espíritos do quilate de Jesus o exílio planetário seria evitado?*

HERMES: — Os responsáveis por nosso crescimento espiritual somos nós mesmos. Certamente que um número mais intenso de espíritos elevados promoveria um aperfeiçoamento maior no nível espiritual da humanidade, reduzindo o futuro número de exilados. Mas, se a presença de almas sublimes fosse atestado de melhoria espiritual, Jesus não terminaria os Seus dias no mundo físico suspenso em uma cruz infame! A humanidade recebe em seus braços aquilo que planta. Assim é a Lei para as individualidades e também para a coletividade. O que podemos afirmar é que não houve um erro sequer no Programa Divino de Evolução da civilização terrena.

PERGUNTA: — *E o que tens a nos dizer sobre a pena de morte?*

HERMES: — A pena de morte é um atestado da incompetência da humanidade para resolver os problemas gerados por si mesma. Matar para punir é apenas enviar o problema para o Plano Espiritual! A sábia Lei Divina do Carma fará com que esse espírito reencarne, no futuro, no mesmo conjunto familiar e social daqueles que lhe negaram a oportunidade de correção. Somente o amor liberta!

Enganam-se aqueles que acreditam estar se livrando do criminoso pela pena de morte, porque continuamos ligados pelos laços imortais àqueles a quem não nos harmonizamos na esteira infindável dos séculos até que o amor prevaleça. E isso ocorrerá mesmo que essa harmonia demore mil anos para chegar!

Aqueles que sofrem a dor de serem vítimas de crimes devem refletir sobre a "Lei de Ação e Reação". Os encarnados no mundo físico podem ter a certeza de que não ocorrem injustiças na vida criada por Deus. Para todo o efeito sempre há uma causa!

PERGUNTA: — *E a parábola do "bom samaritano", que reflexões nos traz?*

HERMES: — Nessa parábola, Jesus adverte os homens de que não basta memorizarmos os textos sagrados para atingirmos a evolução espiritual. Assim como o samaritano caridoso dessa parábola, aqueles que viverem naturalmente os princípios redentores do Evangelho serão os eleitos do Cristo; enquanto os falsos defensores da moral e da Lei de Deus serão afastados do mundo de paz e harmonia que será a Terra. Para o Mestre dos mestres, o que vale não são os credos nem os formalismos, mas sim os bons sentimentos, porque são eles que exemplificam e edificarão o Reino de Deus na Terra. Aqueles que vivem apenas um formalismo religioso, sem uma real reflexão e vivência crística, não serão "salvos" do inevitável exílio planetário.

PERGUNTA: — *E quais são as tuas considerações sobre os ensinamentos "busca e acharás" e "pede e obterás"?*

HERMES: — Nesses ensinamentos, temos a revelação crística do amor incondicional do Pai aos Seus filhos. Jamais estaremos desamparados porque o Criador vela pelos nossos destinos mesmo quando estamos afastados do caminho da Luz. Ao afirmar que quem busca acha e quem pede obtém, Jesus nos demonstra que a fé no Mundo Espiritual e em nosso potencial como filhos de Deus torna a tudo possível.

O amor de Deus à Sua Criação fica ainda mais claro no ensinamento que diz: "Qual de vós é o pai que, se o filho pedir um peixe, lhe dará uma serpente? Ou se pedir um ovo, lhe dará um escorpião? Ora, se vós, sendo maus, sabeis dar boas dádivas a vossos filhos, quanto mais o vosso Pai celestial! Ele certamente dará coisas boas aos que Lhe pedirem!" Ou seja, sempre que nos entregarmos sinceramente nos braços de Deus seremos socorridos. Infelizmente, o que ocorre é uma falsa dedicação e aceitação das mensagens espirituais. Somente quando o homem se despir de seu orgulho e vestir a túnica da humildade entrará definitivamente em contato com a felicidade e a paz oriundas exclusivamente do Criador!

PERGUNTA: — *E o que nos dizes sobre esta frase de Jesus: "Tomé, tu me viste e creste, mas bem-aventurados são aqueles que não me vêem e crêem em Mim."?*

HERMES: — Jesus, ao contrário do que muitos pensam, não defende a fé cega nessa máxima; enaltece aquele que já está em sintonia com o Plano Espiritual, pois quem crê sem ver é porque já sente em si a vibração universal do Mundo Invisível.

O iniciado não precisa mais de comprovações sobre a vida espiritual, porque ele já compreendeu, por suas reflexões, que a vida não é só matéria, mas sim um grande plano educativo criado pelo Pai para que cresçamos. Enquanto o cético procura provas para a existência de Deus, o sábio sente a presença divina em tudo e em todos. A visão e a audição espiritual estão acima do mundo das formas!

PERGUNTA: — *Podemos entender em tuas últimas palavras uma explicação para as máximas:"Quem tiver olhos para ver que veja" e "Quem tiver ouvidos para ouvir que ouça"?*

HERMES: — Exatamente! Quando Jesus falava ao povo, ele tentava fazê-lo ver que os sentidos humanos são limitados e jamais poderão servir de instrumento para compreendermos integralmente a Vida Maior. Somente aquele que tiver olhos e ouvidos espirituais poderá sintonizar-se com o Grande Plano do Criador. Lembrai-vos: é necessário libertar-vos dos paradigmas da vida humana para compreender a vida imortal! Somente aquele que procura enxergar mais além transforma o mundo, porque vê o que os outros não conseguem vislumbrar. Aquele que almeja a sabedoria, deve ser humilde para compreender que ainda nada sabe, tal a grandeza do Universo criado por Deus, mas ao mesmo tempo deve estar em constante busca, sem limitações, abrindo os seus olhos para enxergar além da terceira dimensão.

PERGUNTA: — *E o que podes nos dizer sobre a parábola da "figueira estéril", que segundo palavras de Jesus nos diz: "Faz três anos que venho buscar fruto nesta figueira e não o acho; corta-a, pois, pelo pé. Por que está ela ainda ocupando a terra?" Mas outro, então, lhe responde:"Senhor, deixe-a ainda este ano, enquanto eu a escavo em redor e lhe lanço esterco; se com isto der fruto, bem está, e se não, virás a cortá-la depois."?*

A Nova Era

HERMES: — Com essa narração alegórica, Jesus pretendeu advertir aos homens sobre a importância de "dar frutos", ou seja, evoluir espiritualmente para não ser "cortado" das encarnações futuras na Terra, que corresponde ao exílio planetário tão abordado neste trabalho. Jesus coloca-se como o homem que iria adubar a terra para ver se ela frutificaria; uma alusão ao seu trabalho de esclarecimento espiritual da humanidade. Caso o homem não absorvesse a mensagem do Seu Evangelho, o Senhor, então, poderia "cortá-la", ou seja, promover o exílio dos rebeldes no final do atual ciclo evolutivo da Terra.

Os espíritos em peregrinação pelo mundo físico devem compreender que não haveria sentido em Jesus descer à Terra para falar parábolas sem coerência. Em toda a Sua mensagem existe informações simbólicas que advertem os filhos de Deus sobre a importância de sua renovação espiritual.

Mensagem semelhante encontramos nas palavras de Jesus que nos diz: "Eu sou a verdadeira cepa e vós os ramos. Todo ramo que não der frutos o Pai o arrancará."

PERGUNTA: — E o que nos dizes sobre estas máximas do Grande Mestre:"Os sadios não precisam de médico, mas sim os doentes" e "Se teu inimigo te convidar a andar um quilômetro com ele, anda até dois"?

HERMES: — A harmonia e o amor são sintonias espirituais que nos desobrigam dos carmas. Jamais nos libertaremos dos elos de expiação e provas, com sentimentos negativos como o ódio e a repulsa. Jesus, portanto, nos esclarece ser necessário nos aproximarmos das pessoas com as quais temos dificuldade de relacionamento, pois são justamente elas que necessitam de amparo e são a porta de retificação dos males que geramos em encarnações passadas. Nesses ensinamentos, o sublime Rabi da Galiléia trouxe-nos profundas lições do Programa de Evolução Universal. Aqueles que tiverem olhos para ver que vejam!

PERGUNTA: — Querido amigo, poderias nos falar sobre a máxima:"Eu sou o caminho, a verdade e a vida e ninguém vai ao Pai senão por mim"?

HERMES: — Jesus sempre trouxe para Si a responsabilidade de Seus ensinamentos, colocando na Sua personalidade o caminho a ser seguido para a evolução dos homens. Sendo Ele o espírito responsável pela evolução planetária e sabendo que o povo da época dependia de líderes e figuras em quem se espelhar, colocou-se como o caminho, a verdade e a vida, afirmando que o homem só chegava a Deus por Seu intermédio. Além do mais, Jesus estava constantemente mediunizado pelo Cristo Planetário, que é o representante máximo de Deus na Terra. Assim ocorreu também com Moisés que afirmava falar com Deus, mas na verdade recebeu as "Tábuas da Lei" do Cristo Planetário da Terra.

Essas concepções fizeram com que Jesus fosse divinizado por algumas religiões, quando na verdade Ele só desejava centrar em Seu exemplo e em Suas mensagens irrepreensíveis o processo de evolução espiritual de Seus irmãos. Quando o Mestre afirmava que ninguém ia ao Pai senão por intermédio Dele, encontramos uma afirmação velada de que Seus ensinamentos libertam, conduzem à Luz e nos aproximam do Pai.

PERGUNTA: — As tuas explicações sobre esses ensinamentos de Jesus não são assim tão iniciáticas. Inclusive, alguns estudiosos já chegaram a conclusões semelhantes. Imaginávamos que nos informarias um pouco mais sobre o código secreto do Evangelho que atenderá aos anseios de evolução dos espíritos eleitos para viver na Terra da Nova Era. Não era esse o teu objetivo neste capítulo?

HERMES: — A humanidade ainda engatinha espiritualmente neste momento decisivo de sua história evolutiva. Este livro possui a missão de despertar os espíritos em evolução na Terra para o grave momento por que passam. Portanto, entendemos ser mais importante neste momento trazer interpretações do Evangelho que auxiliem a reflexão e a reforma interior. Explicações mais aprofundadas, neste final de trabalho, talvez confundissem aqueles que desejamos apenas despertar.

Mas não há porque preocupar-vos! No futuro, codificaremos um livro que terá por objetivo realizar um estudo exclusivo dos ensinamentos de Jesus, segundo a ótica da Nova Era.

PERGUNTA. — Quais seriam as tuas últimas considerações sobre este capítulo?

HERMES: — Seria impossível em um único capítulo dissertar sobre toda a obra de Jesus. Isso seria trabalho para um livro inteiro, e, certamente, de uma vida inteira! O nosso objetivo com este estudo foi o de apresentar alguns pontos importantes da "Boa Nova" do Mestre dos mestres para que os homens compreendam a profundidade da mensagem renova-

A Nova Era 269

dora do Cristo. Caso os homens de todas as épocas houvessem parado em alguns instantes de suas vidas para refletir e meditar sinceramente sobre a mensagem redentora do Evangelho, não haveria no mundo tanta dor e sofrimento e hoje em dia já teríamos na Terra o mundo novo que só será possível após o exílio planetário.

PERGUNTA: — *Como última pergunta deste trabalho, gostaríamos que nos falasses sobre a expectativa da Alta Espiritualidade da Terra sobre a publicação desta obra. Seria possível informar-nos?*

HERMES: — Este livro, como os nossos trabalhos anteriores, tem a finalidade básica de esclarecer a humanidade sobre as transformações que ocorrerão na Terra. Nossa expectativa é que ele possa cumprir, o mais breve possível, a finalidade para a qual foi escrito, ou seja, elucidar os encarnados sobre o importante momento evolutivo vivido pela humanidade terrena, a fim de obter ingresso para reencarnar na nova Terra!

Esperamos ter contribuído para a mais breve angelização dos leitores, pois sabedoria se adquire, se conquista. Jamais a recebemos sem esforço e dedicação! Quanto mais cedo abandonamos o mundo das ilusões e das lamentações para nos dedicar ao esforço de nos melhorar, mais cedo conquistamos a felicidade e a paz eterna.

Acreditamos, por fim, que este livro possui um conteúdo esclarecedor e auxiliará os peregrinos na vida física e no entendimento dos mecanismos da vida criada por Deus.

Que com nossas singelas colocações possa o homem moderno compreender a importância de se espiritualizar e assim tirar um melhor proveito de sua vida física, pela evolução espiritual e libertação de tudo que o escraviza!

Frases para reflexão

"Em toda a Terra duas partes da humanidade perecerão. Farei passar pelo fogo a terceira parte, e a purificarei, como se purifica a prata; e a provarei, como se prova o ouro."
Profeta Zacarias

"... e vi um novo Céu e uma nova Terra, porque o primeiro Céu e a primeira Terra já se foram."
João, *O Apocalipse*

"Quando o Sol ficar completamente eclipsado, passará em nosso céu um novo corpo celeste, o "monstro", que será visto em pleno dia. Os astrônomos interpretarão os efeitos desse corpo de outro modo; por isso, ninguém terá provisões em face da penúria."
Nostradamus, *As Centúrias*

"Exausto de receber os fluidos venenosos da ignomínia e da iniqüidade de seus habitantes, o próprio planeta protestará contra a impenitência dos homens, rasgando as entranhas em dolorosos cataclismos."

"... e quando as instituições terrestres reajustarem a sua vida na fraternidade e no bem, na paz e na justiça, depois da seleção natural dos espíritos e dentro das convulsões renovadas da vida planetária, organizaremos para o mundo um novo ciclo evolutivo, consolidando, com as divinas verdades do Consolador, os progressos definitivos do homem espiritual."
Emmanuel, *Há Dois Mil Anos*

"A luta está travada. A civilização em crise, organizada para a guerra e vivendo para a guerra, há de cair inevitavelmente, mas o futuro nascerá dos seus escombros para viver um novo ciclo da humanidade."

Emmanuel, na obra *Emmanuel*

"Estamos nos aproximando do Terceiro Milênio, fechamento de ciclo evolutivo da humanidade..."
Miramez, *Filosofia Espírita*

"... está iminente rigorosa seleção por parte da Providência, entre os espíritos e os homens pertencentes aos núcleos terrenos, porque o planeta sofrerá em breve o seu parto de valores, expulsando para mundos inferiores os incorrigíveis desde há dois mil anos, para conservar em seu seio apenas os mansos e os pacíficos."
H. de Vigo, *Memórias de Um Suicida*

"O triunfo do Evangelho de Jesus seria obra da santa aliança dos homens de boa vontade. Essa luta duraria vinte séculos completos, tempo que faltaria para que a humanidade deste planeta mudasse de ciclo evolutivo."
Hilarion de Monte Nebo, *Harpas Eternas*

"Quantas vozes espirituais se levantaram, quantos mártires se sacrificaram para que o mundo evoluísse? Mas o homem continua pertencendo ao plano biológico animal. Por isso, ele deve aceitar as duras leis deste plano. Mas desde que, neste ponto, ele demonstrou não querer avançar, a maioria que pertence a esse tipo biológico deverá ser afastada do planeta, de modo que este possa progredir por intermédio dos poucos evoluídos que pertençam a um plano biológico superior."
Pietro Ubaldi, *Profecias*

"Podemos adiantar ainda que nos planos espirituais mais próximos da Terra se organizam núcleos devotados ao bem e à verdade, sob a égide do Senhor, de maneira a preparar-se a mentalidade evangélica esperada para o milênio futuro, depois da grande ceifa em que o planeta terá de renovar os seus indivíduos."
Emmanuel, *Reformador*

"Reveste-se a hora atual de nuvens ameaçadoras. Não nos iludamos. O amor ilumina a justiça, mas a justiça é a base da Lei Misericordiosa. O mundo atormentado atravessa um angustioso período de avaliação."
Emmanuel, *Doutrina e Aplicação*

"Naquele dia, enrolaremos o céu como se enrola um pergaminho. E como iniciamos a primeira criação, iniciaremos a segunda. Uma promessa que nos liga e que executaremos."
Maomé, *O Alcorão*

"E eu, João, vi a santa cidade, a Nova Jerusalém..."
João, *O Apocalipse*

"Vem aí o planeta chupão, muito maior e mais pesado que a Terra, de vida primitiva, para onde irão todos os espíritos que ainda não possuem sentimento de fraternidade."
Chico Xavier, *Revista Espírita Allan Kardec*

"Nestes momentos de crise existencial por que passa nossa humanidade, na transição para o milênio próximo, estejamos sempre vigilantes em nossa caminhada... Muitos espíritos já estão impossibilitados de reencarnar na Terra."
Bezerra de Menezes, *Revista Reformador*

"São chegados os tempos preditos da renovação da humanidade. As instituições arcaicas afundarão em ondas de sangue. É preciso que o mundo velho seja destruído para que uma era nova seja aberta ao progresso."
Allan Kardec, *Obras Póstumas*

"Tendo de reinar na Terra o bem, necessário é sejam dela excluídos os espíritos endurecidos no mal e que possam acarretar-lhe perturbações... A fraternidade será a pedra angular da nova ordem social."
Allan Kardec, *A Gênese*

"Pergunta: — Tornar a viver na Terra constitui uma necessidade?
Resposta: — Não; mas se não progredistes, podereis ir para outro mundo que não valha mais do que a Terra e que talvez seja pior do que ela."
Allan Kardec, *Livro dos Espíritos*

"Atingistes o tempo do cumprimento das coisas anunciado para a transformação da humanidade."
Allan Kardec, *O Evangelho Segundo o Espiritismo*

"Não ouvis já se agitar a tempestade que deve dominar o velho mundo e tragar no nada a soma das iniqüidades terrestres."
Allan Kardec, *O Evangelho Segundo o Espiritismo*

"Sabemos que várias civilizações do passado, entre as quais a egípcia, a hindu, a ariana, a israelita, forjaram-se sob o impulso evolucionista dos espíritos capelinos emigrados ao nosso orbe, quase todos em estágios expiatórios. Por mera decorrência da Lei de Causa e Efeito, podemos assegurar que muitos milhares de espíritos terrestres, recalcitrantes no mal e na soberba, por sua própria culpa e necessidade expiatória, serão arrojados em planetas de estágio evolutivo semelhante ao da Terra ao tempo do Pithecantropus Erectus e do Homo Sapiens. Embora não seja possível situar tal evento em termos de distância em anos, podemos asseverar que isso ocorrerá ao término do ciclo evolutivo, cujo final estamos vivendo. Nossos benfeitores espirituais, em reiteradas afirmações, nos têm advertido de que os tempos são chegados..."
Divaldo P. Franco, *Moldando o Terceiro Milênio*

"A denominada mudança de comportamento dos anos sessenta, com a liberação sexual, tem muito a ver com a inspiração e chegada desses espíritos que estão retornando à Terra, a fim de desfrutarem da oportunidade de renovação antes da grande depuração que experimentará o planeta, transferindo-se de mundo de provas e expiações para mundo de regeneração. A chance de que desfrutam é-lhes valiosa, porquanto não sendo aproveitada conforme deverá, cassar-lhes-á outros ensejos, que somente serão recuperados em outras penosas situações em orbes inferiores".
Divaldo P. Franco, *Sexo e Obsessão*

"Muita gente que está desencarnando atualmente ainda poderá reencarnar-se, voltando ao vosso mundo para submeter-se às provas mais acerbas na matéria e revelar-se à direita ou à esquerda do Cristo; no entanto, muitos estão partindo atualmente da Terra em tal estado de degradação que a Direção Sideral terá de classificá-los no Além como exilados em potencial, dispensados de novos testes!"
Ramatís, *Mensagens do Astral*

"Entretanto, não penseis que os da 'direita' do Cristo

sejam aqueles que apenas se colocam rigorosamente sob uma insígnia religiosa ou uma disciplina iniciática; eles serão reconhecidos principalmente pelo seu espírito de universalidade fraterna e de simpatia para com todos os esforços religiosos bem-intencionados."

Ramatís, *Mensagens do Astral*

"As almas exiladas da Terra para um mundo inferior não involuem, mas apenas reiniciam o aprendizado, a fim de retificar os desvios perigosos à sua própria felicidade."

Ramatís, *Mensagens do Astral*

"A alma que arruina, deforma ou destrói o seu organismo físico no fogo das paixões violentas e destruidoras deve receber, pela Lei de Compensação, um corpo desconfortável e primitivo, em correspondência com a rudeza do seu péssimo comando."

Ramatís, *Mensagens do Astral*

"Na realidade, os exilados da Terra serão aqueles que perderam os pêlos, mas não evoluíram do animal para o homem, estando vestidos com trajes modernos, mas em discordância ainda com a sua índole, no vosso orbe."

Ramatís, *Mensagens do Astral*

"O que se faz com o joio, que é arrancado e queimado no fogo, far-se-á no fim do mundo. O filho do homem enviará os seus anjos e estes reunirão e levarão para fora de seu Reino todos os que são causa de escândalo e de queda, e os lançarão na fornalha do fogo; lá, haverá prantos e ranger de dentes. Então, os justos brilharão como o Sol, no Reino do Pai. Aquele que tiver ouvidos de ouvir, ouça."

Jesus, *Evangelho Mateus 13, 40-43*

"O que fizestes a um dos meus irmãos mais pequeninos, a Mim o fizestes."

Naquele tempo, disse Jesus aos seus discípulos:

Quando o Filho do homem vier na sua glória
com todos os seus Anjos,
sentar-se-á no seu trono glorioso.
Todas as nações se reunirão na sua presença
e ele separará uns dos outros,

como o pastor separa as ovelhas dos cabritos;
e colocará as ovelhas à sua direita e
os cabritos à sua esquerda.
Então, o rei dirá aos que estiverem à sua direita:
'Vinde, benditos de meu Pai;
recebei como herança o reino
que vos está preparado desde a criação do mundo.
Porque tive fome e destes-me de comer;
tive sede e destes-me de beber;
era peregrino e me recolhestes;
não tinha roupa e me vestistes;
estive doente e viestes visitar-me;
estava na prisão e fostes ver-me'.
Então, os justos lhe dirão:
'Senhor, quando é que te vimos com fome
e te demos de comer,
ou com sede e te demos de beber?
Quando é que te vimos peregrino e te recolhemos,
ou sem roupa e te vestimos?
Quando é que te vimos doente ou na prisão
e te fomos ver?'.
E o rei lhes responderá:
'Em verdade vos digo: Quantas vezes o fizestes
a um dos meus irmãos mais pequeninos,
a mim o fizestes'.
Dirá então aos que estiverem à sua esquerda:
'Afastai-vos de mim, malditos, para o fogo eterno,
preparado para o diabo e os seus anjos.
Porque tive fome e não me destes de comer;
tive sede e não me destes de beber;
era peregrino e não me recolhestes;
estava sem roupa e não me vestistes;
estive doente e na prisão e não me fostes visitar'.
Então também eles lhe hão de perguntar:
'Senhor, quando é que te vimos
com fome ou com sede,
peregrino ou sem roupa, doente ou na prisão,
e não te prestamos assistência?'
E ele lhes responderá:
'Em verdade vos digo:
Quantas vezes o deixastes de fazer
a um dos meus irmãos mais pequeninos,
também a mim o deixastes de fazer'.
Estes irão para o suplício eterno
e os justos para a vida eterna."

Jesus, *Evangelho Mateus 25, 31-46*

A Sacerdotisa da Esperança
IVANIR SANCHES
ISBN 85-7618-076-6 • Formato 14 x 21 cm • 352 pp.

Esta é a história de um espírito de elevado grau de evolução que decide abrir mão de sua morada paradisíaca e reencarnar na Terra para transmitir, entre pessoas abastadas, valiosas e profundas lições de humildade e solidariedade.

Helena – este era o seu nome – parecia uma menina normal, dessas tantas que vivem em um ambiente privilegiado, mas algo em seu íntimo a fazia brilhar mais que as pessoas comuns. Criada por um rico fazendeiro, ela cresce e vai estudar na capital, onde cultiva muitas amizades e freqüenta ambientes nobres. Sua mediunidade então aflora e ela passa a divulgar as visões que lhe são transmitidas do Alto, sempre baseadas nas verdades imorredouras trazidas por Kardec. O mundo vivia uma época de profundas transformações sócio-econômicas e culturais, a exemplo do fim da escravatura, da Primeira Guerra Mundial, da Revolução Industrial, da emancipação feminina, e o Brasil recebia os primeiros imigrantes europeus, quando Helena inicia um trabalho intensivo e diversificado de amparo aos desprotegidos pela sociedade, amparada por falanges inteiras do bem. Mas isso não lhe basta, e ela resolve alistar-se como enfermeira voluntária e vai para a guerra ajudar os soldados feridos, sem saber que seu amado também luta nas trincheiras.

Fortes e emocionantes relatos deste episódio, bem como variados detalhes históricos e culturais da época, fazem desta obra o diferencial que faltava nos romances espíritas já publicados.

Entre Dois Mundos
A História da Atlântida e da Lemúria Perdida
FREDERICK S. OLIVIER / W. SCOTT-ELLIOT
ISBN 85-7618-068-5 • Formato 14 x 21 cm • 288 pp.

Entre as civilizações perdidas do planeta, não há outra que desperte mais fascínio que a Atlântida, seguida de perto pela Lemúria. Esta obra contém dois livros que constituem a mais autêntica e fascinante descrição, já reunida, da Atlântida. Não se trata de pesquisas convencionais, ou especulações, mas de depoimentos reais de um clarividente de reconhecida seriedade, e de um ex-habitante de Poseidônis, a última ilha atlante.

O texto de W. Scott-Elliot é um clássico: o mais abrangente e esclarecedor sobre a totalidade da civilização atlante, a quarta raça-raiz planetária. Sua descrição das sub-raças, suas características, localização e expansão; a cronologia exata, pela primeira vez devidamente esclarecida, dos quatro sucessivos afundamentos do continente atlante; os mapas que caracterizam cada um dos períodos respectivos; as migrações que vieram a originar culturas tão diversas como a dos egípcios, gregos, maias, incas, peles-vermelhas, e as inúmeras informações sobre a magia e a decadência daquela grande raça etc., tudo permite qualificá-lo como o painel definitivo mais importante da literatura espiritualista sobre a civilização atlante. O autor é um clarividente inglês reconhecido no meio teosófico, e sua pesquisa foi feita diretamente nos registros akáshicos (a memória da natureza), uma garantia de autenticidade e sobriedade.

O texto do espírito Phyllos traz o depoimento real e emocionante de um atlante da última fase; um habitante de Poseidônis que relata suas aventuras e desventuras, amores e dramas em paralelo à mais precisa e detalhada descrição do último reino atlante – seus costumes, tecnologia, sistema educacional e político, arquitetura e urbanismo, espiritualidade, naves aéreas, suas colônias americanas – e sua decadência e catástrofe derradeira. Essa obra, inspirada a um jovem sensitivo de 17 anos, tornou-se um clássico da literatura da nova era de língua inglesa, e pela primeira vez surge no Brasil.

As Manhãs São Eternas
ALMIR RESENDE
ISBN 978-85-7618-316-7 • Formato 14 x 21 cm • 232 pp.

Que mistério liga, de remoto passado, o luminoso espírito Natanael a Nathan, um líder das Sombras, levando o primeiro a descer à cidadela sombria onde este reina, no intuito de resgatá-lo para a Luz? Por que o poderoso líder trevoso estremece ao defrontar-se com Alexandre, o auxiliar de Natanael?

Neste obra fascinante, vamos com Natanael e o jovem Augusto à cidade sombria de Nathan, e a conhecemos em detalhes: habitantes, edificações, o palácio do líder obscuro e a realidade energética do conjunto. Percorrendo os vales de sofrimento e seus guardiões, vemos os temidos dragões em ação, e deparamos com uma universidade trevosa onde se desenvolvem pesquisas e estratégias científicas avançadas: chips eletromagnéticos, experiências genéticas, indutores de obsessões, rastreadores psíquicos, técnicas de sondagem de almas, hipnose; enfim, toda uma avançada tecnologia a serviço das Trevas. E mais ainda: vemos desencarnados e encarnados em desdobramento sendo vitimados por elas.

Na contraparte da narrativa, em plena crosta, uma casa espírita, onde médicos desencarnados e extraterrestres operam juntos, socorre vítimas desses métodos invasivos. A presença dos companheiros da Irmandade Galáctica é uma constante na obra que nos conduz, inclusive, a um planeta mais feliz que a Terra, com o qual os personagens da história têm um vínculo original.

Várias tramas e destinos se entrelaçam, entre o Astral e a crosta, em torno do drama de Nathan e Natanael, enriquecendo de preciosos conhecimentos de realidades espirituais, de teor atualizado, esta obra que constitui verdadeiro compêndio de estudos avançados, em meio à envolvente narrativa que abrange muitas almas em trânsito das Trevas para a Luz.

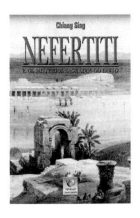

Nefertiti e os Mistérios Sagrados do Egito
CHIANG SING
ISBN 85-7618-065-0 • Formato 14 x 21 cm • 352 pp.

Nefertiti e os mistérios sagrados do Egito não é uma obra a mais sobre a terra dos faraós; é uma contribuição séria e importante para aqueles que desejam penetrar no âmago da história do antigo Egito e desvendar os sagrados mistérios de seu povo, seus costumes, seus deuses e seus governantes. O leitor pode aceitar ou não as conclusões que Chiang Sing apresenta, porém é incontestável a seriedade dos seus documentos e a inegável honestidade das fontes que ela utilizou como alicerce para a confecção desta obra histórica. Inspirada nos papiros, Chiang Sing preferiu adotar a versão de que Nefertiti é quem foi a incentivadora do culto a Aton no Egito, contribuindo para a transformação das idéias religiosas de seu esposo, o faraó Akhnaton. "Que cada um escolha a sua própria versão. A verdadeira talvez nunca venha a ser conhecida", afirma o diplomata egípcio Mohamed Salah El Derwy admirador e amigo da autora.

A NOVA ERA
foi confeccionado em impressão digital, em março de 2025
Conhecimento Editorial Ltda
(19) 3451-5440 — conhecimento@edconhecimento.com.br
Impresso em Luxcream 70g. – StoraEnso